Kindheitsträume

Prominente erzählen ihren Lebenstraum

Inhalt

Vorwort 9

Susanne Breit-Keßler
O mein Papa 10

Hermann Bühlbecker
Tie-Break der Träume 14

Andy Priaulx
No pain, no gain 19

Henning Krautmacher
Träum nicht Dein Leben – lebe einfach Deinen Traum! 22

Marianne Raven
"Because I Am a Girl" 25

Joachim von Graes
Über den Tellerrand hinaus 28

Johannes Freiherr Heereman von Zuydtwyck
Zwischen Feuerwehrmann und Missionar – Malteser 31

Karl Graf zu Castell-Rüdenhausen
Ein lustiger Musikant 36

Ludger Stratmann
Ein echtes Träumchen 38

Ralf Kramp
Kriminelle Träume 43

Prinzessin Brigitta von Jugoslawien
Mosaiksteine 48

Hans-Dietrich Genscher
Eine Brücke zum Vater 53

Silvia Azzoni
Wachgeküsst! 55

Alfredo Pauly
Mit Haken und Ösen 60

Frank Elstner
Der Elstner-Effekt 65

Friedhelm Hofmann
Das Licht mit den Menschen teilen 69

Bill Mockridge
Pinocchio – ein wahrer Junge 72

Gilbert Hoffmann
Wasser marsch! 76

Erkan Gündüz
Als Batman Flügel bekam 81

Hellmuth Karasek
Night and Day... 87

Stephan Assmann
Räume entdecken 90

Dietrich Grönemeyer
Von Tunnel zu Tunnel 93

Bodo Hombach
Baumhaus und Höhle 98

Peter Lewandowski
Sterne 103

Dirk Albrecht
Vom Traum Arzt zu sein 106

Hans W. Geißendörfer
Der Elefantenjunge 112

Marcus Gottschalk
Eimol Prinz zo sin 114

Catharina Cramer
Von der Quelle zum Ziel 121

Stephan Wahl
*Benzin und „Mama" – oder:
was dann doch wichtiger war* 124

Claudia Roth
*Let us make this world
a better place!* 129

Ulrich Walter
Mut zur Zukunft! 133

Nadine Angerer
Endlich Nummer eins! 137

Matthias Reim
Mein Traumberuf 140

Nana Mouskouri
Auf die Bühne 145

Cornelia Poletto
Loslassen können 147

Arndt Ulrich
*Mein Traumberuf:
Ich werde Polizist!* 149

Marc-André Krämer
Kindheitstraum Lokführer 154

Marie-Luise Marjan
Zweihundert Prozent 157

Rudi Altig
Alles muss sich drehen 161

Eva Lutz
*Die Realität – ein Puzzle aus
wahr gewordenen Visionen* 164

Martin Reinl
*Sprechende Monster, Frösche
und Schweine* 169

Luisa Hartema
Auf Highheels in die Welt 172

Georg Winter
Ein Reim auf das Leben 175

Vorwort

Liebe Leserin, lieber Leser!

Mein Kindheitstraum – ach, das ist doch schon so lange her. An was soll ich mich denn da erinnern?

Als wir vor zwei Jahren an einem Winterabend beim Dinner vor dem Kamin saßen, fragte mich der Verleger Werner Schulte vom Lingen Verlag in Köln unverblümt: „Wolltest du eigentlich immer schon Schauspielerin werden? War das dein Kindheitstraum?" Und ich fragte zurück: „Werner, hast du schon als Kind davon geträumt, Verleger zu werden? Dich ein Leben lang mit Büchern zu beschäftigen? Wie war das damals?"

Und dann beschloss ich, Freunde, Kollegen und Wegbegleiter nach ihren Kindheitsträumen zu befragen. Es war immer wieder erstaunlich zu erfahren, dass die Richtung, in die ein Kind sich entwickelt, schon in den ersten Lebensjahren erkennbar ist. Es mag das Umfeld sein, das die Wünsche des Kindes prägt, die Erziehung, die Eltern, die Geschwister. Jedes Kind hat seinen Traum, was es einmal werden möchte, und es zeigt sich schon sehr früh, wie er Wirklichkeit werden könnte. Manchmal über Umwege, manchmal verwandelt sich der Traum, er verselbstständigt sich und wird ein völlig anderer.

Welcher kleine Junge träumt nicht davon Pilot zu werden, Lokomotivführer oder Rennfahrer. Welches kleine Mädchen möchte nicht eine berühmte Prima Ballerina werden und die Bühnen der Welt erobern. Oder eine gefeierte Schauspielerin und den Glanz von Hollywood erleben.

Träumt ein Bischof schon als kleiner Junge davon Seelsorger zur werden? Ein erfolgreicher Unternehmer ein Millionenimperium aufzubauen? Ich habe meine Freunde und Kollegen befragt, meinen Chef gelöchert, mir ihre Kindheitsträume zu erzählen. Herausgekommen sind dabei wunderschöne, interessante und wahre Geschichten, die uns oft tief ins Innere der hier versammelten Persönlichkeiten schauen lassen. Lesen Sie, wie die Träume unserer Autoren Gestalt annahmen. Diese Lebensgeschichten zeugen von der eigenen Willenskraft, aber auch von Mut und Verzicht, zeigen auf, dass es immer wieder auch Unterstützer und Mentoren braucht, die helfen, Träume Wirklichkeit werden zu lassen.

Vielleicht gibt Ihnen dieser oder jener Traum den Anstoß, selbst zur Feder zu greifen und Ihren eigenen Kindheitstraum zu Papier zu bringen.

Viel Freude beim Entdecken der Kindheitsträume!

Ihre Marie-Luise Marjan

Susanne Breit-Keßler

O mein Papa

Die Regionalbischöfin Susanne Breit-Keßler verliert auch in der Seelsorge nicht ihren Humor.

Als Kind wollte ich Clown werden, wenn ich nicht gerade, Putzlappen unter den Füßen, durch die Wohnung rutschte und von einer Eislaufkarriere träumte. Ich wollte Clown werden – weniger einer von diesen lustigen, herumstolpernden Spaßmachern, bei denen jede Geste, jeder Schritt brüllendes Gelächter hervorruft. Ich dachte eher an den Weißclown, den distinguierten, sensiblen Pierrot, der wehmütig dreinschaut, nachdenklich macht und dessen Auftritt, wenn überhaupt, nur leises Lächeln hervorruft. Ich liebte das Chanson „O mein Papa", weil ich mir heimlich ausmalte, mit meinem Vater in der Manege aufzutreten. Ich sang mit und dachte an ihn, auch, als er längst gestorben war: „O mein Papa war eine wunderbare Clown! … O mein Papa war eine schöne Mann! Seine Augen wie Diamanten strahlen! Und er strahlte glücklich im ganzen Gesicht." Als Jugendliche schrieb ich dann Gedichte wie alle anderen und lauschte dabei dem melancholischen Song von Dave Davies, dem Sänger der Kinks: „Death of a Clown".

Dabei war ich ein fröhliches, munteres Kind, verspielt, wenn ich allein war, hellwach, wenn ich mich in der Gesellschaft anderer befand. Neugierig, wissensdurstig, für einen Schabernack gut. Bei der Weihnachtsaufführung meines Kindergartens durfte ich eine Schneeflocke geben, die um den Stall herum tanzte. Zum Entsetzen meiner Mutter, die im Zuschauerraum saß, gestaltete ich diese in meinen Augen recht langweilige Rolle eigenwillig: Ich streckte den Damen und Herren vor der Bühne einfach mal die Zunge heraus, um die ganze Sache etwas aufzulockern. Im Urlaub rannte ich den umlaufenden Balkon unserer Pension entlang, nur mit einer dunklen Sonnenbrille angetan, und spähte interessiert in die offenen Zimmertüren. Auch dies fand nicht den ausgesprochenen Beifall meiner Mutter, die mich natürlich zu einem braven Kind erziehen wollte. Mein Vater dagegen amüsierte sich königlich über meine Einfälle – war er doch selbst nicht frei davon, etwa in Kaufhäusern oder auf der Straße in bester Monty-Python-Manier Menschen hinterherzugehen und sie atemberaubend präzise zu imitieren.

Vielleicht waren wir manchmal so ausgelassen, weil wir in unserer Familie viele bittere Zeiten durchmachen mussten, an denen ich von klein auf Anteil hatte: Ich war unehelich geboren, meine Eltern durften damals unverheiratet nicht zusammenleben, es gab noch den Kuppeleiparagraphen, wir hatten wenig Geld. Mein Vater wurde schwer krank, als ich sieben Jahre alt war. Meine Mutter pflegte ihn aufopferungsvoll. Unser Leben hatte viele Tiefen, wir wandelten wie im Psalm gar nicht so selten „im finstern Tal" und freuten uns, besonders mein Vater und ich, umso mehr, wenn es Gelegenheit gab, heiter und beschwingt die Tage zu gestalten. So ein Clown wollte ich werden – einer, der Menschen nahe kommt, liebevoll ihre Seele und ihre Gedanken erobert, ihre Gefühle sanft herauslockt, die fröhlichen wie die traurigen, der sie zum Lachen und ebenso zum Weinen bringt, damit es ihnen danach besser geht, weil sie aus sich herausgelassen haben, was vorher blockiert war. Ein Clown, der auch weiß, dass Menschen böse sein können. Von Boshaftigkeit habe ich aufgrund unserer besonderen Familiensituation eine Menge mitbekommen. Kinder, Sprachrohre ihrer Eltern natürlich, behaupteten, ich hätte gar keinen Vater und meine Mutter sei eine Hexe. Zum Glück war meine Mutter eine charakterlich stabile Frau, die sich darum nicht scherte und ihrer kleinen Tochter Mut auf den Lebensweg mitgab – Mut, sich gegen Dummheit und Gemeinheit zur Wehr zu setzen. Clown wollte ich werden – „Und Sie sind es doch tatsächlich", sagte mein Fahrer jüngst zu mir, mit dem ich jährlich 60.000 Kilometer fahre und der viel von meinem Bischofsamt mitbekommt. Bevor ich aufbrausen konnte, sagte er: „Es ist doch Ihre Aufgabe, zu erkennen, was mit den Menschen los ist, die viel zu ernsten froh zu machen, die zu trösten, denen es schlecht geht, ihnen Mut zu geben, wenn sie Angst haben und sie auch mal wachzurütteln, wenn sie auf dem falschen Weg sind." Eine ungewöhnliche, tiefgründig-freundliche Interpretation meines Amtes, die alles andere als respektlos ist.

Auf dem Weg zu meiner jetzigen wunderbaren Aufgabe, die natürlich eine Menge Unterschiede zum ehemals angestrebten Beruf aufweist, war der Kindergottesdienst für mich sehr wichtig. Ich liebte die Geschichten vom eingebildeten Joseph, dem Liebling des Vaters, und seinen neidischen Brüdern, die ihn als Sklaven nach Ägypten verkauften, wo er ein anderer wurde, Karriere machte und seinen Brüdern schließlich aus Not und Elend helfen konnte. Ich mochte den Schriftgelehrten Nikodemus, der sich nachts zu Jesus schlich, um mit ihm zu debattieren. Meine zerfledderte blaue Kinderbibel mit den Holzschnitten in schwarz-weiß war mir treue Begleiterin – wie die junge Frau, die uns die Geschichten aus dem Alten und Neuen Testament eindrücklich erzählte. Später, als ich versuchte, sie unter ihrem Mädchennamen wiederzufinden und ihr zu danken, blieb ich erfolglos. Schade, denn sie hat mein Herz tief angerührt und dazu beigetragen, dass ich einen reichen, positiven Kinderglauben entwickeln durfte. O mein Papa, das war eben nicht allein mein irdischer, sondern auch mein himmlischer Vater.

Im Religionsunterricht sang ich aus vollem Halse „Jesu geh voran, auf der Lebensbahn, und wir wollen nicht verweilen, dir getreulich nachzueilen" – ein Lied, das ich heute noch singen kann, selbst wenn man mich mitten in der Nacht danach fragt. Auch hier war es eine Frau, eine sehr gestrenge, die meine Liebe zum Glauben intensivierte. Zu ihrer strengen Art gehörte, dass wir viel auswendig lernen mussten – wovon ich nach wie vor profitiere. Gerade in Zeiten, in denen es einem nicht gut geht, tut es der verletzten Seele, dem schwachen Körper gut, wenn man aus eigenen Tiefen Heilsames, Tröstliches hervorholen und sich sagen, stammeln, zaghaft piepsen oder getrost singen kann. Auch im Konfirmandenunterricht hatte ich einen weitgereisten und welterfahrenen Pfarrer, der uns nötigte, seitenweise hektographierte Blätter – wer weiß heute noch, was das ist? – abzuschreiben und fehlerfrei aufzusagen. Das war mühsam, aber es hat gewirkt. Ich weiß noch viel aus diesen beiden Jahren, in denen ich geseufzt habe über den Stoff, den ich in meinen widerspenstigen Kopf pressen musste.

Als ich später zur Pfarrerin ordiniert wurde, kam er, der ehemalige Probst von Jerusalem, als Überraschungsgast zu Gottesdienst und Fest. Beim Anblick seiner weiß umkränzten Glatze auf dem Oberkopf war ich glücklich – er schien mir wie ein Freund aus Jugendtagen aufzutauchen und zu bestätigen, dass ich auf dem richtigen Weg war. Dabei hatte ich allerlei versucht, mich zu absentieren, zu verschwinden aus dem Bereich der Kirche. Ich hatte zuerst Germanistik und Alte Geschichte studiert und wollte eine Zeit lang von Theologie überhaupt nichts wissen. Aber da waren diese spannenden Vorlesungen an der Universität, die ich wieder einmal neugierig besuchte und bei denen ich begriff, dass Glaube und Wissenschaft zusammengehören, dass das eine oder das andere viel zu wenig ist. Ich war begeistert, wie mein frohgemuter Kinderglaube sich in einen wandelte, der fromme Naivität kombinierte mit Archäologie, Sprach- und Literaturwissenschaft, Textanalyse, Zeitgeschichte, Psychologie, Philosophie und der Kenntnis anderer Religionen.

Ich wurde zur Pfarrerin ordiniert, nachdem ich meinen Vater viel zu früh verloren hatte, meine Mutter an einer schweren Krankheit gestorben war und ich im selben Jahr wie sie mit dem Tod gerungen hatte. In dieser Zeit, die ich als wahrhaftes Fegefeuer erlebte, wurde mir klar, welchen Halt mein Glaube gibt. Der gute alte Luther, den ich in meinen Kindertagen bereits als aufmüpfigen, klugen Geist verehrte, der einem beibringt, selber zu denken, selber zu reden und zu handeln, notfalls auch gegen Autoritäten, deren Irrtümer er klar erkannt hat, er war mir auch jetzt nahe. Als der Mensch, der bittere Verluste erlitten hatte, der mit dem Tod haderte, der ihn zugleich verspottete und wusste, dass man tiefer als in die Hand Gottes nicht fallen kann: So stand ich da, klein, durch Operation und Chemotherapie sehr zart und leichtgewichtig, aber voller Vertrauen in meinen Herrgott, der doch wissen musste, was er mit mir vorhat. Meine Ärzte feierten mit, und jeder von ihnen sagte es sei ein Wunder, dass ich noch am Leben

Als kleines Mädchen ein wahrer Sonnenschein und Papas Liebling!

wäre – und meinem eisernen Willen zu verdanken. Mein irdischer Vater hätte wohl lieber gesehen, dass ich eine Juristin oder Medizinerin geworden wäre – aber ich denke (und hoffe), er betrachtet sich meinen Werdegang inzwischen gelassen von oben. Nach meiner Ordination kam eine Zeit als Schulpfarrerin, weil ich es schön finde, Kindern davon zu erzählen, dass sie Gottes geliebte Geschöpfe sind und ihren Lebensweg voller Selbstvertrauen gehen sollen. Ich mag es, mit Jugendlichen über Gott und die Welt zu debattieren, mag ihre manchmal frechen Fragen, weil sie einen zwingen, nachdenklich zu bleiben und sich selbst immer wieder Rechenschaft abzulegen, über das, woran man glaubt und das, an dem man (ver-)zweifelt. Es gehört zum

Wunderbarsten in diesem Beruf als Pfarrerin, kleinen und heranwachsenden Menschen zu begegnen, weil sie so offen, wenig verstellt, wissensdurstig und direkt sind. Das bringt einen gelegentlich gehörig ins Schwitzen, aber eine solche geistige Sauna schwemmt alles Überflüssige aus einem heraus – es bleibt das, was man wirklich glaubwürdig sagen kann.

Trotzdem habe ich nach meiner Zeit als Schulpfarrerin noch einmal einen Ausflug in einen anderen Beruf gemacht und als über Dreißigjährige Journalismus gelernt. Bildunterschriften schreiben, Agenturmeldungen umformulieren, Kaffee holen – ich war mir für nichts zu schade, weil ich überglücklich war, dass ich in diesem neu geschenkten Leben noch eine zweite, eigentlich dritte Ausbildung genießen konnte. Es war und ist für mich großartig, beständig den eigenen Horizont zu erweitern – bis ich eines Tages zu einem ganz anderen, ewigen aufbrechen kann. Ein knappes Jahrzehnt war ich als Journalistin und Publizistin tätig, glücklich, weil die, die mich dieses Metier gelehrt haben, voller Anstand waren, fair auch Gegnern gegenüber, leidenschaftlich gepackt von der Frage nach der Wahrheit. Nach wie vor denke ich, dass gute Theologen und aufrechte Journalisten eines verbindet: Der Wunsch, es möge ans Licht kommen, was im Dunkeln ist – damit Menschen besser und ehrlich miteinander leben können. Die Berufung, zu schreiben, zu reden, Menschen nahe zu sein, spüre ich sehr lebendig in mir.

Pfarrerin war ich immer, auch als Journalistin. Zur Bischöfin berufen wurde ich aus diesem Arbeitsfeld heraus. Andere haben ihr Vertrauen in mich gesetzt und geglaubt, dass ich kann, was ich soll. Das ist eine beglückende und zugleich furchterregende Erfahrung. Kann ich, was ich tun muss? Bin ich die Richtige dafür? Ich halte Selbstzweifel wie auch Lampenfieber vor Gottesdiensten und Predigten für notwendig. Ersteres braucht es, damit man nicht überheblich wird, sondern bei allem Selbstbewusstsein selbstkritisch bleibt, sich überprüft und hinterfragen lässt. Lampenfieber braucht es, damit man nicht gelangweilt abspult, was sich um Leben und Tod dreht, was im Hier und Jetzt, in der Ewigkeit spielt. Ich liebe an meinem Beruf das beständig Neue, die Abwechslung, die Anspannung, die Herausforderung, das Richtige zu tun, das Wissen um die eigenen Grenzen und darum, dass man oft genug über sie hinauswachsen kann – mit Gottes Hilfe. Kein Tag ist wie der andere, jeder bringt neue Überraschungen und Freuden wie natürlich auch Probleme, Konflikte und Tragik.

Nein, ich bin kein Clown geworden. Aber ich darf in meinem Beruf das tun, was mir am wichtigsten ist: Menschen nahe zu sein, in ihren Abgründen und bei ihren Abstürzen, in ihrem Alltag und bei ihren Höhenflügen. Da braucht es durchaus unterschiedliche Rollen. Der Apostel Paulus hat es unvergleichlich beschrieben: „Freut euch mit den Fröhlichen und weint mit den Weinenden" (Römer 12, 15). Und: „Den Juden bin ich wie ein Jude geworden … Denen, die unter dem Gesetz sind, bin ich wie einer unter dem Gesetz geworden … Denen, die ohne Gesetz sind, bin ich wie einer ohne Gesetz geworden … Den Schwachen bin ich ein Schwacher geworden … Ich bin allen alles geworden, damit ich auf alle Weise einige rette. Alles aber tue ich um des Evangeliums willen, um an ihm teilzuhaben" (1 Korinther 9). Jemanden retten? So vermessen bin ich nicht, dass ich das von mir sagen würde. Aber ich möchte Kleinen und Großen in guten und in bösen Tagen nahe sein, damit ich ihnen die frohe Botschaft vermitteln kann: Du bist ein einzigartiges, von Gott geliebtes Menschenkind und sollst leben.

Ein As nicht nur auf dem Tennisplatz: Lambertz-Chef Hermann Bühlbecker ist einer der erfolgreichsten deutschen Unternehmer.

Hermann Bühlbecker

Tie-Break der Träume

Die Printenfabrik war weit weg; zumindest für einen fünfjährigen Jungen. Der Tennisplatz dagegen lag direkt vor unserer Haustür, auf der anderen Straßenseite. Meine Eltern, meine ältere Schwester und ich wohnten in der Mohnheimsallee, am Rande des Aachener Kurgartens. Die Anlage des „Tennisclubs Kurhaus Bad Aachen" mit ihren sechs Ascheplätzen, eingebettet in den Kurpark, war nur wenige Gehminuten entfernt.

Mein Vater und meine Mutter waren leidenschaftliche Tennisspieler, beide waren zudem eng mit dem Verein verbunden. Meine Mutter engagierte sich über viele Jahre als Sportwart; als ich 15 Jahre alt war, übernahm mein Vater, der als selbständiger Architekt arbeitete, das Amt des Vereinspräsidenten. Mitte der 70er-Jahre wurde das neue Vereinshaus nach seinen Entwürfen gebaut. Meine Eltern mit dem Schläger in der Hand auf dem Platz – dieses Bild gehört zu meinen frühesten Erinnerungen. Ich liebte es, ihnen zuzusehen und wollte ihnen nacheifern. Der Tennisplatz wurde schon früh zu einem Sehnsuchtsort für mich. Als Fünfjähriger mühte ich mich voller Eifer an der Tenniswand des Vereins, manchmal so lange, dass ich vor Erschöpfung vor der Wand einschlief, den Schläger noch in der Hand.

Das Tennis bestimmte bald meine Freizeit. Ich spielte in der Kindermannschaft des Vereins und stand an fünf Tagen in der Woche jeden Nachmittag nach der Schule auf dem Platz. An den Wochenenden fuhr mich meine Mutter zu Auswärtsspielen und Turnieren. In meiner Schule war ich ein Exot, denn niemand außer mir spielte Tennis; die anderen Jungen gingen stattdessen zum Fußballtraining. Ich aber liebte das Spiel, die Ästhetik, die sportliche und taktische Herausforderung, den Wettkampf. Gelang es mir, einen scheinbar verlorenen Ball zu retournieren, erfüllte mich wilde Freude und Euphorie. Ich war ein eher kleiner und schmächtiger Junge, und da ich früh mit dem Sport begonnen hatte, ehrgeizig war und schnell Fortschritte machte, maß ich mich bald mit Gegnern, die in aller Regel größer und älter waren. Auch als kleinerer, körperlich unterlegener Spieler mit Taktik und Willen gegen ältere und kräftigere Gegner gewinnen zu können, auf mich allein gestellt in schwierigen Situationen eine Lösung finden zu müssen, all das gehört zu den wichtigsten Erfahrungen meines Lebens. Erfahrungen, die mich tief geprägt haben.

Mit acht oder neun Jahren gelang es mir zum ersten Mal, gegen meinen Vater zu gewinnen. Ein unglaublicher Moment für einen Jungen, ich war unbändig stolz auf meine Leistung. Mein Vater fand es weniger schön: Von seinem nicht einmal annähernd ausgewachsenen Sohn geschlagen zu werden, war eine bittere Pille für ihn. Aber nach kurzer Zeit siegte auch bei ihm der Stolz über die Kränkung. Wenn ich es im Tennis zu etwas bringen wollte, sagte er sich, musste ich irgendwann auch ihn schlagen. Dass es so früh geschah, war ja letzten Endes ein gutes Zeichen. Bereits im Alter von 14 Jahren spielte ich in der Herrenmannschaft und gewann die Mittelrheinmeisterschaft. Jeder Erfolg, jeder Sieg befeuerte meine Leidenschaft, jede Niederlage spornte mich zusätzlich an.

Das Tennis beherrschte auch meine Träume. Ich träumte von einer Zukunft auf den Tenniscourts dieser Welt, von den großen, legendären Turnieren in Wimbledon und Paris. Davon, mein Spiel immer weiter zu verbessern, in der Rangliste nach oben zu klettern und irgendwann für Deutschland bei internationalen Turnieren anzutreten. In Wimbledon bis ins Finale vorzudringen oder gar das Turnier zu gewinnen, wie es Boris Becker 1985 gelingen sollte, stellte ich mir allerdings nicht einmal in meinen kühnsten Träumen vor.

Schon damals blieb ich auch in meiner Vorstellung Realist. Deutsche Tennisspieler, die auf allerhöchstem internationalen Niveau erfolgreich waren, und denen ich nacheifern konnte, gab es in den 60er-Jahren kaum. Sicher, ich wusste, dass hin und wieder auch deutsche Spieler bei den großen Turnieren spielten, wie Wilhelm Bungert, der 1962 und 1963 in Wimbledon bis ins Halbfinale kam, als erster Deutscher seit mehr als 30 Jahren, und 1967 sogar ins Finale einzog, aber das war die große Ausnahme. Deutsche Siege bei den großen Turnieren gab es gar nicht zu dieser Zeit.

Träume, denke ich, sind ein enorm wichtiger Antrieb, sie motivieren und beseelen uns. Aber sie sollten an der Wirklichkeit ausgerichtet sein, sich an den tatsächlichen Möglichkeiten orientieren. Hoch angesiedelt, aber erreichbar. Sonst laufen wir Gefahr, dass unerfüllbare Träume uns frustrieren, den Mut nehmen und uns lähmen.

Die Printenfabrik der Henry Lambertz GmbH & Co. KG, die in meiner Kindheit und Jugend von meinem Onkel geführt wurde, spielte in meinem Alltag mehr als zwei Jahrzehnte lang keine große Rolle. In meinen Träumen kam sie gar nicht vor.

Die Fabrik lag in der Aachener Innenstadt, nur ungefähr zehn Autominuten von unserem Haus entfernt. In den ersten zweieinhalb Jahrzehnten meines Lebens habe ich nie einen Fuß hineingesetzt. Natürlich wusste ich, dass der Printenduft, der alljährlich im Herbst durch Aachen wehte, aus der Fabrik stammte, die die Familie meiner Mutter seit Jahrhunderten führte. Für mich und mein Leben hatte das keine große Bedeutung. Nicht einmal in meiner Kindheit habe ich die Printenkarte ausgespielt. Da ich den Nachnamen meines Vaters trug, war meine Verbindung zum Unternehmen und seinen Produkten nicht offensichtlich, und das war mir recht. Sicher, der eine oder andere meiner Klassenkameraden wusste davon und es kam vor, dass ich bei Geburtstagsfeiern oder ähnlichem gebeten wurde, Printen zu besorgen. Aber das geschah nur sehr selten.

Wie es bei Familienunternehmen oft vorkommt, hatte es schon vor meiner Geburt Auseinandersetzungen gegeben. Als mein Onkel die Firmenleitung übernommen hatte, war mein Großvater im Streit gegangen. Daraufhin hatte sich auch die Beziehung meiner Eltern zu meiner Tante, die als Hauptgesellschafterin fungierte, und meinem Onkel abgekühlt. Trotzdem war das Unternehmen in unserer Familie präsent. Mein Vater plante und überwachte Mitte der 60er-Jahre den Bau des neuen Stammwerks und meine Mutter war nach wie vor Gesellschafterin der damaligen OHG und hielt neun Prozent der Firmenanteile. In regelmäßigen Abständen traf sie sich mit meinem Onkel und meiner Tante und informierte sich über die Bilanzen. Zahlen, die in meiner Jugend mehr und mehr Besorgnis auslösten. Dem Unternehmen ging es zunehmend schlechter und meine Mutter hätte als Gesellschafterin einer OHG im Konkursfall mit ihrem Privatvermögen haften müssen. Eine Vorstellung, die vor allem meinem Vater, dessen Einkünfte aus seinem Architekturbüro ebenfalls herangezogen worden wären, nicht behagte.

Für mich war das Familienunternehmen lange nur eine Randnotiz. Sicher, es war immer da, aber es spielte keine große Rolle. Vor allem befreite mich das von jedem Druck und jeder Verpflichtung – anders als in anderen Familienunternehmen war ich nicht der natürliche, durch Geburt designierte Nachfolger der Geschäftsleitung, der von früher Jugend an kontinuierlich auf seine Aufgaben vorbereitet wird. Im Gegenteil, ich genoss völlige Entscheidungsfreiheit, plante und erträumte mir meine Zukunft lange außerhalb des Familienunternehmens.

Als der Anruf kam, der mein Leben und meine Träume verändern sollte, war ich 26 und hatte gerade mein Studium der Betriebswirtschaft mit der Promotion beendet. Ich lebte und studierte damals in Erlangen, neben dem Studium spielte ich mit der Mannschaft des Tennisclubs Noris Nürnberg in der Oberliga, der damals höchsten Spielklasse. Nebenher gab ich Tennisstunden. Der Sport hatte mich nicht nur mehr als zwei Jahrzehnte meines Lebens begleitet, ich verdankte ihm auch meine finanzielle Unabhängigkeit. Das Spielergehalt, das ich vom Verein bekam, die Preisgelder und vor allem die Einnahmen durch meine Trainerstunden hatten mein Studium finanziert und es mir sogar erlaubt, mir einen weiteren Traum zu erfüllen: einen englischen Sportwagen, einen Triumph Spitfire MK4, Baujahr 1966, den ich mir zu Beginn des Studiums gekauft hatte.

Meine nähere Zukunft sah ich weit weg von Aachen und Lambertz, auch wenn ich mich an der Uni im Besonderen auf den Bereich Unternehmensführung konzentriert hatte. Ich liebäugelte damit, an einer Hochschule zu forschen und zu lehren. Auch eine Anstellung in einem mittelständischen Unternehmen konnte ich mir vorstellen, doch konkreter waren meine Pläne noch nicht. Definitiv sah ich mich noch für viele Jahre auf dem Tennisplatz, auch wenn ich meine sportliche Karriere nicht in letzter Konsequenz betrieb – anders als mein ehemaliger Doppelpartner Jürgen Faßbender, dem der Sprung in das Davis-Cup-Team gelungen war. Doch an diesem Tag stellte ich die Weichen für meine Zukunft in eine andere Richtung.

„Wenn du irgendwann in das Unternehmen einsteigen willst, musst du jetzt kommen", sagte mein Onkel. Die Firma, damals mit einem Jahresumsatz von gerade mal 16 Millionen Mark, war hoch verschuldet und die neue Fabrik nicht ausgelastet, da traditionell nur Aachener Printen für den Fachhandel produziert wurden, ein saisonales und regionales Nischenprodukt. Ein Verkauf der Firma war geplant, die ersten Gespräche hatten schon stattgefunden. Es sah ganz so aus als würde unser Familienunternehmen in dieser Form bald Geschichte sein. Kurz entschlossen entschied ich, es zu versuchen. Ich war ja noch jung. Kein Problem, nach einem Jahr oder zwei wieder auszusteigen und etwas anderes zu versuchen. Zu verlieren hatte ich nichts.

Das Familienunternehmen ist zu Hermann Bühlbeckers großer Leidenschaft geworden. Doch auch die für den Tennissport – hier mit dem rumänischen Tennisprofi Ilie Năstase – verblasste nie.

1976 stieg ich als Assistent der Geschäftsführung in die Firma ein und an meinem ersten Arbeitstag betrat ich Fabrik und Firmenzentrale zum ersten Mal. Ein Jahr später, ich war gerade 27 Jahre alt, übernahm ich die Gesellschaftsanteile meiner Mutter und den Posten des Geschäftsführers. Das Tennis hängte ich an den Nagel, die damit verbundenen Träume ebenso. Diese Arbeit, darüber war ich mir im Klaren, würde meine gesamte Zeit, Kraft und Energie in Anspruch nehmen. Für das Tennis blieb da kein Platz.

Keine leichte Entscheidung, sicher, aber ich war Realist genug zu wissen, dass meine Tenniskarriere spätestens mit Mitte Dreißig zu Ende gewesen wäre und die Vorstellung, als Fünfzigjähriger mein Auskommen als Tennislehrer bestreiten zu müssen, erschien mir wenig traumhaft. Die Leitung des Unternehmens dagegen war nicht nur eine Herausforderung, sie bot im besten Fall auch eine Zukunft. Und sie bot Raum für neue Träume: Das Überleben des traditionsreichen Familienunternehmens zu sichern, kurzfristig die Pleite und den Verkauf abzuwenden, es im Familienbesitz zu halten, weiter zu entwickeln und langfristig in eine neue Zeit zu führen, wurde zu einer Herzensangelegenheit. Einen Tennisschläger nahm ich für Jahre nicht mehr in die Hand.

Dennoch, die Leidenschaft für den Sport verblasste nie vollständig. Ich verfolgte am Fernseher die epochalen Duelle von Jimmy Connors, John McEnroe und Björn Borg, erlebte voller Begeisterung den Wimbledonsieg Boris Beckers und freute mich über den Aufschwung, den der Tennissport durch die Erfolge von Becker, Graf und Stich erlebte. Als ich mir nach rund acht Jahren im Unternehmen die ersten zeitlichen Freiräume schaffen konnte, begann ich auch wieder zu spielen. Schnell stellte sich die alte Begeisterung wieder ein. Ende der 90er-Jahre stieg ich dann als Sponsor beim „Tennisclub Kurhaus Bad Aachen" ein, dem Verein, bei dem ich Jahrzehnte zuvor das Tennis lieben gelernt hatte. Das Vereinsgelände hat sich seit meiner Jugend nicht verändert. Den Platz zu betreten weckt immer wieder zahlreiche schöne Erinnerungen und die alten Tennisträume flackern wieder auf.

Seit Jahren fiebere ich bei den Heimspielen mit, ich halte engen Konakt zur Mannschaft, dem Trainer und dem Manager. Mitzuerleben, wie der kleine Provinzclub in die Bundesliga aufstieg und in den vergangenen fünf Jahren vier Mal deutscher Meister wurde, war phantastisch. Vor allem das Finale der deutschen Meisterschaft 2012 war ein sehr emotionaler Moment für mich. Unser Gegner, der TC Blau-Weiß Halle, war als Favorit angereist, wir waren mit einer Niederlage in diese Saison gestartet und hatten an keinem Spieltag an der Tabellenspitze gestanden. Dazu kam, dass wir mit einem Nachwuchsteam antraten, denn unsere Stars, Philipp Kohlschreiber und Florian Mayer, waren auf internationalen Turnieren. Niemand rechnete mit unserem Sieg. Mit dem letzten Ball im letzten Tie-Break des letzten Spiels des letzten Satzes, auf unserem eigenen Platz wurden wir deutscher Meister – ein Herzschlagfinale und für mich ein Moment größter Euphorie.

Auch auf dem Platz erlebte ich in den vergangenen Jahren wieder aufregende Momente. Ich durfte bei einem Turnier in Wimbledon Deutschland in meiner Altersklasse vertreten, und im vergangenen Jahr gelang es mir bei einem Turnier in der Nähe von Osnabrück, bei dem sich alljährlich ehemalige Nationalspieler treffen, bis ins Halbfinale vorzudringen. Nach meinem Viertelfinalsieg gratulierte mir Wilhelm Bungert, lobte mein Spiel und bot mir das Du an, ein ergreifender Augenblick.

Ja, ich habe mich mit Ende Zwanzig von meinen Tennisträumen verabschiedet, einen eher traditionellen Weg eingeschlagen und anderen Träumen den Vorrang eingeräumt. Heute kümmere ich mich um ein Süßwarenunternehmen mit 3500 Beschäftigten. Es ist gelungen, ein Traditionshaus am Markt zu halten, der alten Marke Lambertz neue Impulse zu geben und im Jahr 2013 das 325-jährige Firmenjubiläum zu feiern. Dennoch denke ich, wenn der tennisverrückte junge Mann, der ich gewesen bin, einen Blick in die Zukunft hätte werfen können und mein heutiges Leben betrachtet hätte, er wäre nicht unzufrieden gewesen. Ich habe mir die Leidenschaft für den Tennissport bewahrt, und in vielfältiger Weise sind meine Träume, auch jene, die auf dem Ascheplatz vor unserem Haus geboren wurden, wahr geworden.

Der Printenkönig findet immer noch Zeit für ein königliches Match, hier mit Mansour Bahrami und Fürst Albert von Monaco.

Ein Gewinner-Team: Rennfahrer Andy Priaulx neben seinem Tourenwagen.

Andy Priaulx

No pain, no gain

Ich erinnere mich noch sehr gut an meine Kindheitsträume. Ich habe mir all die Dinge ausgemalt, die ich in meinem Leben einmal tun, einmal erreichen wollte. Was diese Träume wirklich bedeuten, habe ich damals noch nicht richtig begriffen. Erst jetzt weiß ich, wie wichtig sie waren, und ich ermutige meine eigenen Kinder, nicht nur Träume zu haben, sondern auch an sie zu glauben.

Ich hatte keine Ahnung, dass meine Gedanken von damals einmal mein Leben bestimmen würden. Motorsport war für mich ein großer Spaß, mehr nicht. Mein Vater fuhr Rennen. Er war und ist mein Held. Ich wollte unbedingt dasselbe tun wie er. In den frühen 1980er-Jahren, da war ich acht Jahre alt, habe ich zum ersten Mal davon geträumt, im Motorsport berühmt zu werden. Ich habe mein Idol Nigel Mansell in Silverstone fahren sehen und der britischen Kommentatoren-Legende Murray Walker gelauscht. Das war pure Magie. Wie Mansell wollte ich in einem Formel-1-Auto sitzen. Ich wollte, dass Murray Walker über mich spricht. Nun ja, beide Träume habe ich mir erfüllt …

Ich muss jedoch zugeben, dass es sehr lange gedauert hat, bis ich meine Visionen wirklich ernsthaft verfolgt habe. Mit um die 20 hatte ich Erfahrungen im Kartsport, im Motorboot und beim Motocross gesammelt und war bei Bergrennen in die Fußstapfen meines Vaters getreten. Da kam plötzlich der Moment der Erkenntnis: Motorsport, das war es, womit ich meinen Lebensunterhalt verdienen wollte.

Für heutige Verhältnisse war ich schon relativ alt, um plötzlich eine Profikarriere anzustreben. Ich ließ mich aber von diesem Gedanken nicht mehr abbringen. Mir war klar: Das ist mein Weg. Viele Leute fragen mich heute, ob ich ihn auch gegangen wäre, wenn ich damals schon gewusst hätte, welche Opfer ich dafür bringen musste. In meiner Biografie habe ich die Antwort gegeben: nein. Aber in diesem Fall hätte ich mir die unglaublichste Reise meines Lebens entgehen lassen. Ich kann nicht behaupten, dass immer nur alles Spaß gemacht hätte. Schließlich fehlte manchmal sogar das Geld für die einfachsten Dinge im Leben. Aber es gibt da ein englisches Sprichwort: "No pain, no gain." Das heißt so viel wie: „Kein Erfolg ohne Schmerzen." Daran glaube ich auch. Ich musste auf meinem Weg einige Schmerzen erleiden, aber sie wurden danach von Freude und Glück abgelöst.

Für viele Jahre musste ich das, was ich am meisten auf der Welt liebte, verlassen: meine Familie und meine Heimat. Den Tag, an dem ich von der Kanalinsel Guernsey zu meinen Abenteuern aufgebrochen bin, werde ich niemals vergessen. Mir war klar, dass ich meine Ziele nicht auf einer 40 Quadratkilometer großen Insel mit einem Tempolimit von 35 Meilen pro Stunde erreichen würde. Bei uns gab es natürlich keine Rennstrecke. Also musste ich zuerst das Bisschen Wasser zwischen mir und dem britischen Festland überqueren, um meinen Weg zu beginnen.

Guernsey ist ein bisschen wie Monaco – ein Steuerparadies für die Reichen. Ich gehörte jedoch nicht dazu. Die gewaltigen Rechnungen, die man bekommt, wenn man Motorsport auf hohem Niveau betreiben will, konnte ich nicht bezahlen. Ich habe in der Werkstatt meines Vaters gearbeitet, und der Lohn war nicht gerade üppig. Statt die schnellsten und besten Autos der Welt zu fahren, saß ich bei meiner Abreise in einem uralten Volvo und zog meine neue Heimat hinter mir her: einen 15 Jahre alten Wohnwagen. Meine Familie und meine wundervolle Verlobte Jo winkten mir zum Abschied. Es war hart, konnte mich aber nicht abhalten. Das war mein Traum – und ich lebte ihn. Ich war 23 Jahre alt.

Natürlich war das ein Wagnis, aber ich musste mich darauf einlassen. Ich hatte schon bewiesen, dass ich meinem Vater nacheifern konnte, indem ich die Britische Bergrennmeisterschaft mit der maximal möglichen Punktzahl gewann. Das war jedoch nicht gerade der übliche Einstieg in eine hoffnungsvolle Karriere als Fahrer im Formel-Rennsport. Ich musste dafür sorgen, dass es mein Name in die Notizbücher derjenigen schaffen würde, die mir neue Türen öffnen konnten. Da kam meine Sturheit ins Spiel. Das Symbol für Guernsey ist der Esel, eines der dickköpfigsten Tiere, die es gibt. Also habe ich es auch als Design für meinen Helm ausgewählt.

Geld spielt im Motorsport natürlich eine große Rolle. Ohne das nötige Kleingeld lassen sich die Einsätze gerade zu Beginn einer Rennfahrerkarriere nicht finanzieren. Also habe ich hart gearbeitet, unter anderem als Fahrlehrer am Silverstone Circuit, einer traditionsreichen Strecke in England. Eigentlich wollte ich Rennen fahren, aber nun stand erst einmal das Geldverdienen im Vordergrund. Zum Glück hatte ich dabei immer die Rückendeckung meiner großen Liebe Jo. Nach unserer Heirat im Dezember 1997 habe ich sie mit nach Silverstone genommen. Dort hat sie im Ticketbüro gearbeitet und alles meiner Karriere untergeordnet. Ich weiß nicht, wo ich heute ohne meine treue Jo wäre.

Die Überholspur im Blick: Andy mit seinem Vater Graham.

In dieser Zeit konnten wir die Schulden abbezahlen, die ich zuvor durch den Motorsport angehäuft hatte. Gleichzeitig machte ich eine Anzahlung für unser erstes gemeinsames Zuhause. Es war ein kleines Häuschen in Towcester, nur zehn Minuten von Silverstone entfernt. Am Ende der Woche blieben für uns nur 25 Euro zum Leben übrig – und ich hatte noch immer keinen Platz in einem konkurrenzfähigen Team.

Ich war aber immer noch fest entschlossen, mich nicht ins Abseits drängen zu lassen. Aufgeben kam für mich nicht in Frage. Dank der Hilfe vieler Menschen, die heute noch Teil meines Lebens sind, habe ich das Geld für einen Start in der Renault Spider Meisterschaft des Jahres 1999 zusammenbekommen. Ich war top-motiviert, wollte mich bei all denen, die immer an mich geglaubt haben für ihr Vertrauen erkenntlich zeigen. Und in diesem Jahr lief alles perfekt. Ich gewann alle 13 Rennen von der Pole-Position und holte den Meistertitel. Mir ist ein gigantischer Stein vom Herzen gefallen. Endlich hatte ich das Gefühl, die Aufmerksamkeit zu bekommen, die ich mir immer gewünscht hatte.

In den folgenden Jahren musste ich jedoch wieder einige Rückschläge hinnehmen. Weiterhin war das Geld knapp. Wenn ich Rennen fuhr, dann waren häufig die Autos nicht sonderlich zuverlässig oder nicht gut genug, um mich in Szene zu setzen. Ich fuhr Tourenwagen und Formel 3, bekam aber nie einen Stammplatz bei einem konkurrenzfähigen Team. Bis sich 2003 alles änderte. BMW erkannte mein Talent, allen voran Peter Walker und Chris Willows von BMW Großbritannien. Sie empfahlen mich Teamchef Bart Mampaey weiter, der gerade einen Fahrer suchte. Sein belgisches RBM-Team schickte in der Tourenwagen-Europameisterschaft ein Auto für BMW Großbritannien an den Start. Ich fuhr mein erstes Rennen für diese fantastische Marke, und meine Welt drehte sich plötzlich in eine völlig andere Richtung. Zu sagen, dass sich dadurch mein Leben verändert hat, wäre eine Untertreibung. Ich habe bei BMW meine zweite Familie getroffen, meine Motorsport-Familie. Endlich nahm meine Karriere richtig Fahrt auf. Ich wusste von der ersten Sekunde, dass wir gemeinsam erfolgreich sein würden. Es passte einfach alles zusammen und so ist es bis heute geblieben.

Auf dem Siegertreppchen zu stehen, ist die Krönung eines Kindheitstraumes!

Was wir seither erreicht haben, spricht für sich. Das BMW-Team RBM und ich sind zu perfekten Partnern geworden. Nach gerade einmal zwei Jahren haben wir 2004 zusammen die Tourenwagen-Europameisterschaft gewonnen. Als Krönung folgten zwischen 2005 und 2007 drei WM-Titel hintereinander. 2012 habe ich mich dann gemeinsam mit BMW wieder einer neuen Herausforderung gestellt: der DTM (Deutsche Tourenwagen Masters). Um in dieser Serie ähnlich erfolgreich zu sein, haben wir wieder viel Arbeit investiert. Über Monate bereiteten wir uns auf eine der härtesten und engsten Serien im Motorsport weltweit vor. Wieder haben wir alles, was wir hatten, in die Waagschale geworfen und der Einsatz hat sich gelohnt. In meinem ersten DTM-Rennen in Hockenheim konnte ich gleich Punkte sammeln und war der bestplatzierte BMW-Fahrer. Auch nach all den Jahren im Rennsport bin ich noch genauso heiß auf den Erfolg wie früher. In der DTM möchte ich noch viel erreichen.

Mein Beruf hat mir großartige Möglichkeiten eröffnet. Ich durfte für BMW einige Male ein Formel-1-Auto testen und habe sensationelle Erfolge gefeiert. Auf meinem Weg begegneten mir große Champions wie Michael Schumacher, Sebastian Vettel oder Jacques Villeneuve, außerdem habe ich viele neue Freunde gefunden. Und der Kommentator Murray Walker hat tatsächlich über mich berichtet. Sie sehen: Ich habe meinen Traum verwirklicht – und lebe ihn noch heute.

Henning Krautmacher

Träum nicht Dein Leben – lebe einfach Deinen Traum!

Schon als kleiner Junge hatte ich den Traum, Zirkusakrobat zu werden, oder Clown! Um von Stadt zu Stadt zu fahren, unterwegs mit bunten Wagen – das Erwachsenwerden kümmerte mich kaum. Ich hatte immer nur das eine Ziel im Sinn: die Manege mit dem Duft von Sägespänen! Kam der Zirkus in unser Städtchen, war ich da – mit meinem Rädchen – in die Schule zog mich überhaupt nichts hin.

In meinem Traum stand ICH im Licht! Ich sah die Menschen applaudieren! Da war dieses Lachen in jedem Gesicht! Manege frei! Jetzt komme ich! Wenn sich ein Stern auch manchmal hinter dem Mond versteckt, dann ist er nur kurz mal nicht zu sehen – ist aber niemals wirklich weg! So kommen auch Träume immer wieder, wie die fast vergessenen Lieder – und es sind geheime Träume vom großen Glück. Ich bin Dompteur, Jongleur und Clown. Bin der Direktor mit Zylinder! Und ich vergesse die Zeit, den Raum: Manege frei für meinen Traum!

Was sich hier liest wie die herzergreifende Sehnsucht eines kleinen Jungen, einmal in seinem Leben Mitglied einer Zirkusfamilie sein zu dürfen, Reiseromantik mit Traktoren, bunten Anhängern, dressierten Tieren und Artisten erleben und genießen zu können, das haben sich gewiss viele Menschen schon für sich selbst gewünscht.

Der Auslöser: eine hölzerne Tafel mit den Worten: „Junge Leute zum Mitreisen gesucht!" Bei mir hat sich der Wunsch bereits im zarten Alter von fünf Jahren tief eingebrannt. Meine Träume waren

Sänger, Liedermacher und auch gerne Clown: Henning Krautmacher mit seiner Marionette in der Manege.

erfüllt von zahlreichen Szenen, in denen ich Teil des Geschehens in der Zirkusmanege war. Ich konnte Handstand! Ich konnte jonglieren! Löwen und Tiger gehorchten mir aufs Wort und ich hatte überhaupt keine Angst, über das Hochseil zu balancieren oder am Trapez durch die Lüfte zu fliegen. Am häufigsten jedoch sah ich mich als lustigen Clown, mit viel zu großen Kleidern und Schuhen durch das Zirkusrund stolpern. Flöte und Harmonika spielend und singend die Leute lachen machend. Traumhaft!

Helga – so der Name einer, nein, „meiner" Friseurin, die mir bis zu meinem zwölften Lebensjahr, dem Wunsche meiner Eltern entsprechend, jedes Mal einen Fassonschnitt verpasste, – hatte ich meinen Traumberuf als erste anvertraut, als sie mich fragte, was ich denn einmal werden wolle, wenn ich groß bin: „Ich will Clown werden!"

Nun – heute, über 50 Jahre später, kann ich sagen, dass mein Traum wohl intensiv genug war und sich schon sehr, sehr früh als meine Bestimmung entpuppte. Zuerst lernte ich Blockflöte zu spielen, dann Akkordeon (wie die Clowns in meinen Träumen). Bereits als Zehnjähriger hielt ich Büttenreden im Kinderkarneval und mit elf Jahren wurde ich Kinderprinz Henning der Erste von Leverkusen. Noch nicht im Stimmbruch, wurde ich Sänger in einer Schülerband. Später dann zupfte ich den Bass und sang in Tanz- und Mundartbands. Immer häufiger zog es mich auf die „Bretter, die die Welt bedeuten" und dann klopften schließlich die Höhner bei mir an und fragten, ob ich die Position des Frontmannes übernehmen wolle: Dompteur, Jongleur, Direktor, Musiker oder Clown – wo ist der Unterschied?

So richtig bewusst wurde mir dieser Gedanke jedoch erst, als wir uns mit einem „richtigen" Zirkusdirektor einließen: mit Bernhard Paul vom Zirkus Roncalli. „Wir müssen unbedingt mal was zusammen machen!", so lautet ein oft ausgesprochenes, aber selten in die Tat umgesetztes Versprechen unter Gleichgesinnten. Viele Jahre hatte es gedauert, bis der Zirkus Roncalli und die Höhner dann aber doch eine Liaison eingingen. Im Jahr 1999 begannen die Planungen für ein Projekt, das im Frühjahr 2000 in Köln starten sollte und sich seitdem zu einem sehr erfolgreichen und weit über die Grenzen der Domstadt hinaus beliebten, eigenständigen Zirkus-Spektakel entwickelte: die Höhner-Rockin-Roncalli-Show.

Hatte ich bis zu diesem Zeitpunkt geglaubt, dass die Arbeit als Musiker auf der Bühne sehr viel Ausdauer, Disziplin, Teamgeist und Training bedeutet, so musste ich jetzt erkennen, dass die Arbeit in der Manege noch viel mehr an Engagement erfordert. Und wir, die Höhner, sollten in der Show nicht „nur" die Zirkuskapelle sein – wir sollten und wollten mit den Artisten und Clowns gemeinsam in der Manege stehen. Mit ihnen jonglieren, balancieren oder als moderne Clowns die Leute zum Lachen bringen.

Das Wort „Timing", das in der Musik ohnehin schon eine bedeutende Rolle spielt, ist in der Artistik mitunter von elementarer Bedeutung. Und wer glaubt, dass ein Clown ohne Timing auskommt, der irrt gewaltig. Hartes Training und höchste Konzentration sind – neben Talent – erforderlich, um eine Darbietung „leichtfüßig" und wie selbstverständlich erscheinen zu lassen. Wochen- und monate-, manchmal sogar jahrelanges Training sind erforderlich, um irgendwann zu den Besten zu gehören und einen Platz im Team der Zirkusfamilie zu bekommen. Der Lohn dafür ist das Staunen und Lachen in den Augen des Publikums und ein ehrlicher Applaus. In solchen Augenblicken hat man das Gefühl, dass da gerade ein Traum in Erfüllung geht und es bleibt der

Minge Droum

Schon als kleine Jung hatt ich nur eine Droum
Zirkusakrobat ze weede – oder Clown
Öm vun Stadt zo Stadt ze fahre
Ungerwächs met bunte Wage
Et Erwachseweede kümmerte mich koum

Ich hatt immer nur dat eine Ziel em Sinn
De Manege met demm Duff' vun Säjespän
Kom dä Zirkus en et Städtche
Wor ich do met mingem Rädche
En de Schull, do trok mich da övverhoup' nix hin

En mingem Droum stund ich em Leech
Ich soh de Minsche applaudiere
Do wor dat Laache en jedem Jeseech
Manege frei! Jetz' kumme ich!

Wenn sich ne Stän manchmol ens hingerm Mond versteck
es hä nur koot ens nit ze sinn – un niemols weg
Su kumme Dröum och immer widder
wie die fast verjessne Leeder
Un et sin jeheime Dröum vom jroße Jlöck!

Ich ben Dompteur, Jongleur un Clown
Ben dä Direktor met Zylinder
Un ich verjess' die Zigg, dä Raum
Manege frei! För minge Droum!

Schon als kleine Junge hatte mir dä Droum
Zirkusakrobat ze wede – oder Clown
Öm vun Stadt zo Stadt ze fahre
Ungerwächs met bunte Wage
Et Erwachseweede kümmerte uns koum

Dräum nit di Levve – Lääv einfach dinge Droum

unbändige Wunsch nach immer wiederkehrender Bestätigung. Den „kleinen Jungen" in mir, der schon als Fünfjähriger davon geträumt hat, in der Manege zu stehen, habe ich immer versucht zu bewahren.

Nachdem ich zu meinem vierzigsten Geburtstag eine 80 Zentimeter große Marionette als mein Ebenbild geschenkt bekommen hatte, schrieb ich die Zeilen, die zu Beginn dieser Geschichte stehen, in kölscher Mundart auf und es entstand daraus ein Lied für unsere Höhner-Rockin-Roncalli-Show. Gemeinsam mit einer weiteren Marionette (von Hannes Schöner) habe ich dieses Lied nun schon unzählige Male singen dürfen: Minge Droum! Mein Traum! Und das Tolle ist: Mein Traum dauert an …

Clown Pippo alias Bernhard Paul, Zirkusdirektor des Zirkus Roncalli, Henning Krautmacher und dessen „Ebenbild" im Rampenlicht!

Gemeinsam mit Senta Berger als Schirmherrin rief die damalige Geschäftsführerin von Plan Deutschland, Marianne Raven, eine Kampagne ins Leben, die sich für die Mädchen in aller Welt einsetzt.

Marianne Raven

"Because I Am a Girl"

Wann ich das erste Mal bedauert habe, ein Mädchen zu sein? Als ich mich 1956 sechsjährig mit meinen beiden Brüdern geprügelt habe. Eigentlich waren wir ein gut eingespieltes Team. Ich inmitten eines ein Jahr jüngeren und eines ein Jahr älteren Bruders. Nur ging die Harmonie nicht so weit, dass es nicht hin und wieder doch zu einem Kräftemessen kam. In dem Alter wird so etwas eben auch physisch ausgetragen. Ich verlor. Klar. Mit den Jahren lernten wir, zivilisierter miteinander umzugehen, und ich machte mir zusätzlich so manchen Trick zu eigen, um Oberwasser zu behalten. Übermäßiges Heulen und Petzen inklusive – leider. Heute lachen wir gemeinsam über unser damaliges Verhalten und respektieren einander.

Doch nicht nur diese Banalität ließ mich mit meinem Mädchenschicksal hadern. Ich hatte Grips, durfte aber nicht zum Gymnasium. Ich musste im Haushalt helfen, in der Schule Handarbeiten und Kochen lernen, was ich doof fand. Mathe gefiel mir besser, und in dem Fach war ich Klassenbeste. Es half nur nichts. Schon damals sagte ich immer wieder: „Wenn ich noch einmal auf die Welt komme, dann nur als Junge!" So träumte ich von einer Welt, die alle Kinder gleichberechtigt aufwachsen lässt und eher auf deren Begabungen achtet als darauf, ob man nun zufällig Junge oder Mädchen ist.

Ich fing an, mich zu wehren und zu kämpfen. Die Erziehungsversuche meiner Eltern, aus mir ein liebliches, fügsames Mädchen zu machen, scheiterten. Sobald ich konnte, nämlich mit 18 Jahren, verließ ich mein Elternhaus. Meine Eltern hatten inzwischen ein Einsehen mit der rebellischen Tochter, akzeptierten meinen Wunsch und ließen mich ohne Groll ziehen. Ich ging zunächst als Au-Pair-Girl für ein Jahr nach England. Nach meiner Rückkehr bekam ich eine Stelle als fremdsprachliche Korrespondentin, aber wieder war ich nur Hilfskraft von Männern, die mir geistig unterlegen waren. Meinem damaligen Freund und späteren Mann ging ich mit meinem Gejammer über die Ungerechtigkeit auf die Nerven. Er antwortete kurz: „Tu was!" Ich tat. Ich holte mein Abitur auf dem Abendgymnasium nach, studierte Jura. Wurde Anwältin. Leider war ich so beschäftigt, dass für ein Leben mit Kindern keine Zeit blieb: Karriere oder Familie. Ich entschied mich für die Karriere und damit auch gegen meinen Mann. Glücklicherweise habe ich es nie bereuen müssen. Denn ein Zufall bescherte mir 1988 die internationale Kinderhilfsorganisation Plan International, die für den Aufbau in Deutschland eine Geschäftsführerin suchte. Ich bekam den Job und damit Einblicke in das Leben von Mädchen in vielen anderen Ländern der Welt.

Meine erste Reise führte mich mit Marie-Luise Marjan nach Mumbai (ehemals Bombay) in Indien. Nach der Ankunft fiel mir eine indische Zeitung in

Mit einem jüngeren und einem älteren Bruder hat man es als Mädchen nicht immer leicht: Marianne Raven mit ihren Brüdern Bernd und Werner.

die Hände und ich wurde auf eine große Anzeige aufmerksam, in der eine Hand ein angezündetes Streichholz hielt. Marie-Luise erhaschte einen Blick darauf und bemerkte: „Wird hier noch für Streichhölzer geworben?" Ich sah näher hin. Darunter stand: „Bedenke, dass das nächste Opfer Deine eigene Tochter sein könnte!" Uns fuhr es durch Mark und Bein. Plan-Mitarbeiter klärten uns auf. Es ging um die in diesem Land weit verbreiteten Kerosinkocher-Unfälle – als Unglück getarnte Morde, meist begangen von den Schwiegermüttern frisch verheirateter junger Frauen. Wenn der Vater der Braut mit den Zahlungen des immens hohen Brautgeldes nicht gänzlich oder gar nicht nachkommt. Die Zahlungen, meist das Dreifache des Jahreseinkommens des Vaters, können ihn ruinieren, wenn es in der Familie mehrere Töchter gibt. Die Zahlung des Brautgeldes ist zwar in Indien gesetzlich verboten, wird aber hauptsächlich auf dem Lande noch praktiziert. Deswegen wollen Eltern keine Töchter. Und junge Frauen werden ermordet. Sie werden – meist – von der Schwiegermutter in der Küche mit Kerosin übergossen und angezündet. Vor der Polizei wird behauptet, die Schwiegertochter habe beim Hantieren mit dem Kerosinkocher Feuer gefangen. Und damit kommt man dann auch durch.

In El Salvador, in Mittelamerika, besuchte ich mit einer Journalistin junge Mütter. Eigentlich noch Kinder, denn sie waren alle unter 16. Viele Jungs und Männer in Mittel- und Südamerika haben kein Bewusstsein für Verantwortung. Sie sind schnell weg, wenn es um die Finanzierung der Familie geht. Auch hier gibt es Gesetze für Unterhaltszahlungen, sie werden nur nicht vollzogen. Und so bekommen die Mädchen früh viele Kinder, damit sie Versorger bei Krankheit und im Alter haben, was sie zum Spielball für verantwortungslose Macho-Männer macht.

In Mali, in Afrika, war ich wegen Dreharbeiten für eine unserer Benefiz-Sendungen. Es ging um Beschneidungen, die in diesem Land zwar auch verboten sind, aber weder verfolgt noch geahndet werden. Fast 90 Prozent der Frauen sind in Mali beschnitten. „Plan" unterstützt kleine lokale Organisationen, die auf Aufklärung setzen, Beschneiderinnen andere Einkommensmöglichkeiten verschaffen und mit den Behörden eng kooperieren. Wir besuchten ein Dorf, wo das Hinübergleiten der Mädchen in das Erwachsensein mit anderen, fröhlichen Ritualen vollzogen wurde. Für die Mädchen und uns eine große Hoffnung, auf dem richtigen Weg zu sein. Aber der Absage an das alte, grausige Ritual stehen bisher nur wenige Dörfer positiv gegenüber. Das bekamen wir an einem anderen Ort mit, wo eine Gruppe Männer uns Frauen im Drehteam verächtlich anschaute und bemerkte: „Nicht beschnittene Frauen stinken!" Hier wurden Beschneidungen noch durchgeführt, und zwar von einer im Dorf hoch angesehenen Frau, die das grausige Ritual mit einer rostigen Rasierklinge vollzog.

Die kleinen Mädchen – meist im Alter von acht bis zehn Jahren – werden dabei von den Müttern festgehalten. Manch einer werden dabei die Arme gebrochen. Wie groß müssen da die Schmerzen sein! Und wie schlimm bleiben sie – ein Leben lang!

1998 besuchte ich mit Senta Berger und einem Journalistenteam Nepal. Es war November und ungewöhnlicherweise regnete es zu dieser Jahreszeit. War es sonst schon kühl, gingen die Temperaturen noch weiter auf etwa acht Grad herunter. Wir waren mit unseren Jacken und Pullovern gut ausgerüstet. Die Dorfbewohner kamen eingehüllt in Decken zum Treffen. Wir besprachen mit ihnen die Situation des Dorfs und die Möglichkeiten, wie „Plan" mit ihnen zusammen für sauberes Trinkwasser, eine Schule und besseres Saatgut sorgen könnte. Plötzlich gesellte sich ein kleines, barfüßiges, nur mit Fetzen gekleidetes Mädchen zu uns. Wir waren entsetzt und fragten die Dorfbewohner, wo die Familie dieses Mädchen lebte, denn sie müsse doch ganz schrecklich arm sein. Das Mädchen lief weg, in ein Haus, das wie alle anderen Häuser im Dorf aussah. Karg, aber stabil aus Ziegeln gebaut. Wir traten ein. Dort saß eine gut und warm gekleidete Frau mit einem Jungen bei sich, in Schuluniform, Pullover, Schuhen und Wollsocken. Die Frau bejahte unsere Frage, ob es sich um ihre Tochter handele. Auf unsere weitere Frage, warum sie so vernachlässigt nur mit einem Fetzen bekleidet sei – im Gegensatz zu ihrem Bruder – antwortete sie barsch: „Weil sie ein Mädchen ist!" Vielleicht nur eine kleine Episode, aber dieser Tropfen hat das Fass zum Überlaufen gebracht.

Während in Deutschland ein guter Prozess zur wirklichen Gleichberechtigung und Vereinbarkeit von Beruf und Familie für Frauen auf dem Weg war, bekam ich immer wieder hautnah mit, welchem Leid viele Millionen Mädchen heute noch ausgesetzt sind. In so manchen Ländern Asiens, Afrikas, Mittel- und Südamerikas werden weibliche Föten abgetrieben und neugeborene Mädchen getötet oder vernachlässigt. Mädchen bekommen oft als letzte in der Familie zu essen, werden medizinisch schlechter versorgt, dürfen kaum oder überhaupt nicht zur Schule. Sie werden auf bestialische Weise beschnitten, zwangsweise verheiratet und dann von ihren Ehemännern geschlagen, ohne dass diese strafrechtlich belangt werden. Ungerecht behandelt zu werden, bedeutet für diese Mädchen, dass sie jeden Tag gedemütigt und fremdbestimmt werden und oft um ihr Leben fürchten müssen. Aus einem einfachen Grund: Weil sie Mädchen sind!

Aufgrund des Nepal-Erlebnisses initiierte ich die Kampagne: „Because I Am a Girl" – mit Senta Berger als Schirmherrin. Auch Marie-Luise Marjan war sofort dabei. Dennoch hat es Jahre gedauert, bis ich weitere prominente Frauen und Chefredakteurinnen zusammen hatte und meinen Vorstand überzeugen konnte. Aber ich gab nicht auf, und 2003 hatte ich es geschafft. Die Kampagne ging in Deutschland an die Öffentlichkeit – mit überwältigender Resonanz. Nun griffen meine Kollegen bei „Plan" in den anderen Ländern die Kampagne auf. Gemeinsam gelang es uns, über die jeweiligen Regierungen einen Antrag bei der UN durchzubringen: zur Einrichtung eines Weltmädchentages. Am 11. Oktober 2012 wurde der erste begangen. Ein Traum, den ich schon als Kind hatte, und den ich besonders mit der Mädchenkampagne seit 2003 unbedingt wahr werden lassen wollte.

Das ist für mich aber nur der Anfang. Jetzt müssen die Regierungsoberhäupter dazu gebracht werden, jedes Jahr am 11. Oktober der Öffentlichkeit gegenüber einen Bericht abzugeben, wie es um die Situation der Mädchen in ihren Ländern bestellt ist – was alles getan wurde, um die Kinder- und Menschenrechtskonvention einzuhalten. Denn da steht es ja drin: Mädchen und Jungs sind gleichberechtigt. In allen Belangen und Bereichen. Davon träume ich heute. Als erwachsene Frau darf man ja auch noch Träume haben, oder?

Als Pilot hat Joachim von Graes alles unter Kontrolle – er riskiert aber immer wieder gern einen Blick über den Tellerrand hinaus!

Joachim von Graes
Über den Tellerrand hinaus

„Was? Du bist Pilot! Cool. Das ist ja ungewöhnlich! Ich kenne noch keinen Piloten! Wie ist es so, durch die Welt zu fliegen, ständig neue Länder zu sehen, und wie hältst du das mit dem Jetlag aus?"

Das ist eine Version der Reaktionen, die mir oft begegnen, wenn ich auf die Frage nach meinem Beruf ehrlich antworte. Häufig werde ich anfangs etwas ungläubig angeschaut und kurze Zeit später schon mit Fragen zu den Themen Fliegerei, Lebensweise oder Verdienst gelöchert. Seltener werde ich auch gefragt, ob ich schon immer Pilot werden wollte, ja, ob dies mein Kindheitstraum gewesen sei. Da ich das nicht so einfach und schnell beantworten kann, will ich mir etwas mehr Zeit nehmen und etwas ausholen:

Ich bin mit zwei Brüdern in der Nähe des Bodensees aufgewachsen, obgleich ich in Frankfurt geboren wurde. Schon als Kind hatte ich enormes Interesse an allem Neuen und auch an Technik. Da spielte es keine Rolle, ob es sich um die Bohrmaschine meines Vaters oder den Traktor meines Onkels handelte. Während der Fahrt auf der Ladefläche zu sitzen oder einen Kartoffelernter in Bewegung zu sehen, war toll, solange es unbekannt und laut war! Dieses Gefühl blieb mir erhalten, auch wenn der erste Kontakt mit einem Flugzeug sich erst Jahre später ergeben sollte. Bis dahin ging ich zur Schule, tat, was alle Jungen gerne tun. Ich machte Sport, spielte Fußball, aber auch Computerspiele, und fuhr ins Ferienlager. Da für das ein oder andere Hobby, Schüleraustausche und später auch für den Führerschein Geld in die Kasse kommen musste, arbeitete ich nebenher oder in den Ferien als Gabelstaplerfahrer oder bediente eine Drehmaschine. Mit diesem Geld bezahlte ich den ersten Flug meines Lebens, nach Glasgow.

Unglaublich. Das Gefühl beim Start, als der Pilot die Triebwerke aufheulen ließ, es mich in den Sitz drückte und er dann die Nase des Flugzeugs gen Himmel zog. Einfach kribbelnd! Und danach der atemberaubende Blick aus dem Fenster und schließlich das Ankommen in einer „ganz anderen Welt"! Gut, heute weiß ich, dass Schottland sich nicht so stark von Süddeutschland unterscheidet, aber dennoch!

Der Wunsch, Pilot werden zu können – ein Traumberuf –, war mir aber noch immer nicht in den Sinn gekommen. So vergingen noch einige Jahre, in denen ich bis zum Abitur die Schule besuchte und mir erst allmählich Gedanken um meine berufliche Zukunft machen musste. Diese Zeit verbrachte ich hauptsächlich mit meinen Freunden und meinen Brüdern. Während mein jüngerer Bruder Benedikt seinen Berufsweg mit einer Handwerkslehre begann, war mein Blick eher auf den älteren Bruder Goswin gerichtet, denn er musste sich schließlich früher entscheiden als ich. Er machte seinen Zivildienst, während ich mein Abitur schrieb und kam, ich weiß bis heute nicht wie, auf die Idee, sich bei Lufthansa zu bewerben! Ich hatte bis dahin kaum an Fluggesellschaften gedacht, geschweige denn, an den Beruf des Verkehrspiloten. Ich wollte – wenn überhaupt – mit krassen Maschinen fliegen, und zwar mit denen der Bundeswehr! Die Tornado- und Mig29-Poster hingen zu diesem Zeitpunkt schon in meinem Zimmer. Ich bewarb mich bei der Bundeswehr für den Fliegerischen Dienst, wo ich aber nicht zuletzt wegen meiner Kurzsichtigkeit nicht genommen wurde. So versah ich meinen Grundwehrdienst bei einer fallschirmspringenden Einheit, zu der ich mich extra gemeldet hatte, bekam aber auch da keine Zeit im Flugzeug, weil ich, wie die meisten Wehrdienstleistenden, keinen „Springerschein" machen durfte.

Tja. Mittlerweile war für mich der Traum vom Fliegen schon wieder verblasst, denn kurzsichtig würde ich wohl mein Leben lang bleiben, und so begann ich ein Studium an der TU Karlsruhe. In dieser Zeit war mein Bruder Goswin bereits in der Ausbildung zum Verkehrspiloten bei der Deutschen Lufthansa. Er war nach Bremen gezogen und zwischenzeitlich auch nach Arizona geflogen, um dort seine fliegerische Ausbildung zu erhalten! Wir haben damals nur selten von ihm gehört und daher ist mir ein Foto aus jener Zeit, welches er nach Hause schickte, noch besonders gut im Gedächtnis geblieben. Er und seine Kollegen trugen ihre Fliegerkombis und tauchten im hellblauen Pool umher, als schwebten sie, während ein anderer sie fotografierte. Ich war komplett überrascht, dass mein Bruder in der Ausbildung auch ein Unterwassertraining machte! Dieses Bild und die spannenden Geschichten meines Bruders, als er zu Weihnachten nach Hause kam, weckten mein Interesse, auch wenn das Foto nur ein Spaß war und kein echtes Training zeigte. So kam es, dass ich mich ebenso bei Lufthansa bewarb und bestimmt auch dank der Tipps meines Bruders als einziger in meiner Bewerbergruppe eingestellt wurde. Hier ist noch zu erwähnen, dass ich im Voraus fliegerärztlich untersucht worden war, und mir der Arzt trotz etwa zwei Dioptrien Sehschwäche, Flugtauglichkeit bescheinigt hatte! Ich war überglücklich und verspürte natürlich keine Lust, mein Studium fortzuführen, sondern wollte schnellstmöglich mit der Ausbildung beginnen. Der Starttermin wurde mir schriftlich mitgeteilt und lag nur etwas nach dem Landetraining, also dem Ende der Ausbildung meines Bruders. Somit hatten mein jüngerer Bruder und ich die Möglichkeit, mit nach Zypern zu fliegen und so viele Starts und Landungen mitzuerleben, wie in unserem gesamten bisherigen Leben noch nicht. Dazu kam der Aufenthalt in einem tollen Hotel, zusammen mit hervorragenden Kollegen und Ausbildern, die trotz Prüfungssituation eine einmalige Stimmung verbreiteten. Da wusste ich, dass ich es nicht bereuen würde, mein Studium abgebrochen zu haben, um Pilot bei Lufthansa zu werden!

In den kommenden Jahren hatte ich eine anstrengende und umfassende Ausbildung zu bestreiten, die mich zeitweise an meine Leistungsgrenzen führte. Aber bei all den Prüfungen und Flugchecks, die in dieser Zeit den Tagesablauf bestimmten, habe ich in meiner Flieger-WG Freunde fürs Leben gefunden. Schon allein für diese Gemeinschaft würde ich nochmals meine Ausbildung machen! Es folgten mein erster Arbeitsvertrag und die Probezeit, in die das Drama der Anschläge des 11. September 2001 fiel. Ich hatte inmitten dieser Krise Glück im Unglück und wurde zwar langsamer, aber dennoch vollständig auf der Linie ausgebildet und schließlich unbefristet beschäftigt. Einer der tollsten Flüge war mein erster während dieser Einweisungszeit. Mein Bruder, als Linien-Copilot, und ein Ausbildungskapitän waren dabei, um mich in das fliegerische Tagesgeschäft einzuweisen. Es ging nach Neapel! Leckeres Essen in einer mir unbekannten Stadt, und dann auch noch mit meinem Bruder zusammen. Toll! Auf diesem Flug habe ich gedacht: Das werde ich den Rest meines Lebens machen, und habe wohl vor lauter Glück meine Uniformmütze vergessen. Ich habe sie nie wiederbekommen und musste eine neue kaufen. So ist das vielleicht in der Fliegerei: Man verliert eine Kleinigkeit, bekommt dafür aber die große weite Welt! Ich liebe diesen Job!

Um noch einmal zum Anfang der Geschichte zurück zu kommen: Ja, wirklich. Ich bin Pilot! Ich kann es manchmal selbst kaum glauben. Wenn ich zum Beispiel an der Startbahn warte, bis ein Kollege gelandet ist, freue ich mich noch immer über den Anblick der Flugzeuge, über den Krach und die Majestät eines jeden abhebenden Kolosses! Und in so einem sitze ich vorne drin und werde auch gleich losfliegen!

Mittlerweile kenne ich einige Piloten. Wir sind ganz normale Leute. Es gibt dicke und dünne, große und kleine, Brille tragende, so wie mich, und solche, die keine brauchen. Nicht jeder kann diesen Beruf ergreifen oder würde es mögen, sich die Nächte um die Ohren zu schlagen oder Weihnachten nicht zu Hause zu sein, im ICE – weil man noch die Uniform anhat – nach dem Bordrestaurant gefragt zu werden oder immer wieder die gleichen Fragen zum Beruf zu beantworten. Manchmal, nach zwölf Stunden Flug, einer langweiligen Crew und einem maulfaulen Cockpitkollegen, schießt mir der Gedanke durch den Kopf, zu sagen, dass ich Metzger und auf dem Weg zum Fasching sei, um mich nicht erklären zu müssen! Aber dann denke ich an Umläufe wie den heutigen, muss lächeln und freue mich über das Interesse an meinem Traumjob! Denn diese Zeilen schreibe ich in Shanghai, während es gerade dämmert und die Stadt zum Leben erwacht, nachdem ich mit lustigen Kollegen aus meiner und verschiedenen anderen Crews essen, tanzen und feiern war!

Als Kampfpilot oder Binnenschifffahrtskapitän (das hat der Computer des Berufsinformationszentrums während meiner Schulzeit für mich als Berufsoption ausgespuckt) hätte ich nicht so glücklich werden können. Schön, dass mein Bruder Goswin diesen Weg gewählt hat und ich mit ihm und Benedikt schon tolle gemeinsame Touren erleben durfte! Manchmal braucht es vielleicht andere, die für einen selbst über den Tellerrand des Berufshorizonts schauen! Danke dafür!

Schon als kleiner Junge die Steuerknüppel fest im Griff, wenn auch noch am Boden.

Für Johannes Freiherr Heereman steht der persönliche Einsatz seit jeher im Zeichen christlicher Nächstenliebe.

Johannes Freiherr Heereman von Zuydtwyck

Zwischen Feuerwehrmann und Missionar – Malteser

Manchmal wache ich morgens auf und brauche im Dunkeln eine ganze Zeit bis mir klar wird, an welchem Ort ich bin. Seit einem Jahr finde ich mich manchmal in fernen Ländern, aber zumeist in einem kleinen Gästezimmer in Königstein im Taunus wieder. Das ist nicht direkt die Erfüllung eines Kindheitstraumes und schon gar nicht die Erfüllung meiner Rentnerträume, und doch hat es damit zu tun, aber eben ganz anders, als ich es mir in meinen Träumen hätte vorstellen können.

Es war wohl der Tatsache unseres Wohnsitzes an einem Seitenarm des Mittellandkanals bei Hannover geschuldet, dass mein Traum vom Feuerwehrmann mit zwölf Jahren vom Wunsch, Kanalschiffer zu werden, abgelöst wurde. Mit 14 Jahren war ich weiterhin dem Wasser treu, aber nun wollte ich ein U-Boot-Kommandant sein. Ich las alle Bücher über den U-Boot-Krieg und mit 16 Jahren endete diese Periode mit dem Segelschein, immerhin, denn das war der Grundstein für ein Hobby, das unser späteres Familienleben stark prägen sollte und mir eine unvergessliche Atlantiküberquerung mit Freunden bescherte. Aber dann war da noch etwas, was auf einer Parallelspur mitlief: der Traum, Missionar in Afrika zu werden. Ich war Ministrant. Es kamen Missionare in unsere Pfarrei. Man hörte viel von Albert Schweitzer und den Freiheitsbewegungen in Afrika. Und aus diesem Gebräu erwuchs der Wunsch, selbst Missionar zu werden. Um es gleich vorweg zu sagen: Ich bin nie Feuerwehrmann oder Missionar geworden, und trotzdem hat mein Lebensweg diese Spur nie ganz verlassen. Aber dazu komme ich später.

Nach dem Abitur waren alle Kindheitsträume verklungen. Was sollte ich studieren? Mein älterer Bruder studierte Betriebswirtschaft, also blieb für mich die Juristerei. Damals glaubte man noch, dass dies für Menschen ohne besondere Eignungen und Neigungen die beste Ausgangslage für eine gediegene berufliche Entwicklung sei. Irgendwie schaffte ich es, und später nahm ich einmal die Gelegenheit wahr, ein Jahr als Anwalt zu praktizieren, um mich davon zu überzeugen, dass ich notfalls auch davon leben könnte. Aber das wollte ich wirklich nur notfalls.

Für meinen Lebensweg entscheidend wurde etwas ganz anderes. Gegen Ende meiner Schulzeit erklärte meine Mutter eines Tages: „Du fährst an Pfingsten mit den Maltesern nach Lourdes. Da wirst du viele Koffer tragen und Kranke pflegen." In mir sträubte sich alles. Ich erklärte, dies seien die letzten Pfingst-

Als kleiner Junge sind Feuerwehrmänner und Kanalschiffer große Vorbilder.

ferien meines Lebens, die wolle ich mit Freunden genießen. In Wirklichkeit hatte ich Angst vor den Kranken und beabsichtigte gegen das Verbot meines Vaters den Führerschein zu machen. Widerstand war zwecklos. Am Donnerstag vor Pfingsten bestieg ich in Dortmund den Pilgerzug nach Lourdes und nach einer Woche kam ich todmüde aber glücklich zurück.

Warum? Ich glaube, es war eine Mischung aus körperlicher Anstrengung, Selbstüberwindung, neuen Freundschaften und der unbeschreiblichen Dankbarkeit der Kranken. Von jetzt an fuhr ich jährlich nach Lourdes und nach vier Jahren bekam ich die Leitung eines Krankenzuges dorthin anvertraut. Der Präsident des Malteser Hilfsdienstes wurde auf mich aufmerksam und fragte mich in regelmäßigen Abständen, ob ich mich nicht in seiner Organisation engagieren wolle. Aber ich wollte noch nicht. Als ich mein zweites Staatsexamen abgelegt hatte, bat mich mein Schwager, die Leitung eines Familienunternehmens in Bad Neustadt/Saale zu übernehmen. Weit ab von meinen Kindheitsträumen war ich plötzlich Kurdirektor und verantwortlich für Kurkliniken, Hotels, ein Kurorchester und ungefähr 250 Mitarbeiter. Wir bauten ein neues Sanatorium und bewältigten die erste Golfkrise, die zu erheblichen Umsatzeinbrüchen geführt hatte. Doch dann kam ein junger Mann für ein großes Projekt und ich merkte sehr schnell, dass er für dieses Geschäft die besseren Talente besaß. In diese Zeit fällt eine, mein weiteres Leben prägende Begegnung. Wir lernten nicht weit von Bad Neustadt einen alten, asketischen und herzlichen Franziskaner, Pater Eugen Mederlet, kennen. Er sprach über Gott, den Himmel, die Heiligen und die Geheimnisse des Glaubens in einer Weise, wie ich es noch nie gehört hatte. Ich weiß nicht, welche Rolle Kopf und Herz gespielt haben. Aber es wurde mir ganz klar, dass dieser Gott existiert, und dass er mir in Jesus Christus ganz nah ist. Ich erfuhr eine unbeschreibliche Freude, wie ich sie noch nie erlebt hatte, am ehesten vergleichbar mit dem überwältigenden Gefühl des plötzlich aufkommenden Verliebtseins. Und dieses Gefühl stellte sich immer wieder ein, wenn wir einige Tage bei Pater Eugen verbrachten. Ich glaubte, es für immer zu besitzen. Aber es ging vorüber, als der Pater sich auf einen Berg in der Schweiz zurückzog, um noch einmal ganz in Armut zu leben und wir die Rhön verließen. Es kam auch nie wieder. Aber das Erlebnis der Nähe Gottes hatte sich mir eingebrannt. Ich konnte und wollte diese Erfahrung nicht mehr missen und das musste Konsequenzen haben.

Der Kindheitstraum vom Missionar stieg in mir wieder auf. Aber wie sollte er Wirklichkeit werden? Schließlich war ich verheiratet und wir erwarteten das dritte Kind. Als Arzt wollte ich es versuchen. Die Zulassung zu einem so späten Studium brauchte einen wichtigen Grund. Ich hielt eine Notlüge für gerechtfertigt und besorgte mir über einen Freund ein Gutachten, welches mir beste Perspektiven als Gerichtsmediziner prognostizierte; eine aberwitzige Idee. Das durchschaute wohl auch die Universität, bei der ich mich beworben hatte, und so platzte sehr schnell mein Missionarstraum, an dem auch der weise Pater Eugen bereits gezweifelt hatte.

Feuerwehrmann und Lourdes, Rettungsdienst und Krankenpflege, was lag da näher als der Malteser Hilfsdienst. Der Präsident gab mir die Chance, mich in der Geschäftsstelle Mainz zu bewähren und dann Generalsekretär des Verbandes zu werden. So kam es dann auch. Später wurde ich geschäftsführender Präsident und durfte 34 Jahre lang dieser Organisation aus ganzem Herzen dienen. Was mich an den verschiedenen Diensten immer faszinierte, war die Chance für jede Helferin und jeden Helfer durch die Begegnung mit kranken, behinderten und anderweitig bedürftigen Menschen, die Nähe Gottes im Notleidenden zu entdecken. „Was ihr dem geringsten meiner Brüder getan habt, das habt ihr mir getan"(Mt 25,40). Diese Verheißung hat sich für den Gründer des Malteserordens, den seligen Gerhard, ganz konkret erfüllt, als er bei der Pflege eines Kranken in dessen Gesicht das Antlitz Christi erkannte. Diese Urerfahrung hat den Malteserorden und seine zahlreichen Werke in mittlerweile über 100 Ländern, verteilt über den ganzen Globus, hervorgebracht.

Die Vermittlung des Glaubens an einen Gott, der Ursprung und Ziel unseres Lebens ist, will immer weniger gelingen. Die Väter unseres Grundgesetzes waren der festen Überzeugung, dass eine Wiederholung der Katastrophen, wie sie gottlose Systeme, besonders das nationalsozialistische und das kommunistische, hervorgebracht haben, nur dann verhindert werden kann, wenn wir uns mit unseren Werten verbindlich an dem Gott ausrichten, den uns die jüdisch-christliche Tradition verkündet. Diese Überzeugung prägt heute weder unsere Gesellschaft noch die Politik. Wir haben nicht mehr einen Gott, wir haben viele Götzen. Das ist nichts Neues unter der Sonne. Das Alte Testament ist gefüllt mit Geschichten über die Abkehr des Volkes von Gott zu Götzen. Aber „Gott ist ein unbeirrbar treuer Gott" (Dtn 32,4). Deswegen hat er sein Volk immer wieder aus seinen Irrwegen herausgeführt. Es hat keinen Zweck, über den geistlichen und sittlichen Absturzflug, in dem wir uns befinden, zu jammern. Wenn wir ganz unten angekommen sind, dann werden immer noch genügend Menschen da sein, die wissen, dass Gott keine Chiffre für ein unbekanntes und eigentlich auch unbedeutendes höheres Wesen ist, sondern der Gott, der alles geschaffen und seine Schöpfung dem Menschen anvertraut hat und auf unbegreifliche Weise in Jesus Christus Mensch geworden ist. Das unterscheidende und entscheidende sittliche Gesetz, welches den Christen aufgegeben ist, ist die Nächstenliebe, bis hin zur Feindesliebe.

Der junge Heereman setzt sich schon höhere Ziele und träumt von einem Leben als Missionar.

Deswegen ist es für unsere Gesellschaft und die Zukunft unserer Kinder von elementarer Bedeutung, dass wir den Egoismus, als die immer mächtiger werdende Triebfeder unseres Handelns, in Zaum halten. Deswegen ist es so wichtig, dass wir unsere in Deutschland so reiche Kultur der Freiwilligendienste am Leben erhalten, egal welcher Motivation sie entspringen: Solidarität, Humanität oder dem christlichen Ideal der Nächstenliebe. Wobei ich sicher bin, dass die christliche Nächstenliebe der Würde des Menschen am verlässlichsten gerecht wird: Sie grenzt keinen Menschen aus, auch nicht vor der Geburt und vor dem Tod.

Zu den schönsten Erfahrungen, die ich beim Malteser Hilfsdienst machen durfte, gehörte der Aufbau einer Jugendorganisation, damit Jugendliche durch diese Erfahrung von Glauben und Helfen, die ich erst in Lourdes machen durfte, schon frühzeitig geprägt werden können.

In einem sehr frühen Stadium der Hospizbewegung, Mitte der 80er-Jahre, begannen wir, Dienste und Einrichtungen für die Begleitung sterbender Menschen aufzubauen. Überhaupt spielten Betreuung und Versorgung alter, häufig einsamer Menschen eine immer größere Rolle. In diesen spannenden Zeiten bauten wir den Hausnotruf- und den ambulanten Mahlzeitendienst auf und gründeten über 100 Gruppen im Besuchs- und Begleitdienst. Es hat sich meist eins aus dem anderen ergeben, nicht als Ergebnis strategischer Planungen, sondern im Blick auf die wachsenden Nöte in einer sich wandelnden Gesellschaft; Nöte, die beim besten Willen durch Gesetze und staatliche Verwaltung allein nicht gelindert werden können. Das Klima unserer Gesellschaft wird entscheidend davon abhängen, wie viele Menschen bereit sind, mehr als das Verpflichtende für andere, die in Not sind, zu geben: an Hilfen, an Zeit, an Zuwendung.

Auch wenn mein Kindheitstraum vom Missionar auf der Strecke blieb, so musste ich keinen Augenblick zögern, als man mich bat, über das Rentenalter hinaus noch fast zwei Jahre dranzuhängen. Diese Tätigkeit und das Ziel, dem sie diente, hatten mich durch und durch erfüllt, nicht zuletzt, weil ich zahllose Menschen kennenlernen durfte. Da fallen mir vor allem Kranke, Behinderte und Arme ein, die auf beeindruckende Weise ihr Leid trugen. Dazu kamen zahlreiche Innenminister, Bischöfe, Verbandsführer, Fachleute aller Art, Bürokraten, viele Mitarbeiter und Kollegen, und unter all diesen Menschen gab es Großartige, Begabte, Unfähige, Fleißige, Faule, Wichtigtuer, Sympathische und Unsympathische und viele ganz Normale. Am meisten beeindruckten mich die, die in aller Stille einen unspektakulären, fast unbemerkten Dienst taten, so wie jener Zivi, der nach seiner Dienstzeit, lange Zeit unbemerkt, jeden Sonntag die alte Dame besuchte, der er ein Jahr lang täglich das Essen gebracht hatte. Überhaupt ist das Ende des Zivildienstes ein großer Verlust, weil viele junge Menschen hier erst ihren Lebenstraum

Der heutige Präsident des katholischen Hilfswerks „Kirche in Not" legte als Malteser auch immer wieder selbst Hand an, wie hier im vom Erdbeben heimgesuchten Aquila.

entdeckt haben. Träume für das Rentenalter entstehen in der Regel nicht in der Kindheit.

Mein Traum von Gartenarbeit im Frühjahr und Herbst, langen Segeltörns im Sommer und Besuchsdiensten im nahen Malteserstift erhielt einen ersten Dämpfer, als ich gebeten wurde, Präsident des internationalen Hilfswerks des Malteser Ordens für Katastrophenschutz und Entwicklungshilfe zu werden. Nachdem die Auslandsarbeit immer einen Schwerpunkt meiner Vorstandstätigkeit gebildet hatte, mir also die Aufgabe vertraut war, fand ich keinen überzeugenden Grund, Nein zu sagen.

Das wirkliche Ende meiner Rentnerträume kam einige Wochen nach meiner Pensionierung in Form eines Anrufs aus dem Vatikan: „Können Sie sich vorstellen, für Kirche in Not zu arbeiten", lautete die Frage; „Eigentlich nein", meine Antwort. Zwei Tage später saß ich einem sehr sympathischen Kardinal in Rom gegenüber und nach zwei Stunden hatte er durch freundliches Zureden das Gleiche erreicht wie meine ansonsten uneingeschränkt liebenswerte Mutter durch ihre Hartnäckigkeit in Sachen Lourdes: Ich kam völlig unerwartet in eine Situation, die mein Leben gründlich verändern sollte. Kirche in Not wurde nach dem Krieg von dem charismatischen und tatkräftigen holländischen Pater Werenfried van Straaten, dem sogenannten Speckpater, gegründet. Lebensmittellieferungen aus Belgien und Holland sollten der Versöhnung mit dem Feind dienen. Das Werk wuchs und die Aufgaben passten sich neuen Herausforderungen an. Heute werden Spenden in Höhe von ca. 50 Mio. Euro, die von 17 nationalen Sektionen gesammelt werden, von der Zentrale in Königstein auf über 5.000 Projekte verteilt. Bevorzugt sind Länder, in denen die Kirche verfolgt wird, gefolgt von Ländern in Afrika und Asien, wo im Gegensatz zu Europa immer mehr Menschen den Glauben als eine große Befreiung und Freude erfahren. Oft fehlt den Missionsstationen das Geld für einfachste Transportmittel, die Ausbildung von Priestern und Katecheten, die Reparatur des eingestürzten Blechdaches einer kleinen Kapelle oder einfach für eine Kinderbibel in der örtlichen Sprache.

Einige Monate nach dem Gespräch mit dem Kardinal begann mein neues Leben in Königstein. Ich war wieder geschäftsführender Präsident. Es gab und gibt viel zu tun. Die Strukturen und die Organisation sind zu erneuern, das Profil muss geschärft, die treuen Spender müssen umsorgt und neue gewonnen werden. Manchmal frage ich mich, warum ich das mir und meiner Frau antue: die halbe Woche in Königstein oder ganze Wochen auf Reisen verbringen. Die Antwort bekomme ich fast täglich durch die Begegnung mit Priestern und Ordensleuten, die unter zumeist einfachsten und schwierigsten Bedingungen und häufig auch unter Lebensgefahr ihrem Kindheitstraum folgen, als Missionare die Botschaft von der in Christus sichtbar gewordenen Liebe Gottes zu den Menschen zu bringen. Dass ich ihnen dabei helfen darf, empfinde ich als ein großes Geschenk.

Auf überraschende Weise bin ich nun doch in einer letzten Phase meines beruflichen Lebens an einen Punkt gekommen, der ganz anders, aber doch irgendwie meinen Kindheitstraum erfüllt. Ich kann nicht daran glauben, dass mein Lebensweg eine Aneinanderreihung von Zufällen sein soll. Ich bin dagegen fest davon überzeugt, dass ich von Gott geführt wurde, durch Menschen, meine Mutter (auch durch das Vorbild meines Vaters), Pater Eugen, den Malteserpräsidenten, den Kardinal und zahlreiche andere, besonders aber auch durch meine Frau und unsere sechs Kinder, denen ich die Gewissheit verdanke, dass mein Kindheitstraum von einem Missionarsleben auf ganz andere Weise Wirklichkeit werden sollte.

Tonangebend: Karl Graf zu Castell-Rüdenhausen schlug auf vielfältige Weise musikalische Wege ein!

Karl Graf zu Castell-Rüdenhausen
Ein lustiger Musikant

Wenn anlässlich unserer Kirchweih in meinem Heimatort Rüdenhausen die Blaskapelle aus der Ferne anmarschierte, saß ich schon als kleines Kind aufgeregt mit klopfendem Herzen am Fenster des Schlosses und konnte es kaum erwarten, die sogenannten Schlosstänzer oder die Bürgerwehr in den Schlosshof einmarschieren zu sehen. Ein paar Jahre später begleitete ich die Musikanten auf der Straße und hielt mich meist in der Nähe der großen Trommel auf. Dieser dumpfe Schlag entfachte in mir die höchste Freude. So ging es wohl vielen Kindern, bei mir jedoch hat sich dieses Glücksgefühl nie gelegt – im Gegenteil! Noch immer fasziniert mich der Klang einer guten Blas- oder Militärkapelle. Obwohl es ein großer Traum gewesen ist, einmal mit so einer musikalischen Truppe mitmarschieren zu dürfen, reichte mein Ehrgeiz nicht aus, als Kind ein Musikinstrument zu erlernen.

Wie gern und oft saß ich am Bühnenrand, versorgte die Musikanten mit Bier oder Wein, nur damit ich in ihrer Nähe sein konnte. In jugendlichem Alter, als Gleichaltrige sich in Diskotheken amüsierten, besuchte ich viel lieber die Weinfeste in der Umgebung. Aber nicht jedes, es musste schon eine gute Musikkapelle aufspielen. Bald sollte ich in den Genuss kommen, zum ersten Mal Ernst Mosch und seine Original Egerländer Musikanten zu hören. Es war eine Schall-

Der kleine Graf Karl hatte schon früh den Traum, Musikant zu werden.

platte, die ich mit zwölf Jahren kaufte und die mein Leben veränderte. Von nun an war ich der größte Fan der Egerländer. Wohl wissend, dass Fans manchmal mühsam und lästig sein können, steigerte sich meine Verehrung für die Kapelle ins Unermessliche. Ich sammelte Autogramme, fuhr zu Konzerten und schaffte es sogar, den großen Ernst Mosch persönlich kennenzulernen – damals war ich 15 Jahre alt.

Als ich später den Beruf des Journalisten erlernte, erschien es mir nur gerecht, dass ich mein erstes Interview mit Ernst Mosch führte, und so wurde ich von der Schallplattenfirma Teldec anlässlich des 25-jährigen Jubiläums der Original Egerländer Musikanten zu einer Floßfahrt auf der Isar nach München eingeladen. Ein unvergessliches Erlebnis, das sich mit einem herrlichen Konzert im Kronebau steigerte. Ich kann nicht mehr sagen, wie viele Mosch-Konzerte ich live erlebt habe. Quer durch Deutschland reiste ich zu und teilweise auch mit den Egerländern, um über ihre Auftritte zu berichten. Es entwickelte sich ein vertrauensvolles Zusammenarbeiten mit Ernst Mosch bis zu seinem Tode. Noch heute pflege ich ein freundschaftliches und berufliches Verhältnis zu den Egerländern unter der Leitung von Ernst Hutter und begleitete sie sogar bis nach New York zum Auftritt in der Carnegie Hall.

Meine Liebe zur Blasmusik sollte sich aber nicht nur auf die Verehrung der Egerländer Musikanten beschränken. Im Jahre 1986 saß ich mit Freunden in meiner Weinbergshütte bei Rüdenhausen, als ich zu vorgerückter Stunde altgediente Blasinstrumente verteilte. Unter meinen Gästen befand sich keiner, der ein solches Instrument beherrschte, geschweige denn einen vernünftigen Ton zum Klingen brachte. Jedoch der köstliche Wein sorgte dafür, dass jeder glaubte, spielen zu können. Es war in der Karwoche, als nachts um vier Uhr fünf angetrunkene Männer mit ohrenbetäubendem Getöse durch den Ort zogen. Lautstark – von mir an der großen Trommel unterstützt – marschierten wir durch die nächtlichen Straßen. Als sich am nächsten Tag einige Bewohner berechtigterweise beschwerten, gab ich das Versprechen, bis zur Rüdenhäuser Kirchweih richtig Musik machen zu können.

Gesagt, getan. In den nächsten drei Monaten probten wir fleißig, und mit Unterstützung einiger Mitglieder des Posaunenchores schafften wir es, am Kirchweih-Sonntag ein paar vernünftig klingende Märsche zu intonieren. Zwar waren wir nicht fähig Noten zu lesen, aber Zahlen zeigten den Bläsern, welche Griffe zu welcher Melodie gedrückt werden mussten. Dieses Zahlensystem behielten wir jahrelang bei, was bei Musikantenkollegen stets für Erheiterung sorgen sollte. So geschah es, dass sich aus einer Weinlaune heraus endlich mein heiß ersehnter Kindheitstraum erfüllte: Ich bin nicht nur Begründer einer Blaskapelle, sondern darf seit fast 30 Jahren sogar mitspielen!

Blasmusik, wie sie die „Wengertsmusikanten" spielen, ist auch ein Stück Heimatgefühl für den fränkischen Grafen.

Vor allem mit seinem Humor „kuriert" Ludger Stratmann Zuschauer und Patienten!

Ludger Stratmann
Ein echtes Träumchen

Einen 65-jährigen Mann wie mich nach seinen Kindheitsträumen zu befragen, kann ein schwerer Fehler sein: also wenn man nicht viel Zeit hat – so ein oder zwei Tage. Denn ein Träumer war ich immer, gestern wie heute, und da gibt es viel drüber zu erzählen. Das Blöde ist ja, dass ich im Moment nicht spontan sagen könnte, in welcher Stadt ich gestern Abend aufgetreten bin, aber die Kindheit des kleinen Ludger aus dem ostwestfälischen Dorf damals, heute Stadt Verl bei Gütersloh, mitsamt seinen Träumen ist präsent. Warum die Synapsen in meinem Alter diesen Weg wählen, das Langzeitgedächtnis eindeutig zu favorisieren und das Kurzzeitgedächtnis ins Archiv zu legen, ist mir ein Rätsel, kann aber tiefe Bedeutung haben.

Vielleicht sollte man nach den vielen Lebensjahren noch mal zurück und sich aus der Retrospektive erklären können, wie es so kommen konnte, wie es gekommen ist. Warum mir plötzlich das „Confiteor" und das „Suscipiat" wieder einfallen und ich meinen Enkelkindern Geschichten erzählen kann, die mein Vater Anfang der 50er-Jahre mir und meinem kleinen Bruder erzählt hat, ist einerseits, was die Messdienergebete angeht, relativ uninteressant, andererseits, was die väterlichen Geschichten angeht, sehr praktisch. Sie waren zeitlos. Gut, das selbst gebaute Boot auf dem Ölbach in Verl, das mein Vater angeblich als Kapitän geführt hat und die direkt am Bach (für mich damals Fluss, Strom) wohnende Hexe, die er natürlich erfolgreich in ihre Schranken verwies, diese Geschichten passen nicht mehr in die visuell digitalisierten Neuronengeschwader meiner Enkelkinder, aber leicht abgewandelt in Battlefield 3 und Black Ops 2 auf Nintendoniveau gebracht, erfüllen sie auch heute noch ihren Zweck, nämlich sie im Träumchen einschlafen zu lassen.

Extrakt der vielen Geschichten meines Vaters war immer: Er wurde letztlich, nach spannenden Kämpfen und großen Taten im Kindergarten oder in der Grundschule (also meiner aktuellen Welt angepasst) gefeiert, alle seine Klassenkameraden und die Lehrer, der Apotheker, der Dechant und sogar der im Dorf angesehenste Mitbürger, Hausarzt Dr. Böcking oder Dr. Bücking oder so, haben Spalier gestanden, um Heinrich Stratmann als Kind zu ehren, ob seiner Heldentaten.

Das hat mir immer sehr gefallen und ich dachte, es müsste in mir auch das Herz eines Helden schlagen, was sich aber nicht so ergeben hat, ja es kann heute sogar nur noch mit Herzschrittmacher überhaupt zum Schlagen animiert werden. Aber etwas Besonderes zu tun, was die anderen als beobachtungswert erkannten, das hat sich schon ergeben, als Clown durch die gesamte Schulzeit, über die ich aus Scham hier nicht berichten möchte. Ja, Ludger hat viel geträumt, Tag und Nacht, ein ganz kleines bisschen gestört durch die Träume anderer: Karl May, Jerry Cotton und Mickey Mouse.

War es nun nur das Streben, wenigstens mental Held zu sein oder sich durch Quatsch und gute sportliche Aktivitäten Zuneigung der Mitmenschen zu verdienen? Ich glaube Letzteres. Das kann harte Arbeit sein, Zuneigung muss man sich erkämpfen, um nicht zu sagen, man muss sie sich erkaufen oder zumindest denen, die sie einem gewähren, einen guten Grund bieten. Als Arzt habe ich eine kleine Vorortpraxis zu einer gutgehenden Riesenpraxis umgewandelt, nicht weil ich medizinisch so sehr glänzte, das können Patienten eh nicht beurteilen, sondern weil ich nett und bodenständig und fleißig und zuhörend und fürsorgend war. Und das war nicht schwer: So bin ich, in aller Bescheidenheit. Ich kann gar nicht anders. Dauernde Konfliktbereitschaft ist bei mir gar nicht angelegt.

Nicht nur im Showgeschäft, wo ja alle letztlich um die Zuneigung der Zuschauer buhlen – die einen durch Egozentrik, was ich mir übrigens sehr anstrengend vorstelle –, nein, auch in einer so angesehenen Form der medizinischen Versorgung, bei der es in der Regel nicht komisch zugeht, sind solche Grundeigenschaften eines praktischen Arztes in Bottrop-Batenbrock-Süd neben Sympathie überlebenswichtig. Aber dabei geht es ja nur um eine kleine überschaubare Fangemeinde, die man aus so einer Praxis und einem Bottroper Vorort rekrutieren kann, da ist die Bühne schon eine andere Liga. Nur mit den gleichen Grundeigenschaften, diesmal gepaart mit einer gewissen Geldgier, die daraus resultiert, dass man nun mal nicht so genau weiß, wie lange man das durchhält

Der kleine Ludger lauschte gern den Geschichten seines Vaters – inzwischen füllt er bundesweit die Säle mit seinen eigenen Anekdoten.

Um seinem Traum zu folgen, wagte Ludger Stratmann einen mutigen Schritt:
Er verkaufte seine Praxis und eröffnete mit seinem Bruder ein Theater!

oder der Zuschauer einen motiviert. Als Arzt hat man es da prognostisch günstiger, Krankheiten sterben nicht aus und wenn, gibt es mannigfache Möglichkeiten, sie zumindest als Idee zu reanimieren.

Das erste Mal, dass ich mit Kabarett konfrontiert wurde, war als Sparkassenlehrling (1967 oder 68) in einer Vorstellung von Hans-Dieter Hüsch in der PH in Essen. Leute wie Barth, Panzer und Co. gab es ja noch nicht, obwohl ich zu der Zeit wohl auch mehr auf Massengeschmack und Sprachfehler abgefahren wäre. Und ich glaube Herrn Hüsch auch nicht so vollständig verstanden zu haben: Literarisches und politisches Kabarett für einen Karl-May- und Jerry-Cotton-Fan, das ist ein Spagat. Aber gefallen hat mir seine Sprache, das Stakkato in C-Dur auf seiner Hammondorgel, die Schnelligkeit seiner Gedanken und die Pointen und am meisten das Lachen der Zuschauer, die ihn verstanden. Vor allem aber die Tatsache, mal nicht in irgendeiner Kneipe abgehangen zu haben. Ich hatte so das Gefühl, etwas Sinnvollem zugehört zu haben und analysierte schon zu der Zeit die Art und Weise, wie sich diese Leute meiner damaligen Zeit verkauften: Ich wurde Kabarettfan. Kabarettisten waren zu der Zeit – nachzusehen an den Plakaten im Mainzer Unterhaus und den Kollegen, die dort den Deutschen Kabarettpreis gewonnen hatten – überwiegend intellektuelle Köpfe, die sich linkspolitisch mit allem auseinandersetzten und nur ganz wenig mit Alltäglichem abgaben, während Letzteres ja heute Garantie für Erfolg zu sein scheint. Aber auch gelegentliche Aufführungen in der Studienzeit in Essen und Bochum, Semesterabschlussfeiern, Uniabende und Fachschaftsfeiern habe ich kabarettistisch mit vier bis fünf Leuten gestaltet. Ob es gut war, weiß ich heute gar nicht mehr – es war links, provokativ und brachte immer anschließend Diskussionen mit der herrschaftlichen Uniszene. Diese Kabarettabende sind mir eigentlich nie aus dem Sinn gegangen und schienen mir zu meinem angestrebten Ziel, Zuneigung zu erhalten, über viele Umwege – Sparkassenlehre, Abendgymnasium, Medizinstudium, Krankenhaus- und Allgemeinmediziner-anne-Ecke-Zeit – der effizienteste Weg zu sein. Zumindest, was die Anzahl der mir Wohlgesonnenen anging.

Was böte sich also mehr an, als das, was man erlernt hat, zu verfremden und auf die Bühne zu bringen. Medizin, das einzige was mich außer Karl May und Jerry Cotton im Leben wirklich interessiert hat, war wohl nicht so geeignet, geht es doch hier um Leid und Tod. Aber nicht nur. Nein, in einer Allgemeinpraxis in Bottrop-Batenbrock-Süd geht es auch um Nachbarschaftstreitigkeiten, um die Heizungsabrechnung, um die Erziehung verblödeter Kinder und Haustiere oder die ungerechterweise zugesagte Kur von Heini Schwalczyk und es geht um Sprache, Sprache im Ruhrgebiet, die Genitiv und Dativ nach dem Zufallsprinzip einsetzt und deswegen auch in ihrer Knappheit und Kürze und trotzdem vorhandenen Treffsicherheit als besonders liebevoll angesehen wird.

„Wen hört dat Farrad?" „Ich!" „Hasse grad ich gesacht? Mich heißt dat!"

So kam es dann, dass ich mich zur großen Freude meiner Gattin Gitti und meiner beiden mittlerweile erwachsenen Kinder, wie jeder nachempfinden kann, entschloss, die gutgehende Praxis zu verkaufen, ein Theater in Essen, im ehemaligen Amerikahaus, mit meinem Bruder Christian zusammen zu kaufen und dort Kabarett, Medizinsatire, zu betreiben. Für einen gestandenen 47-jährigen Hausarzt aus Bottrop, dem nun natürlich eine schwere Midlifecrisis nachgesagt wurde, war das ein Schritt, dessen Tragweite er ja gar nicht abschätzen konnte. Das Leben änderte sich völlig. Er konnte nachts ohne nächtliche Hausbesuche bei Asthmapatienten durchschlafen, er musste morgens ausschlafen, er brauchte nicht mehr täglich den normalen Blutdruck bei Frau Soundso zu messen, die nun mal ihr Lebensziel in 120/80 mmHG formulierte und jegliche Abweichung in welche Richtung auch immer, und sei es um 2–3 mmHG, nicht tolerierte, heftigst nicht tolerierte. Nachmittags Kaffee und Kuchen im Café mit Blick auf den Kennedyplatz in Essen und einem anfänglichen Gefühl der Nutzlosigkeit.

Plötzlich Popularität sogar an der Düsseldorfer Kö, da muss man erstmal mit fertig werden. Als halbwegs erfolgreicher Arzt kennt man die Düsseldorfer Kö, aber sie kannte einen nicht. Das hat sich geändert. Zuneigung wohin ich auch blickte, Größen dieser Gesellschaft haben meine Premieren besucht, im Fernsehen habe ich mich mit allen möglichen Showstars – aber richtigen Stars, nicht aus Bottrop-Batenbrock-Süd: Sie kamen gerade aus Frisko oder Fuerte – unterhalten, gescherzt und vergnügt. Sogar mit meinem Idol Hans-Dieter Hüsch habe ich mich mehrmals am Rhein in Köln auf ein Weinchen getroffen und wir haben gequatscht, ganz normal, wie mit Frau Soundso und ihrem Blutdruck, der sich später, wie ich von Kollegen hörte, völlig verselbständigt hat und in Sphären bis 140 systolisch vorgedrungen ist. Beim Bundespräsidentenfest in Berlin habe ich mit meiner Genitalpilzgeschichte die Gattin des Präsidenten erschreckt, Rudi Carrell drehte eine erfolglose Praxissendung unter meiner Mitwirkung und war trotzdem weiter nett zu mir. Ich plauderte mit Ministern und Superministern und war mir immer sicher, das gefällt mir. Die Bühnen wurden größer und damit auch die messbare Zuneigung. Ein paar Mal hatte ich über 4.000 Zuschauer in der Essener Grugahalle und merkte dann, dass ich, je weiter der Zuschauer von mir entfernt ist, allein bin, nicht mehr authentisch bin. Viele denken ja, 4.000 Zuschauer in einer Stadt sei etwas Besonderes, ich habe in Essen jährlich ca. 30- bis 40.000 Zuschauer, muss dafür aber auch 130 Mal im Jahr antreten, in meinem schönen kleinen Theater am Kennedyplatz. Einmal Stadion und den Rest des Jahres Urlaub? Was soll ich dann abends machen? Es reicht, dass ich nach meiner Hausarztzeit endlich nachts durchschlafen muss, frühstücken kann ich in Ruhe, Mittagsschläfchen mache ich, also diese Umstellung auf gänzliches Nichtstun fiele mir schwer. Ich weiß gar nicht, ob es auch eine Midlifecrisis 2 gibt, die wäre dann fällig.

Was mir aber am meisten imponierte – wo wir schon gerade von den Größen sprachen, die ich nur aus dem Fernsehen oder Kino oder von der Bühne kannte –, war, dass das bis auf wenige Ausnahmen alles nette Leute, intelligente Leute und vor allen Dingen überwiegend auf dem Teppich gebliebene Leute sind, die es wie ich zu schätzen wissen, dass wir einen ganz privilegierten Beruf haben, kreativ und gut bezahlt und mit Zuneigung gepflastert, und die auch wissen, wie schnell das mit so einem ja nicht substanziell wichtigen Beitrag für die Gesellschaft zu Ende gehen kann.

Ich habe im Laufe der nun 18 Jahre fast täglicher Bühnen- oder Fernseharbeit gelernt, dass ich nur dann gut unterhalten kann – mehr wollte ich übrigens nie – wenn ich das, was als Präsenz und Authentizität bezeichnet wird – und keiner weiß so genau, was es ist – rüberbringe, wo auch keiner genau weiß, wie es geht. Also etwas, was man nicht kennt, irgendwo hinbringen. Das ist nicht leicht: Professionalität reicht da nicht, nur nett sein auch nicht, aber die Sprache des Publikums zu sprechen, den Nerv, gerade was das Thema Gesundheit, Krankheit, Gebrechen, Alter und Badewannenlift angeht, zu treffen, dass es bei Jupp Kwiatkowski so etwas auch gibt. Wiedererkennungseffekt nennt man das. In meinem Thema kann ich das von 20-Jährigen nicht verlangen. Die sind immer noch mit den Geschichten vom Schuhekaufen mit der Freundin oder der Ejakulatio praekox von Kaya Yanar beschäftigt, aber so langsam, in einer Zeit der Geriatrisierung unserer Gesellschaft, mache ich mir große Hoffnung, dass mein Thema, das Wartezimmer in der Praxis von Doktor Stratmann in Bottrop-Batenbrock-Süd, ein Thema für lange, lange Zeit sein wird. Nicht beruhigend für die Gesellschaft, aber beruhigend für mich.

So ist der träumerische Blick in die Zukunft auch Gegenwart geworden. Unser Mutter hat Sätze wie „Das kannst Du nicht!", „Kein Risiko!", „Schuster, bleib bei Deinen Leisten!", „Nicht zu schaffen!" nie gebraucht und sie konnten deswegen auch an meinem Selbstbewusstsein nie nagen. So sind denn viele Träume von noch unendlich vielen mehr in Erfüllung gegangen. Das Schlüsselwort ist Zuneigung. Zuhause geliebt zu werden, auf der Bühne oder im Fernsehen gemocht zu werden und das Gefühl, trotz unerträglicher Schulkarriere, trotz vieler kleiner Nadelstiche („Herr Doktor, sollen wir nicht mal einen richtigen Arzt zu Rate ziehen?"), trotz Schlaganfall und Herzrhythmusstörungen, Rückenschmerzen, Fersensporn, Halbglatze und Bauch (kein Bierbauch, sondern abdominelle Adipositas – das ist genetisch), trotz großer Befürchtungen meiner Familie, doch irgendwie immer wieder einen Weg zu finden, ein neues kleines Träumchen zu verwirklichen – das ist es! Letzte Nacht hatte ich einen Falltraum, das kennen Sie, man fällt und fällt und fällt und ist paralysiert, bis man wach ist. *Das* Träumchen, ich habe es mir fest vorgenommen, wird erst ganz zum Schluss umgesetzt.

Als Krimiautor geht Ralf Kramp tagtäglich auf Verbrecherjagd.

Ralf Kramp

Kriminelle Träume

Einem Autoschlosser wird es wahrscheinlich nur gelegentlich passieren, dass er gefragt wird, wie er auf den ungewöhnlichen Gedanken verfallen konnte, ausgerechnet diesen Beruf zu wählen. Einem Verwaltungsfachangestellten wahrscheinlich ebenso selten. Der Krimiautor sieht sich hingegen überaus häufig mit der Frage konfrontiert: „Wie sind Sie auf die Idee gekommen, Krimiautor zu werden?"

Keine schlechte Frage eigentlich. Ab und zu habe ich sie mir selbst schon gestellt. Wie kam ich darauf? Nun, da es in letzter Zeit offenbar immer mehr Menschen wissen zu wollen scheinen, frage ich mich das selbst immer öfter. Ich muss tief in meiner Kindheit kramen, um Spuren zu finden. Irgendwo muss doch der Auslöser gewesen sein. Gab es irgendeine Initialzündung? Eine Art Erweckungserlebnis? Eher nicht. Es kam schleichend … Es hat nach und nach Besitz von mir ergriffen …

Meine ersten Erfahrungen in der Angelegenheit „Krimi" sammelte ich übers Fernsehen. Die Sendung „Aktenzeichen XY ungelöst" wird heute noch gesendet, und mit ihr wurde ich schon sehr früh in meinem Leben konfrontiert. Ich war damals gerade mal sechs Jahre alt, als meine Eltern mich in die Obhut meines (selbst noch minderjährigen) Onkels Friedhelm gaben, mir eine gute Nacht wünschten und sich aus dem Staub machten, um irgendwo einen schönen Abend zu verbringen. Ich bin mir bis heute nicht sicher, ob sie je erfahren haben, was sie vielleicht indirekt damit ausgelöst haben. Friedhelm nutzte nämlich nur zu gern die Gunst der Stunde und schaltete den Fernseher ein, um sich (und mich) dem Abend-, dem Erwachsenenprogramm hinzugeben.

Sie kennen „Aktenzeichen XY ungelöst". Sie wissen, dass darin seit fünf Jahrzehnten mäßig begabte Schauspieler authentische Kriminalfälle nachspielen, die mitunter zarte Kinderseelen nicht unberührt lassen. Im Jahr 1970 begegnete ich also meiner ersten Leiche. In Schwarzweiß selbstverständlich. Und ich erinnere mich daran, als sei es gestern gewesen.

Beim Eichhörnchen-Beobachten finden die Söhne einer Ausflüglerfamilie auf dem Königsstuhl bei Heidelberg eine verscharrte tote Frau im Wald. „Schau mal, Papa, was is'n das? Da wachsen Haare aus'm Boden!", ruft Sohn Nummer eins. Ein schauriger Satz, der mir nie mehr aus dem Kopf gegangen ist. Erst kürzlich begegnete er mir wieder im Internet, wo man diesen Fernsehausschnitt heute wieder bestaunen kann.

Ein paar Monate später durfte ich, während mein Vater das Abendgymnasium besuchte, mit meiner Mutter länger als üblich am Abend fernsehen. Ich vermute, dass sie jemanden an ihrer Seite brauchte, der ihre Hand hielt, denn es ermittelte Erik Ode als Krimiserien-Kommissar Keller in einer Folge, die den verheißungsvollen Titel „Der Moormörder" trug. Der Titel hielt, was er versprach. Die markante, reißerische Titelmelodie und der im Moor versunkene Tote blieben mir ebenfalls im Gedächtnis haften. Ebenso wie der schreckliche Kriminalfall, von dem mein Vater mir damals erzählte: Ein Mann, der im Winter irgendwo im Rheinland von Verbrechern überfallen und seiner Kleider beraubt wurde, erfror elend am Straßenrand, weil kein Auto für den nur mit Socken Bekleideten anhielt.

Das sind drei finstere Begebenheiten, die bei mir tief verwurzelt sind, und wenn das Schicksal damals etwas anderes mit mir vorgehabt hätte, hätte es vielleicht einen Totschläger oder Lustmörder aus mir gemacht. Es hätte dann geheißen, ich habe eine schwere Kindheit gehabt. Hatte ich aber nicht. Meine Kindheit war frei von Gewalt. In meinem Umfeld fanden weder Morde noch andere Verbrechen statt. Die Gräueltaten, die mich in meiner Jugend erreicht haben, waren allesamt fiktiver Natur. An die „Tatort"-Folgen der Siebziger mit ihren an den Strand gespülten Leichen und ihren einbetonierten Mordopfern erinnere ich mich deutlich besser als an die „Kinderstunde", die man damals in meinem Alter noch guckte.

Schließlich verfiel ich der Literatur. Genauer gesagt, der Kriminalliteratur. Ich war kein Kind, das sich in fremde Welten hineinträumte. Die entlegenen Schauplätze der Abenteuerromane waren mir ebenso fremd wie die fernen Planeten der Science-Fiction-Hefte. Meine Oma äußerte sich damals durchaus abfällig darüber, dass ich keinerlei Interesse an Karl May hegte. Da sei man ja „gar kein richtiger Junge" konstatierte sie kopfschüttelnd. Ich habe das nie so empfunden. Was mich packte, war vielmehr die Jagd auf Verbrecher! Ich war mit Feuereifer einer von Enid Blytons „Fünf Freunden", war dem „Schwarzen Jack" auf der Spur, überführte mit „Rasmus und Pontus" den verbrecherischen Schwertschlucker und träumte tagein, tagaus davon, ein cleverer Kinderdetektiv zu sein. Sie merken es, nicht das Verbrechen stand für mich im Vordergrund, sondern vielmehr die Aufklärung desselben. Das einzig reale diesbezügliche Erlebnis drehte sich um eine offenbar gestohlene und dann entleert weggeworfene Brieftasche, die wir Kinder in unserer Straße fanden und pflichtschuldig bei unserem Nachbarn, einem Polizisten, ablieferten. Kinder sind nun mal keine Detektive. Aber genau davon träumte ich: Verbrecher fangen, Gauner überführen, Ganoven dingfest machen! Ich verschlang Kinderkrimis in beeindruckenden Mengen. Auch Comics – Hauptsache es ging um die Aufklärung eines spannenden Falles.

Ich fing damals schon an, kleine Erzählungen zu verfassen. Es drehte sich darin um – raten Sie – genau: Räuber, schwarze Limousinen, nächtliches Taschenlampengeflacker. Dies war die Welt, in die ich mich hineinträumte. Wäre nun mit dieser nicht weiter tadelnswerten Vorliebe keine fast konsequente Vernachlässigung sämtlicher anderer pädagogischer Wissensgebiete einhergegangen, wären meine schulischen Leistungen nicht derart in den Keller gepoltert, dass meine Eltern mich in ihrer Hilflosigkeit in ein Internat schickten, dann wäre wahrscheinlich alles nicht so gekommen, wie es nun mal hat kommen sollen.

Unter meinen Schulkameraden im Erzbischöflichen Konvikt zu Bad Münstereifel war ich der Jüngste und fand mich zudem noch in einer Klasse voller großgewachsener Sportskanonen wieder, was mir zwar eine Art Welpenschutz bescherte, mich aber außerdem einigermaßen orientierungslos in einen gewissen Sonderstatus drängte. Während die anderen Bälle dribbelten und schwitzten, zeichnete ich muntere Karikaturen, die mir schon bald einen gewissen Ruhm im Hause einbrachten. Ich verdingte mich als Lohnzeichner, denn während ich am Barren hing wie ein schon vor langer Zeit geschlachtetes Huhn, waren im Gegenzug meine Mitschüler außerstande im Kunstunterricht ein Pferd zu zeichnen, das sich bemerkbar von einer Fernsehantenne unterschied. Nun, hier konnte ich helfen. Was mir – aber das nur am Rande – den Zorn der zigfach genasführten Kunstlehrerin eintrug.

Zeichnen ist ein einsames Hobby. Gekickt oder musiziert wird in Gruppen, aber etwas zu Papier zu bringen, findet häufig unter Ausschluss der Öffentlichkeit statt. Ebenso wie das Verfassen von Texten. Ich war und bin kein Sonderling und suche die Menschenferne höchst selten. Ich glaube, ich bin ein Teamplayer. Daher fehlte mir etwas bei meinen Vergnügungen. Ein Mitspieler, ein Sparringspartner, mit dem ich das Vergnügen der Kreativität teilen konnte.

Ich fand ihn eines Tages in Christian, einem Klassenkameraden, der ebenfalls einen Kopf hatte, dem unablässig die Fantasien entsprangen wie Funken einer Wunderkerze. Christian war historisch interessiert – ich bekanntermaßen kriminalistisch. Und so verbrachten wir fortan unsere nachmittägliche Freizeit in den diversen Klavierzimmern des Internats, so sie nicht genutzt wurden, oder saßen auf den Bänken im Aufenthaltsraum der Putzfrauen, wenn diese in den Feierabend entschwunden waren, und schrieben unsere Geschichten. Wir füllten Kladde um Kladde mit unseren schludrigen Handschriften, versahen die kartonierten Din-A5-Hefte mit hübschen Titelbildern, verfassten zahlreiche „Romane", wie wir diese Elaborate hochtrabend nannten. Wann immer die Tintenpatrone ersetzt werden musste, wann immer ein Kapitel fertig gestellt war, wann immer das Läuten der Glocken zum Abendessen erklang, unterbrachen wir unsere Tätigkeit und lasen uns gegenseitig unsere literarischen Bruchstücke vor.

Christian schuf ein episch breites, auf viele Folgen angelegtes Werk, in dem es um Aufstieg und Fall eines fiktiven Kaiserreichs ging, und ich hatte ganz in der Manier der so heißgeliebten Kinderkrimis eine Bande junger Spürnasen erschaffen, die reihenweise Geldfälscher, Entführer und Bankräuber zur Strecke brachte. Was unsere Texte verband, war die skurrile Eigenart, unsere Mitschüler, Lehrer und von uns besonders geschätzte oder verabscheute Fernsehschauspieler in den Geschichten agieren zu lassen. Wir hatten damals noch kein Interesse daran, eigene Figuren zu kreieren, sondern freuten uns darüber, den ungeliebten Mathelehrer wahlweise in der Rolle des skrupellosen Revolutionsführers oder des tölpelhaften Erpressers auftreten zu lassen. Und alle unsere authentischen Sehnsüchte, liebreizende Mitschülerinnen betreffend, führten wir in unseren Romanwelten selbstredend einem Happy End erster Klasse entgegen. Seit jener Zeit weiß ich, wie erfüllend es ist, mit der Kraft wohlgesetzter Worte Dinge geschehen zu lassen, Geschicke zu lenken, Katastrophen heraufzubeschwören und dem geliebten Helden gleich wieder die Rettung angedeihen zu lassen. Hatte ich da den Traum, Autor zu werden?

Über die Verfasser der Bücher, die ich konsumierte, habe ich mir damals noch keine Gedanken gemacht. Das begann erst später, und zwar mit einer kräftigen Grippe, die mich zwang, tagelang das Bett zu hüten. Und mit dem Kriminalroman, den ich zu lesen begann. Eine englische Autorin nahm mich mit auf eine Reise im Luxuszug durch den tiefverschneiten Balkan. Wir bleiben in einer Schneewehe stecken, und ausgerechnet in dieser Ausnahmesituation ereignet sich ein besonders brutaler Mord. Ein reicher

Amerikaner wird in seinem Schlafwagenabteil erstochen. Zwölf Mitreisende sind gleichermaßen der Tat verdächtig, und während sich die Schneefräse langsam nähert, um die Eingeschlossenen zu befreien, behält ein einziger Mann einen kühlen Kopf und löst den verzwickten Fall nur mit Hilfe seiner „kleinen, grauen Zellen". Seit ich den Meisterdetektiv Hercule Poirot kenne, bin ich rettungslos dem Whodunit, der Frage, „wer es war", verfallen. Und auch seiner Schöpferin, Agatha Christie, der „Queen of Crime".

Über diese Dame las ich ein paar biografische Angaben im Klappentext von „Mord im Orient-Express" und begann, mich erstmals für die Menschen hinter den Büchern zu interessieren, für diejenigen, die genau das taten, was ich ja auch tat: Krimis schreiben. Und ich verschlang im Folgenden alles, was Agatha Christie verfasst hatte. Ich entdeckte die kleinbürgerliche Welt der Miss Marple, und als ich wenig später die Filme mit der wunderbaren (aber dennoch grandios fehlbesetzten) Margaret Rutherford sah, wurde England für mich mehr und mehr zum Sehnsuchtsort. Als Agatha Christie 1976 starb, war ich zwölf, und ich studierte interessiert alles, was an Nachrufen über diese exzeptionelle Autorin verfasst wurde. Niemals hätte ich damals gedacht, dass es mir bestimmt war, dereinst denselben Beruf auszuüben wie sie. Auch nicht, als ich mich anlässlich meiner ersten Englandreise stolz neben ihrer Wachsfigur bei Madame Tussauds ablichten ließ.

Krimiautoren, das waren Menschen von einem anderen Stern. Entweder sie waren längst verstorben, so wie meine geliebten Klassiker, oder sie lebten in fernen Ländern oder abgeschirmt in ihren Elfenbeintürmen. Wie auch immer: Diese Menschen atmeten nicht dieselbe Luft wie wir, ihre Leser, sie waren unermesslich reich und ernährten sich von Nektar und Ambrosia. Sir Arthur Conan Doyle schenkte mir einen weiteren literarischen Ermittler, dem ich hoffnungslos verfiel: Sherlock Holmes. Hier erlebte ich sogar eine Sternstunde im Schulalltag, als wir „Das gefleckte Band" im Englischkurs studierten. Die Kriminalliteratur fand nun also auch im Unterricht statt. So wie später mit Dürrenmatts Roman „Der Richter und sein Henker", der mir allerdings zur damaligen Zeit eher verhasst war, und den ich erst viel, viel später zu schätzen gelernt habe.

Die Geschichten, die ich selbst mit Eifer verfasste, machten eine Veränderung durch. Jetzt ging es mitunter auch um Mord und Totschlag, und aus den unreifen Kinderkriminalgeschichten wurden (immer noch unreife) Detektivgeschichten, bei denen man aber schon erahnen konnte, dass ich nach der Königsdisziplin strebte, dem „Whodunit". Das Streben nach der Gerechtigkeit, die Suche nach dem Schuldigen des einzigen irreversiblen Verbrechens, das ein Mensch zu verüben imstande ist, den Mord, das Versteckspiel mit den verräterischen Informationen, die zur richtigen Lösung des Rätsels führen, die Prä-

Wenn auch nur aus Wachs, so nah kam der junge Krimifan seinem Idol Agatha Christie bei Madame Tussauds in London.

sentation des verzwickten Tathergangs und am Ende gar die Sühne oder die Läuterung des Täters – das war es, was ich verfassen wollte. Und dennoch war ich noch meilenweit davon entfernt.

Und dann begegnete mir ein Krimiautor, der all das kultivierte, was ich liebte. Der spleenige, im englischen Landhaus beheimatete Kreateur krimineller Rätselspiele, der intellektuelle, Bentley fahrende Schriftsteller Andrew Wyke mit seinem klischeehaft genialen Upperclass-Detektiv stellte sich mir eines Abends in dem vollkommenen Kriminalfilm „Mord mit kleinen Fehlern" vor, in dem ich all meine Leidenschaften auf nachgerade wundersame Weise miteinander verknüpft sah, und den ich noch heute liebe wie kein zweites Werk der Filmkunst. Ich war damals Abiturient, und ich wollte irgendwann einmal so sein wie er (der im Verlauf der Handlung zum skrupellosen Mörder wurde, aber das blenden wir mal aus …). Ich wollte so leben wie er, ja, ich war der festen Auffassung, dass dies der Prototyp des Kriminalschriftstellers war. Und ich merkte nicht, dass ich eigentlich einer karikaturhaften Verzerrung dieses Berufsstands aufgesessen war.

Das merkte ich erst Jahre später, als ich meinen ersten „richtigen" Krimiautor kennenlernte. Zu einer Zeit, in der ich einen „richtigen" Kriminalroman halbfertig in der Schublade liegen hatte. Sehr, sehr tief unten in der Schublade. Es war das eingetreten, wovor ich heute nur zu gerne alle Schülerinnen und Schüler warne, wenn ich sie besuche, um über meinen Beruf zu erzählen: Der Berufsalltag hatte mich fest in seinem erbarmungslosen Griff. Ich schlug mich zwar nach einer gutbürgerlichen Lehrzeit recht erfolgreich als Karikaturist durch, hatte also somit wenigstens ein Hobby erfolgreich ins Berufsleben hinübergerettet, aber meine Schreibtätigkeit verödete zusehends. Mein Fragment, das stand außer Frage, würde nie zu Ende geschrieben werden. Wer weiß schon, wer die Weichen unseres Lebens stellt. Es gibt da die unterschiedlichsten Theorien, die mir allesamt nicht sonderlich plausibel erscheinen. Oft blicke ich zurück und denke, wie das alles hat kommen können. Was war es, das zu diesem Zeitpunkt vor zwanzig Jahren die Begegnung mit Jacques Berndorf herbeigeführt hat, jenem mittlerweile legendären Autor der „Eifel-Krimis", dem meistgelesenen deutschsprachigen Krimiautor, der sich spontan meines literarischen Fragments annahm und mir bescheinigte, es sei „brillant geschrieben", und ich müsse es unbedingt zu Ende führen. Diese Begegnung, dieser kurze Moment, in dem ich von einem professionellen Schriftsteller aufgefordert wurde, weiterzumachen, mithin „Autor" zu werden, ließ mit einem Schlag all das erblühen, was schon sehr lange Jahre in der Erde geschlummert hatte.

Ich bin heute Krimiautor mit Leib und Seele. In den zurückliegenden zwanzig Jahren habe ich viele Kriminalromane und unzählige Kurzkrimis veröffentlicht und revanchiere mich mit einer Kinderkrimi-Reihe für das, was mir in meiner Jugend geschenkt wurde. Als Vorleser reise ich durch die Lande, zähle zahlreiche Autoren zu meinen engsten Freunden und besitze zusammen mit meiner Frau, die gottlob meine Leidenschaft teilt, die größte deutschsprachige Krimibibliothek, veranstalte Krimi-Wochenenden, veranstalte Krimi-Festivals – Der Krimi ist viele Jahre, nachdem ich die Haare meiner „ersten Leiche" aus dem Boden wachsen sah, zu meinem Lebensinhalt geworden.

Meine Kindheitsträume mag ich vielleicht nie so recht als solche begriffen haben. Sie waren aber zweifellos stets unterschwellig da, ohne dass ich sie in ihrer Gestalt deutlich hätte erkennen können, und eines lässt sich einfach nicht leugnen: Sie sind auf wunderbare Weise sämtlich in Erfüllung gegangen.

In der Familienheimat Serbien fühlen sich die Königlichen Hoheiten wohl: Prinzessin Brigitta mit ihrem Mann, Prinz Vladimir von Jugoslawien.

Prinzessin Brigitta von Jugoslawien

Mosaiksteine

Träume bleiben nicht immer Schäume. Ich hatte in meinem Leben immer zwei Träume – einer ist davon in Erfüllung gegangen, der andere nicht.

Wir haben in unserer Familie immer Tiere gehabt, vorwiegend Hunde und Pferde, aber auch Katzen, Goldhamster und Vögel. Ich liebe Tiere. Darum habe ich von klein auf einen Zoodirektor heiraten wollen. Ein Zoodirektor hat viele Tiere und ich wäre bestimmt auch die beste Tierpflegerin geworden.

Aber es gab noch eine andere Neigung. Schon als kleines Mädchen hatte ich die unbeirrbare Vorstellung, wie ich mich kleiden wollte – sehr zum Leidwesen meiner Mutter. Sie war Fotografin und mein Vater war Pilot. Ich wuchs, zusammen mit meinen Großeltern, in einer liebevollen Familie heran. Schon von klein an gestaltete und nähte ich meine eigenen Puppenkleider. Am Anfang noch sehr ungenau mit großen Nadeln und groben, ungleichen Stichen, doch mit der Zeit wurden meine Kreationen immer ansehnlicher. Aber in meiner kindlichen Fantasie wollte ich alles sein. Meine Berufswahl schwankte zwischen Designerin, Tänzerin, Tierpflegerin, Schriftstellerin und Malerin. Damit ich ein solides Fundament bekommen sollte, und um auf festem Boden stehen zu können, beschlossen meine Eltern – sehr zu meinem damaligen Unverständnis –, dass ich eine Banklehre absolvieren sollte.

Als folgsame Tochter absolvierte ich also diese Ausbildung, doch mein Faible für die Mode ließ mich nicht mehr los. So arbeitete ich nebenbei als Fotomodell und Mannequin, entwarf und nähte mit Begeisterung meine eigenen Kleider. Meinem Onkel, der ein bekannter Maler war, schaute ich manchmal bei der Arbeit zu. Mich faszinierte vor allem das Zeichnen sehr: Das wollte ich auch erlernen. So besuchte ich, um mir das Modezeichnen anzueignen, eine Kunstakademie und befasste mich mit verschiedenen Mal- und Zeichentechniken, studierte Malweisen von Acryl bis Öl und malte Pastelle und Aquarelle bis ich die Technik meines Lieblingsmalers Marc Chagall kennen und lieben lernte.

Um meinen Horizont zu erweitern, reiste ich in viele Länder, um andere Kulturen und die Traditionen kennenzulernen; zuerst natürlich mit meinen Eltern und später, als Jugendliche, allein. Eine dieser ersten Alleinreisen führte mich mit meiner Malschule nach Moskau, Kiew und St. Petersburg, wo wir Ikonenmalerei und Vergoldung in verschiedenen Klöstern kennenlernten und die berühmten Museen wie die Eremitage und die zahlreichen orthodoxen Kirchen dort besuchten, die mich schon damals seltsam gefangen nahmen …

Mein Traum wurde schließlich wahr und ich eröffnete mein eigenes Atelier! Ich habe es wie eine Wohnung eingerichtet, sehr persönlich und gefühlsbetont – vorwiegend in meiner Lieblingsfarbe Blau. Eine stilvolle, aber lebendige Atmosphäre beflügelt meine Fantasie. Mein Heim, in dem ich arbeite, ist meine abgeschlossene Oase, wo ich in Frieden mit mir selbst bin. Wenn mich eine Idee begeistert, dann versuche ich sie zu verwirklichen. Meine Entscheidungen für meine Firma wie für mein Privatleben treffe ich aus dem Bauch heraus. Das hat sich bis heute nicht geändert.

Zu meinen Hobbys gehörten schon immer Flohmärkte. Das Stöbern in der Vergangenheit bringt mich auf Ideen für die Zukunft. Mode wird stets von Altem inspiriert und versucht, Gewesenes zu aktualisieren und neu zu interpretieren. Zweimal im Jahr fuhr ich zudem zu den Haute-Couture-Modenschauen nach Paris, um mich über die aktuellen Modetrends zu informieren und um Inspirationsluft zu schnuppern. Bei der Vielfalt der Modetrends heutzutage ist es für mich wichtig, dass jeder seinen persönlichen Stil findet. Ich bin sehr darauf bedacht, die vorteilhaftesten Schnitte für meine Kundinnen auszuwählen. Es ist toll, wenn eine Frau mit mir die Stärken und Schwachpunkte ihres Körpers ermittelt und deshalb genau jenes Kleid auswählt, in dem sie atemberaubend aussieht. In einer gut gewählten Garderobe haben viele Stimmungen Platz. Nicht Alter oder Figur, nein, Persönlichkeit ist ausschlaggebend!

Für Liebhaber entwerfe ich gern zeitlose Trachtenmode. Durch eine große Auswahl der edelsten und schönsten Stoffe kann ich heute meinen Kunden ihren ganz persönlichen Modewunsch erfüllen. Den Ausgleich und die Kraft hole ich mir aus meinem Hobby – der Malerei. Für den Schriftsteller sind es die Worte, mit denen er sich ausdrückt, für mich sind es die Farben. Meine zum Träumen anregenden Bilder – in Anlehnung an meinen Lieblingsmaler Marc Chagall – berufen sich auf geistige Werte wie Glaube, Hoffnung und Liebe. Auf dieser Basis male ich mir Bilder von der Seele, mit dem Blick auf die Menschen, das Leben, das Gute, die Freundschaft und das über allem stehende Gefühl der Liebe. Aber in meinem Leben kam es anders, als ich dachte …

Ich setzte mich mit einer Freundin für die humanitäre Hilfe während des Bosnien- und Kroatienkonflikts ein. Während einer Charity Party in Bielefeld lernte ich meinen heutigen Ehemann, Seine Königliche Hoheit Prinz Vladimir von Jugoslawien, kennen. Wir verliebten uns damals sofort ineinander, mussten uns dann aber wegen unterschiedlicher Lebensumstände trennen, bis wir uns einige Jahre später wiedertrafen.

Ich war damals mit meiner Freundin in ihrem Haus auf Kuwaii. Da sie eine Konzertdirektion hatte und mit den Wiener Philharmonikern nach Japan reisen musste, passte ich derweil auf ihren kleinen Sohn auf. Während dieser Zeit, es war das Jahr 1999, hörte ich von der Nato-Bombardierung Serbiens und wollte unbedingt wieder einen humanitären Konvoi organisieren. Ich versuchte von Kuwaii aus einige Freunde zusammenzutrommeln, die mir bei der Ausführung meiner Ideen hilfreich sein sollten. Dabei fiel mir auch die Visitenkarte von Vladimir wieder in die Hände. So beschloss ich, ihm ein Fax zu schicken und ihn um Hilfe zu bitten. Auf seine Antwort brauchte ich nicht lange zu warten und so flog ich von Kuwaii nach Honolulu, von Honolulu nach Los Angeles, von Los Angeles nach London, um mich mit ihm auf dem Flughafen Heathrow zu treffen und ihm meine Pläne zu unterbreiten. Wir diskutierten eine Stunde lang. Danach hatten wir unsere Hilfsorganisation „Mother and Child Relief Foundation" gegründet und planten eine Veranstaltung zu Gunsten der notleidenden Menschen im Kosovo. Somit war unsere gemeinsame Zukunft beschlossen.

Wir hatten uns in London zum zweiten Mal ineinander verliebt. Ab sofort waren wir unzertrennlich und nach drei Monaten verlobt. Eigentlich wollten wir in Deutschland heiraten, doch das war mit dem Titel meines Mannes und der gründlichen deutschen Bürokratie unmöglich. In Deutschland wussten die Behörden nichts von König Aleksandar I. von Jugoslawien – Tito hatte die wahre Geschichte aus den Geschichtsbüchern gestrichen. So mussten wir alle unsere hochkarätigen Gäste kurzfristig wieder ausladen. Am 18. April 2000, an dem gleichen Tag, an dem wir uns 1993 kennengelernt hatten, heirateten wir nun in London – nur im Beisein unserer Mütter, unsere Väter waren beide schon vor langer Zeit verstorben.

Da die Not nach dem Krieg in Jugoslawien groß war, hatten wir beschlossen, vorerst nur standesamtlich zu heiraten. Die Familie meines Mannes lebte, seit Josip Broz „Tito" und die Kommunisten an die Macht gekommen waren, im Exil. Nach dessen Tod und unter dem neuen Machthaber Milosevic war es für einen Onkel Vladimirs, Seine Königliche Hoheit Prinz Tomislav Karadjordjevic von Jugoslawien, wieder möglich, in Oplenac, in Serbien, dem Hauptsitz der Familie, zu leben. Es war sein Wunsch, dass wir in unserer Familienkirche in Oplenac heiraten sollten. Leider ist es nicht dazu gekommen, denn Prinz Tomislav verstarb im Juli 2000. So unternahm ich meine erste Reise nach Serbien zu seiner Beerdigung. Wir flogen mit einigen Familienmitgliedern mit einer Privatmaschine von London nach Belgrad.

Da uns die Nachricht vom Tode Prinz Tomislavs so plötzlich erreicht hatte, war keine Gelegenheit, uns Visa für Serbien zu besorgen. Als wir in Belgrad ankamen und die Regierung uns allen kein Visum erteilen wollte, waren wir fassungslos. Nach drei Stunden Wartezeit auf dem Flughafen wollten wir wieder abfliegen, doch schließlich klappte es doch mit einem Besuchsvisum – für einen Tag.

Vor dem Flughafen wartete ein großer Konvoi schwarzer Limousinen auf uns, die uns nach Oplenac bringen sollten. Jeder wurde in ein einzelnes Fahrzeug gesetzt. Ich hatte große Angst, dass ich von meinem Mann getrennt würde. Dann, Gott sei Dank, durften wir einen Wagen zusammen benutzen. Ich hatte mich bis zu diesem Zeitpunkt nicht besonders mit Politik beschäftigt. Ich bin im demokratischen Deutschland aufgewachsen und habe in meiner Familie von klein auf gelernt, was gut und böse und was Gerechtigkeit und Ungerechtigkeit ist. Da mir die Praktiken der Ostblockländer, ihre Schikanen und ihre kommunistischen Manieren durch meine vorherigen Reisen dorthin nicht fremd waren, vermutete ich während unserer eineinhalbstündigen Fahrt nach Oplenac hinter jeder Ecke Scharfschützen, die uns ermorden wollten. Schon lange vorher hatte ich mir vorgenommen, nichts zu essen, aus Angst, dass man uns vergiften könnte.

Oplenac befindet sich ca. 80 km südlich von Belgrad. Nach ungefähr 50 km Fahrt sieht man die weiße Kirche der Stadt hoch oben auf einem Berg. Je näher wir kamen, desto mehr Menschen waren auf den Straßen, und als wir Oplenac erreichten, erwarteten uns Tausende, die sogar zu Fuß von weit hergekommen waren – sogar aus Kroatien. Wir mussten uns das letzte Stück des Weges zu Fuß durch die Menschenmenge in die Kirche bahnen. Dieser traurige Anlass war das erste Mal nach über 50 Jahren, genauer gesagt seit April 1941, dass so viele Mitglieder der jugoslawischen Königsfamilie nach Oplenac kamen. Am 2. August 1947 hatte „Tito" durch seinen Vizepräsidenten Edvard Kardelj ein Dekret herausgegeben, durch das alle Besitztümer und Immobilien der Königsfamilie von Jugoslawien beschlagnahmt wurden und allen ihren Mitgliedern ihre Staatsbürgerschaft und das Geburtsrecht aberkannt wurden. Es war den Familienmitgliedern des Königshauses strengstens untersagt, jugoslawischen Boden zu betreten.

Nun war ich also in Oplenac – ich war überwältigt vom Anblick der weißen Marmorkirche. Mein Mann hatte mir schon viel davon erzählt. Sein Urgroßvater König Petar I. hatte diese Kirche erbauen lassen. Hier ruhten viele verstorbene Mitglieder der jugoslawischen Königsfamilie im Mausoleum. Die Schönheit des Innenraums verschlug mir die Sprache: 40.000.000 Steine in Mosaikmalerei in 15.000 Farbnuancen, vorwiegend in Blau und Gold, funkelten mir entgegen. In der Mitte stand der Sarg von Prinz Tomislav zwischen unzähligen Kränzen und Blumen. Die Kirche war voller Menschen, und als wir als letzte Gäste eintrafen, begann der vierstündige Trauergottesdienst, der von dem serbischen Patriarchen Pavle und seinen Bischöfen zelebriert wurde. Zu diesem Zeipunkt war ich noch nicht zum orthodoxen Glauben übergetreten und so nahmen mich die Klänge der Liturgie, die „Engelstimmen", wie ich sie heute nenne, gefangen. Es war ein außergewöhnlich heißer Tag, der Kirchenraum erfüllt von Weihrauch. Wieder und immer wieder fiel mein gebannter Blick auf die herrlichen Mosaikmalereien. Die Fresken zeigten serbische Könige, Kaiser und Fürsten, das Leben des ersten serbischen Erzbischofs Sava Nemanjic, Theologen und das Abendmahl. Auf uns herab blickte die Ikone des allmächtigen Jesus Christus.

Ich konnte meine Blicke nicht abwenden von der Schönheit dieser in Mosaik gefassten Kunstwerke. Als die ergreifende Liturgie beendet war, begaben wir uns in die Familienkrypta, die sich unterhalb

Bildhübsch und mit einem Herz für Tiere – die kleine Brigitta hoch zu Ross.

Das eigene Atelier, Mode und kreatives Arbeiten sind die Erfüllung eines Kindheitstraumes von Prinzessin Brigitta.

der Kirche erstreckt und wo der verstorbene Prinz Tomislav seine letzte Ruhe zwischen zwei leeren Gräbern fand. Sie sind seinen beiden Brüdern vorbehalten, die beide in Chicago beigesetzt sind, da sie zuletzt in Amerika lebten. Eines dieser Gräber wartet auf den Leichnam Seiner Königlichen Hoheit Kraljevic Andrej, Vladimirs Vater.

Auf dem Weg zum Empfang für die Familienmitglieder in der Königsvilla grüßten uns die Menschen, sie küssten und schüttelten unsere Hände. Viele Menschen weinten und verbeugten sich, sie wollten uns einfach nur berühren, uns ihre Liebe zeigen. In all der stürmischen Begeisterung hätte ich beinahe die Schleife an meinem Kleid verloren. Nach einem kurzen Mittagessen hieß es für uns Abschied nehmen von Oplenac und den zutiefst berührten Menschen, die seit Jahrzehnten das erste Mal die Königsfamilie wiedersahen. Unser Flugzeug wartete in Belgrad, um uns zurück nach London zu fliegen.

An diesem Tag habe ich eigentlich erst richtig begriffen, wen ich da überhaupt geheiratet hatte. Diese unauslöschlichen Eindrücke haben mich so bewegt, dass Oplenac zu meinem Lieblingsort auf dieser Erde geworden ist. Aber auch all die Menschen, denen ich dort begegnet bin, haben mich sofort durch ihre Herzlichkeit in ihren Bann gezogen. Nirgendwo auf dieser Welt bin ich so viel Wärme und Gastfreundschaft begegnet, wie in meinem geliebten Serbien.

Ich genieße mit meinem Ehemann unser Leben, vor allem aber die gemeinsame Arbeit für unser Land und seine Menschen! Mit Herz und Seele bin ich bei der Sache, und ich widme mich mit Leidenschaft meinen Aufgaben. So ist nicht nur ein Kindheitstraum in Erfüllung gegangen, sondern ich verwirkliche einen Lebenstraum.

Der legendäre ehemalige Außenminister und einer der Väter der deutschen Einheit, Hans-Dietrich Genscher, erinnert sich in seinem „Kindheitstraum" an den Vater.

Hans-Dietrich Genscher
Eine Brücke zum Vater

Das Weihnachtsfest 1936 hat sich mir besonders eingeprägt. Ich war damals neun Jahre alt. Am Sonntag vor Weihnachten unternahmen meine Eltern einen Spaziergang. Ich entschuldigte mich mit dem Hinweis auf Schulaufgaben. Ich hatte Großes vor. Ich wollte zum ersten Mal in meinem Leben eine Zigarette rauchen. Für zehn Pfennig hatte ich eine Packung Lloyd gekauft – mit vier Zigaretten. Nachdem meine Eltern das Haus verlassen hatten, nahm ich im sogenannten Herrenzimmer, dem Arbeitszimmer meines Vaters, auf dessen Lehnstuhl vor dem Schreibtisch Platz, entzündete die Zigarette und gab mich dem vermeintlichen Hochgenuss hin. Ich konnte nicht ahnen, dass mein Vater umgekehrt war, um für meine Mutter Handschuhe zu holen, die sie vergessen hatte. Ich hatte ihn nicht kommen hören. Er wiederum war erstaunt, beim Gang durch die Diele aufsteigende Rauchwölkchen aus seinem Lehnsessel zu sehen. Plötzlich stand er vor mir. Ich sprang auf, die Zigarette in der rechten Hand, für den Bruchteil einer Sekunde überlegend, was nun mit der Zigarette geschehen solle. Da erhielt ich die erste und einzige Ohrfeige von meinem Vater. An seinem Gesicht stellte ich fest, er war tief enttäuscht und da er keineswegs zu Jähzorn neigte, offensichtlich verletzt. Bisher hatte er sich in meiner Erziehung stets auf einen strengen Blick oder ein mahnendes Wort beschränkt. Beides geschah selten genug. Aber wegen der großen persönlichen Autorität, die er mir, dem Einzelkind, gegenüber hatte, mit großer Wirkung. Nun war es also geschehen, meine Worte des Bedauerns verhallten ohne Echo. Vor dem Abendessen beendete er die Angelegenheit mit dem kurzen Satz „So etwas möchte ich niemals wieder erleben!"

Mit dieser abschließenden Feststellung hätte es ein Bewenden haben können. Mein Vater war nicht nachtragend. Allerdings hätte jede Wiederholung unabsehbare Folgen haben können.

Die Weihnachtstage gingen vorüber. Am Neujahrstag musste mein Vater den zahnärztlichen Notdienst aufsuchen. Er hatte pulsierende Schmerzen in der Kieferhöhle. Am nächsten Tag wurde er in die Hals-, Nasen- und Ohrenklinik Halle eingeliefert. Er hatte eine schwere Kieferhöhlenentzündung. Am 26. Januar 1937 starb er an einer Blutvergiftung. Damals war die Medizin in einem solchen Fall noch machtlos, insbesondere wenn es sich um einen Patienten handelte, der gesundheitlich angeschlagen war. Das genau war bei meinem Vater als Folge einer Nierenerkrankung an der Westfront im Ersten Weltkrieg der Fall. Ich werde den Abend nicht vergessen, als meine Mutter mit dem Bruder meines Vaters gegen 21 Uhr die Wohnung betrat. Sie musste nichts sagen. An den Gesichtern der beiden sah ich, dass geschehen war, was meine Mutter und ich in den letzten Tagen immer stärker befürchtet hatten. Mein Gesicht war starr. Ich konnte auch gar nicht weinen. In diesem Moment sah ich den Sonntagnachmittag mit der Zigarette in seinem ganzen Ablauf vor mir und die tiefe Enttäuschung meines Vaters. Jetzt stand für mich fest: Mein Vater hatte mit seinem Satz, das möchte er nie mehr erleben, Endgültiges gesagt. Dabei musste es jetzt bleiben und dabei würde es bleiben. Meine innere Festlegung „nie mehr rauchen" verlieh mir irgendwie Kraft und eine ganz unbestimmte und mich voll erfüllende Hoffnung. Natürlich wusste ich, dass ich meinen Vater nicht mehr sehen würde. Natürlich wusste ich, dass der Tod uns nun – auf Erden jedenfalls – für immer trennen würde. Doch erfüllte mich die Hoffnung, es ihm immer wieder aufs Neue beweisen zu können, wie ernst ich sein abschließendes Wort an jenem Sonntag genommen hatte. Oft, wenn ich glaubte, Anlass zu Klage oder Trauer zu haben, suchte ich nach meinem Vater und hatte eine vage Hoffnung, es könnte doch einmal ein Wunder geschehen. Natürlich schob ich diesen Gedanken sogleich wieder zur Seite, aber dieser winzige Augenblick gab mir stets neue Kraft – und Trost auf jeden Fall. Trost wegen des aktuellen Anlasses. Aber Trost auch darüber, meinen Vater so früh verloren zu haben.

Damals konnte ich nicht ahnen, dass ich zweimal in meinem Leben mit Krankheiten zu kämpfen haben würde, für deren Überstehen das Rauchen besonders schädlich gewesen wäre. Mit 19 Jahren bekam ich eine schwere Lugentuberkulose. Und als ich über 60 Jahre alt war einen Herzinfarkt mit Nachfolgewirkungen. Ganz sicher hat mir die Tatsache, dass ich Nichtraucher war, dabei geholfen, diese beiden Krankheiten zu überstehen. Bei der Lungentuberkulose war das angesichts der Schwere der Erkrankung und der damals zur Verfügung stehenden Mittel ein kleines Wunder. Und bei der Herzerkrankung waren es natürlich auch die Fortschritte der Medizin.

So hat mich die Verpflichtung von damals auf meinem Lebensweg bis auf den heutigen Tag begleitet und ganz sicher in meinen Abwehrkräften gestärkt. Das Ereignis hat mich aber auch in besonderer Weise mit meinem Vater verbunden, und der Traum, vielleicht werde es doch einmal ein Wunder geben, hat eine Brücke zwischen uns entstehen lassen, die es ermöglichte, meine Gedanken sowohl in schwierigen als auch in schönen Lagen immer wieder vor ihm auszubreiten. Das hat mir stets neue Kraft gegeben und gilt bis auf den heutigen Tag. So wurde aus dem Kindheitstraum eine Kraftquelle zum Bestehen schwierigster Herausforderungen, an denen es in meinem Leben nicht gemangelt hat.

Franz Grillparzer hinterließ uns ein Drama mit dem Titel „Der Traum ein Leben". Bei mir wurde der Traum zur Lebenskraft.

Hans-Dietrich Genscher – hier bei einer Ausstellung des Fotografen H. R. Schulze in Halle – hat für viele Menschen selbst „Träume" wahr werden lassen.

Als Erste Solistin im Hamburg Ballett bezaubert Silvia Azzoni ihr Publikum – hier mit ihrem Tanzpartner Alexandre Riabko im Ballett „Onegin".

Silvia Azzoni

Wachgeküsst!

Durchbruch

Dornröschen. B-Premiere. Choreografie Mats Ek, 1996. Hamburgische Staatsoper. Der letzte Pas de Deux. Ich erinnere mich noch, als sei es gestern gewesen. Ich tanzte die Rolle der „Aurora" mit dem großen ägyptischen Ersten Solisten Gamal Gouda (als „Carabosse"). Ich wollte mich übergeben, ich zitterte am ganzen Körper, wollte mich einfach hinschmeißen und nicht mehr aufstehen. Ich war so müde, mein Magen hatte sich umgedreht. Ich fühlte mich krank. Aber ich tanzte immer weiter. Bis zum Ende. Denn ich war dran. Ich war endlich an der Reihe. „Dornröschen" war mein Durchbruch.

Ob es danach Applaus gab, kann ich gar nicht mehr mit Sicherheit sagen. Der Vorhang fiel, ging wieder auf, schloss sich endgültig. Erst in meiner Garderobe kam ich wieder zu mir. Ich schaute in den Spiegel und sah ein kleines Häufchen Elend. Dann klopfte unser Ballettdirektor John Neumeier an die Tür. Er kam gar nicht ganz herein, sondern sagte nur: „Du hast großartig getanzt." Da wusste ich, ich bin über meine Grenzen hinausgewachsen, ab jetzt schaffe ich alles. Mein Kindheitstraum war gerade in Erfüllung gegangen.

Die Anfänge

Aber zurück zum Anfang. Ich wuchs in einem kleinen Dorf in Italien in der Nähe von Turin auf. Meine Eltern hatten mit Ballett soviel zu tun, wie eine Ballerina mit Fußball. Nämlich nichts. Mein Vater arbeitete für eine Versicherung, meine Mutter hatte ein Damenbekleidungsgeschäft. Tanzen konnten beide nicht besonders. In einer Turnhalle, wo vor allem Basketball gespielt wurde, gab es jedoch einmal die Woche Ballettstunden, die meine Freundin besuchte. Und es war meine Mutter, die irgendwann sagte: „Mensch, Silvi. Geh da auch mal hin. Das ist gut für deinen Körper, für deine Haltung und du bekommst ein wenig Musikalität." Ich war damals ganz dünn und klein und hatte ganz andere Dinge im Kopf. Aber ich ging hin, in diese Halle, und tanzte einmal die Woche mit, zwar ohne Leidenschaft, aber ganz brav.

Nichts wies im Elternhaus der kleinen Silvia auf eine spätere Tanzkarriere hin.

Auf wirkliches Interesse stieß mein Tanzen erst, als wir in unserem Dorf eine erste kleine Aufführung gaben. Die Leute hörten nicht mehr auf, mir über den Kopf zu streichen und zu sagen, dass ich Talent hätte. Zwar sagten sie das vor allem meiner Mutter, aber ich bekam es trotzdem mit. Und so stimmte ich zu, als meine Mutter entschied, dass ich gemeinsam mit einer Nachbarin auf eine bessere, professionellere Schule in Turin gehen sollte.

Meine erste wirkliche Ballettlehrerin war Dragica Zach, die in Belgrad an der Staatsoper Prima Ballerina war, und mir sofort ein wunderbares Gefühl geben konnte. In Turin war ich auf einmal von Menschen umgeben, die Tanz wirklich ernst nahmen und mit Leidenschaft betrieben. Wir schauten uns Aufführungen aus Paris, Mailand und Russland auf Video an und der Funke sprang aus dem Fernseher auf mich über. „Die können alle so viel. Die sind so groß und so gut," dachte ich, „so möchte ich auch werden." Mein Ehrgeiz war geweckt, mein Stundenplan stand: proben, weinen, proben. Mit 13 oder 14 Jahren nannten sie mich nur noch „Sturkopf", weil ich mich so in den Tanz verbissen hatte und unermüdlich probte. Ich merkte auf einmal, ich bin glücklich, wenn ich tanze. Und es war um mich geschehen, der Traum in meinen Kopf gesät, in mein Herz und vor allem in meine Beine. Ich wollte Ballerina werden, mit ganzer Seele.

Hindernisse

Meine Eltern reagierten zunächst schockiert. Ich hatte keine Geschwister, und aus dem einzigen Kind „solle doch etwas Anständiges werden", sagten sie. Sie wollten mich nicht „an dieses brotlose Geschäft verlieren." Wir reden von Italien! Ballett fand vor allem in Shows im Fernsehen statt und das war eine Welt, vor der mein Vater mich schützen wollte. Er empfand die Branche als oberflächlich, bodenlos und wollte mich auf die Universität schicken. Nur meine Ballettlehrerin stand hinter mir.

Und die setzte sich schließlich durch. Dragica Zach schickte mich 1991 zu einem der größten Nachwuchswettbewerbe für Tanz, zum Prix de Lausanne. Ich war gerade 17 Jahre alt geworden. Meine Technik war schwach, mein Tanz eine Art dörfliches Kauderwelsch. Ich bestand lediglich das Training an der Stange. Dann holte mich die Jury raus. Durchgefallen. Die anderen waren einfach viel, viel besser gewesen.

Aber als ich wie ein Schlosshund zu weinen begann, holte mich die Leiterin der Ballettschule des HAMBURG BALLETTs, Marianne Kruuse, zu sich, nahm mich in den Arm und flüsterte mir zu: „Ich nehm Dich mit nach Hamburg." Was ich erst nicht fassen konnte, wurde meine große Chance.

Auch wenn ich von Hamburg noch nie zuvor etwas gehört hatte. Doch dann stand ich da. In diesem majestätischen Gebäude des Ballettzentrums John Neumeier in der Freien und Hansestadt Hamburg. Nur wenige Schülerinnen und Schüler sprachen Italienisch, ich weder Deutsch noch Englisch. Das Haus brummte wie ein Bienenkorb, alles war in Bewegung – und ich wie gelähmt. Hier probten die Tänzerinnen und Tänzer aus der Compagnie. Wir wohnten im selben Haus, in dem auch die Ballettsäle lagen. Im Erdgeschoss plante die Verwaltung die großen Tourneen in die ganze Welt, gaben die Ersten Solisten die großen Interviews mit Zeitungen, Zeitschriften und dem Fernsehen. John Neumeier, der mehr als 100 Choreografien geschaffen hatte, hatte hier sein Büro – geschmückt von zahlreichen Preisen, Auszeichnungen und Ehrungen. Hier also durfte ich lernen, die Welt des Balletts erkunden, mit einigen der besten ehemaligen Tänzerinnen und Tänzern, mit einigen der besten Ballettlehrerinnen und -lehrern der Welt. Und auch jenseits der schweren Mauern des gigantischen Backsteingebäudes endlich eine Großstadt kennenlernen.

Noch heute habe ich den Eindruck, dass die beiden Jahre in der Ballettschule so schnell wie die Stunden eines einzigen Tages vergingen. Meine erste Begegnung mit John Neumeier war eher bizarr. Am ersten Schultag kam er in den Ballettsaal und stellte sich vor. Und ich saß da, mit offenem Mund und verstand kein einziges Wort, weil ich weder Deutsch noch Englisch konnte. Aber ich merkte, der Ort und diese Person, dieses Team sind etwas ganz Besonderes. Ich blieb dann die ersten Tage bei „Guten Morgen, guten Morgen." Und wenn jemand antwortete, wiederholte ich einfach: „Guten Morgen. Guten Morgen." Ich glaube, die anderen fanden das ziemlich lustig. Leider ging die Zeit viel zu schnell vorbei.

Auf eigenen Beinen

Wie die meisten Absolventinnen und Absolventen der Ballettschule des HAMBURG BALLETTs musste ich mich damals nach der Ausbildung um eine Anstellung irgendwo bei einer großen Compagnie bewerben. Vorbei war die behütete Zeit, wo sich die Ballettlehrerinnen nur um uns kümmerten, wo wir uns keinem Wettbewerb stellen mussten, wo wir zwar hin und wieder bei den Aufführungen des HAMBURG BALLETTs mittanzen durften, uns aber keiner Konkurrenz ausgesetzt sahen.

Ich reiste also mit einem Interrail-Bahnticket durch ganz Deutschland und kassierte eine Absage nach der anderen. Das schlug ziemlich auf meine Moral. Doch mit je mehr Absagen ich wieder zurück nach Hamburg kam, desto strahlender begrüßte mich unsere Schulleiterin Marianne Kruuse. Und statt eines Jahres

Als kleines Mädchen hatte Silvia Azzoni ganz andere Dinge im Kopf – bis schließlich ein Funke übersprang.

Von der Leidenschaft für das Ballett gepackt war der jungen Ballerina bald klar: Sie wollte ganz nach oben!

blieb ich zwei bei ihr in der Schule und wurde schließlich direkt in das HAMBURG BALLETT – John Neumeier übernommen. Die Nähe zur Compagnie und die ersten Erfahrungen als Schülerinnen mit ihr auf der Bühne hatten uns wirklich qualifiziert. Marianne wusste das, ich damals nicht.

Doch auch die Zeit als Gruppentänzerin war hart. In der Schule waren wir 15 Mädchen, die Lehrerinnen ganz auf uns konzentriert. Wir hatten ihre volle Aufmerksamkeit, erhielten Hilfestellung und moralische Unterstützung. In der Compagnie hingegen standen wir auf einmal ganz allein da, ganz hinten, in der Gruppe. Niemand schien mehr für uns da, wir mussten auf einmal erwachsen sein. Es wurde hochprofessionell und höchst effizient geprobt. Meine Freundinnen waren weg, ich konnte zwar mittlerweile Deutsch und Englisch, aber ich fühlte mich allein. Ein wenig verloren.

Bis Patrick Becker nach ein paar Monaten auf mich zukam und mich rettete. Patrick war Gruppentänzer beim HAMBURG BALLETT und Nachwuchs-Choreograf. Er wollte mich für ein kurzes Ballett und schuf ein erstes Solo für mich, das auch John Neumeiers Aufmerksamkeit erregte. Und auf einmal machte es mir wieder Spaß. Ich wurde wieder zur Draufgängerin, hatte das Gefühl in der Compagnie anzukommen. Auch John gab mir erste Solorollen, was immer am Schwarzen Brett bei uns im Keller des Ballettzentrums veröffentlicht wurde. Patrick hatte mich gerettet.

Etwas ganz Besonderes war für mich die Besetzung als Marie im „Nussknacker", denn dies war eine der Rollen, die meine großen Vorbilder Bettina Beckmann und Stefanie Arndt getanzt hatten. Das waren meine Stars, und auf einmal durfte ich diese Figur verkörpern.

Die ewige Gruppentänzerin?

Unser Direktor John Neumeier lud immer wieder Gastchoreografen ein, neue Ballette in Hamburg zu kreieren oder einzustudieren. So auch den Schweden Mats Ek, der die Eigenschaft hat, immer sehr viel am Boden zu choreografieren und aus den Tänzerinnen und Tänzern wirklich alles herauszuholen, beziehungsweise sie an ihre Grenzen zu bringen. Das betraf auch Bettina Beckmann in der Rolle der Aurora, für die ich offiziell als Zweitbesetzung eingeplant war. Aber ich nahm das nicht wirklich ernst. Ich behielt den Kopf bei meinen Schritten als Gruppentänzerin, denn ich konnte mich ja nicht zerreißen und schaute nur hin und wieder voller Bewunderung bei Proben mit Bettina Beckmann herein.

Bis zur Hauptprobe. Bettina Beckmann macht einen Sprung, fällt, liegt am Boden. Kreuzbänder kaputt. Ich war wahnsinnig schockiert. Einerseits, weil sie so kurz vor der Premiere stand, andererseits weil es da irgendwo noch diese Besetzungsliste gab, am Schwarzen Brett, auf der ich als Ersatz stand. Unbewusst kroch ich immer weiter weg, bis zum Ausgang, bis in die Garderobe. Leise sagte ich zur mir: „Das kann nicht sein. Das kann nicht sein." Es war Freitag. Morgen sollte noch die Generalprobe sein, am Sonntag die Premiere. Und ich kannte nicht einmal ein Viertel der Choreografie.

Aber dann haben wir in irgendeinem Ballettsaal Schritte gelernt. Bettina war im Krankenhaus und mich erreichte die Nachricht, dass sie die Generalprobe tanzen würde. Sie kam dann auch. Mats Ek war dabei. Sie tanzte durch, wackelig, aber ich dachte, dass sie es schafft. Ich war käsebleich. Doch ich begann mich an den Gedanken zu gewöhnen, selber als Aurora auf der Bühne zu stehen. Und dann kam die Premiere. Bettina Beckmann fiel dreimal hin, aber sie machte weiter, sie tanzte das gesamte Stück durch. Und sie war so gut, sie gab alles. Ich hätte das nie gepackt.

Ich musste das packen. Denn am Montag war die Zweitbesetzung dran. Ich musste tatsächlich diese riesige Rolle wagen.

Nach dem Traum
John lud mich ein Jahr später ein, auch seine Version von „Dornröschen" zu tanzen. Das war ein zweiter Marathon. Und wieder ein Jahr später tanzte ich beide Choreografien wild durcheinander, zur selben Musik, dieselbe Rolle, nur andere Schritte. Doch mich konnte nichts mehr schockieren. Teilweise zog ich mir vor den Vorstellungen die Spitzenschuhe an und wusste gar nicht mehr, in welcher Choreografie, in wessen Ballett ich gerade war. Aber ich ging auf die Bühne und es klappte. Ich war Prima Ballerina.

Ja, irgendwie ist mein Kindheitstraum in Erfüllung gegangen. Ein Traum, den ich nur rückblickend wirklich als einen solchen wahrnehmen kann. Ich bin sehr glücklich und glaube, dass sich die Erfüllung auch ein wenig auf meine Hartnäckigkeit, meine Sturheit zurückführen lässt. Du musst an Dich glauben. Du musst Strecken des Zweifels aushalten. Nicht loslassen. Für mich hat es sich ausgezahlt, Biss zu haben, stur zu sein und zu kämpfen. Ich wusste, was ich wollte. Ich gab nie auf. Und wenn ich Zweifel hatte, konnte ich mich auf viele wunderbare Menschen verlassen, die mich unterstützt, die mir geholfen haben und denen ich heute sehr dankbar bin.

Leider endet der Traum, Prima Ballerina zu sein, sehr früh. Denn nach der langen Ausbildung bleiben einer Tänzerin nur etwa fünfzehn Jahre, bis der Körper nicht mehr kann. Meistens ist es spätestens im Alter von vierzig Jahren zu Ende. Dann schaffen wir die großen Rollen nicht mehr, dann ist der Körper ausgelaugt. Und trotzdem kann ich mich nicht zurückziehen, trotzdem muss ich arbeiten, trotzdem muss das Leben weitergehen. Ich weiß von Kolleginnen, dass es nicht leicht ist. Erstens das alte Leben, die alte Profession, die alte Leidenschaft, die Existenz als Tänzerin aufzugeben und es dann auch noch zu schaffen, den Blick auf etwas Neues zu richten, offen für eine neue Zukunft zu sein.

Ich weiß nicht, was danach kommt. Ich werde mich nicht neu finden müssen, denn ich bin nicht nur Prima Ballerina, sondern auch Silvia. Ich habe einen wundervollen Mann, eine heiß geliebte Tochter. Sie geben mir Anlass zu neuen Träumen und bis es soweit ist tanze ich noch ein wenig, aber mit viel Leidenschaft.

Alfredo Pauly ist Modeschöpfer mit Leib und Seele.

Alfredo Pauly
Mit Haken und Ösen

„Glück ist, wenn man sich seine Kindheitsträume erfüllt." – Wenn Sigmund Freud mit diesem Satz recht hat, muss ich ein sehr glücklicher Mensch sein. Mode zu machen war schon immer mein Traum, und es waren immer Frauen, die mir den Weg geebnet und mich ermutigt haben, diesen Traum zu leben.

Die erste dieser Frauen war meine Tante Gretel. Ich erinnere mich an ihre Schneiderwerkstatt heute noch so genau, als würde ich gerade die Tür öffnen und sie mit ihrer Hornbrille an der Nähmaschine sitzen sehen. Vier oder fünf Jahre alt war ich, als ich ihre Stoffmusterbücher den Spielzeugautos vorzog. „Du wirst eines Tages Modeschöpfer!" – Da war es ausgesprochen und ich hielt diesen Satz meine ganze Kindheit und Jugend über wie einen Schild vor mich. Tante Gretel ließ mich sogar an ihre ansonsten so behütete Nähmaschine. Schnell gewöhnte ich mich an das Pedal und beobachtete fasziniert den Takt der Nadel, die sich auf und ab, auf und ab bewegte und den daruntergelegten Stoff zusammennähte. Stolz präsentierte ich ihr meine ersten Patchwork-Ergebnisse, für die ich die kleineren Läppchen aus alten Stoffmusterbüchern herausgetrennt hatte. Am meisten reizten mich die goldenen, silbernen und bestickten Muster, die ich immer wieder neu arrangierte. Tante Gretel war begeistert und ermutigte mich, weiterzumachen.

Doch moralische Tiefschläge ließen nicht lange auf sich warten. Einen Tag nach meinem gelungenen Nähversuch hielt ein wunderschönes Auto vor dem Hotel meiner Tante. Dunkelgrün mit einer silbernen Figur auf dem Kühlergrill. Staunend bewunderte ich das beige Lederinnenleben und eine Vielzahl von Knöpfen und Hebeln. „So ein Auto werde ich auch einmal fahren!" Ulrich, mein drei Jahre älterer Cousin, lachte auf: „Du spinnst, das ist ein Rolls Royce, das teuerste Auto der Welt. Den kannst du dir niemals leisten!" „Doch, ich werde Modeschöpfer und dann kaufe ich mir so ein Auto, einen Rolls Royce!" – „Modeschöpfer, dann musst du ja nähen, das machen doch nur Frauen." Da war es ausgesprochen und eine Welt brach für mich zusammen.

Der nächste Faustschlag kam einige Zeit später. Ich erinnere mich noch genau an den Tag meiner

Einschulung. Stolz auf meine mit Stoffstückchen in schillernden bunten Farben beklebte Schultüte, wartete ich darauf, an die Reihe zu kommen. Wir sollten sagen, was wir werden wollten, wenn wir groß und erwachsen wären. Heinz, mein Freund neben mir auf der Schulbank, wollte Lkw-Fahrer werden, Herbert Maurer. Marlis, meine Kindheitsfreundin aus der Nachbarschaft, Krankenschwester, zu Recht fand ich, denn sie kümmerte sich immer liebevoll um die Puppen meiner kleinen Schwester, wenn diese einmal Schaden genommen hatten. „Alfred, träumst du? Was willst du werden?" Fräulein Kuhnge stand vor mir. Eigentlich wollte ich Winzer sagen, wie mein Vater einer war – zu schmerzlich war mir Ulrichs Lachen in Erinnerung geblieben. „Modeschöpfer!", kam es aus mir heraus. „Modeschöpfer? Das ist ja etwas ganz Ausgefallenes. Wie kommst du denn darauf?" Ich hatte meine Lehrerin sichtlich überrascht. „Weil ich schon sehr gut nähen kann und Tante Gretel meint, ich habe Talent." „Nähen, haha, das ist doch ein Mädchenberuf. Alfred ist ein Mädchen…" Das war Peter. Er hatte als Berufswunsch Metzger angegeben. Klar, sein Vater war unser Dorfmetzger. „Peter, sei still. Modeschöpfer ist ein ganz toller Beruf, und außerdem sind die berühmtesten Modedesigner der Welt in Paris Männer." Wieder war es eine Frau, die mich verteidigte. Vom ersten Schultag an liebte ich Fräulein Kuhnge.

In den folgenden Jahren verbrachte ich so manche Stunde im Atelier meiner Tante und lernte viel von ihr über Stoffe, und ich bewunderte sie, wie sie mit ihrer großen Schere aus teuren Materialien nach ihren Schnittmustern Teil für Teil herausschnitt. „Nähen ist eigentlich ganz einfach, schwierig ist das Zuschneiden. Das Kleid muss ja schließlich genau passen." Ein Buch mit sieben Siegeln war dagegen leicht zu lesen. Beeindruckend sicher rückte sie mit Lineal, Dreieck und Maßband einem großen Bogen Papier zu Leibe und rang ihm Schnittmusterteile ab. „Zeigst du mir wie das geht?" Tante Gretel lachte. „Mein Schatz, dazu musst du drei Jahre lernen und dann auf eine Modeschule gehen."

Das wurde mein größter Wunsch, und wieder erfüllte er sich durch die Hilfe einer Lehrerin. Frau Hopf unterrichtete Handarbeit auf der Realschule Zell an der Mosel, die ich mittlerweile besuchte. Frau Hopf war das Objekt meiner Bewunderung. Sie trug nur Hosenanzüge in den ausgefallensten Farben. Drei Wochen dauerte es, bis ich allen Mut zusammengenommen hatte. „Ich möchte Modeschöpfer werden, darf ich bei Ihnen in den Unterricht?" „So, so, Modeschöpfer. Tja, was machen wir denn da? In meiner Klasse sind ja nur Mädchen, Jungs machen doch Werkkunde bei Herrn Beyer." „Das weiß ich, aber Herr Beyer meint, ich zeichne und male sehr gut und ich solle sie einfach fragen." „Dann spreche ich einmal mit Direktor Wagner und wenn es keine Einwände gibt, dann will ich sehen, wie du mit Nadel und Faden umgehst." Ich war glücklich, bis ich das Ganze zu Hause stolz berichtete. „Mein Sohn will Strümpfe stopfen und nähen. Niemals!" Das Machtwort meines Vaters war wie ein Faustschlag. Wieder waren es Frauen, die meinen Wunsch verteidigten. Zuerst meine Oma, die ja auch Schneiderin war. „Herbert, sei nicht dumm. Wer nähen kann, braucht nie zu hungern. Ich habe mich mit Nähen durch zwei Weltkriege gebracht, lass den Jungen." Die zweite Schützenhilfe leistete meine Mutter. Wie immer resignierte mein Vater vor so viel weiblicher Übermacht. „Macht, was ihr wollt. Ich frage mich nur, was ihm Nähen im Weinberg helfen soll." Die erste Schlacht war gewonnen. Aber ein echter Krieg stand noch bevor, bis dahin sollten noch zwei Jahre vergehen.

„Bei deinem Talent wärst du bei uns gut aufgehoben." So kam es dann auch. Mit meinen vierzehn Jahren fühlte ich mich wie ein kleiner Schuljunge inmitten von 80 Modeschülerinnen mit langen Haaren und noch längeren Beinen. War das Traum oder Wirklichkeit? Von dieser Minute an war die Modeschule mein einziges Ziel. Zunächst holte ich mir erneut Schützenhilfe von Tante Gretel. Sie bewarb sich als Näherin an der Modeschule. Mit ihr an meiner Seite fühlte ich mich sicher. Doch vor der Erfüllung meines Traumes galt es, den meines Vaters zu zerstören. Sein Sohn sollte nicht in seine Fußstapfen als Winzer treten. Heute, 40 Jahre später, weiß ich wirklich nicht mehr wie und mit wessen Hilfe ich es geschafft habe, Vater zu überzeugen. Jedenfalls stand meinem Start als Modeschöpfer nichts mehr im Wege.

Modezeichnen, Stoffkunde, Maschinenkunde, Industrienähen, Abformen, Schnitttechnik, egal welche Herausforderung die vier Semester an mich stellten, nie habe ich auch nur eine Sekunde diesen Weg bereut. Abgesehen von den Nachmittagen bei Frau Gross, der Großmutter unseres Direktors und Mutter von Frau Hopf. 80 Jahre, halbblind und unsagbar streng, sah sie trotz ihrer schlechten Augen jeden falschen Millimeter an einem Schnittteil. Heute weiß ich, dass ich ihr fast all mein Können zu verdanken habe. Aber damals graute mir vor den Nachmittagen in ihrer Wohnung. Sie wohnte in meinem Heimatort St. Aldegund an der Mosel, und Herr Hopf, ihr Enkel, fuhr sie und mich nach der Schule immer nach Hause. Unterwegs diktierte sie mir einen Besorgungszettel für das Lebensmittelgeschäft meiner Eltern. Jeden Tag der gleiche Spruch: „Ich erwarte dich heute Nachmittag um drei. Sei bitte pünktlich." Beladen mit Einkaufstaschen und meiner Angst vor den nächsten Stunden war ich überpünktlich. Nach-

Am Tag der Einschulung, wie auch sein ganzes Leben hindurch, standen Alfredo Pauly immer starke Frauen zur Seite, die seinen Träumen Raum gaben.

dem ich ausgepackt hatte, das immer gleiche Ritual. „Komm mit ins Wohnzimmer. Wir üben abformen." Dort durfte ich dann mit Papierbögen eine Schneiderbüste misshandeln und mit hunderten Stecknadeln Corsagenkleider, Sakkos und Drapierungen üben. „Alfred, merke dir etwas. Das größte Glück im Leben ist es, eine Arbeit zu finden, die einem Spaß macht, und ein noch größeres Glück ist es, jemanden zu finden, der einen dafür auch noch bezahlt." Heute weiß ich, dass Frau Gross recht hatte. Sie, die den ersten Hosenanzug als Kostümschneiderin der UFA in Berlin für Marlene Dietrich und Abendkleider für Zarah Leander angefertigt hatte, erkannte mein Talent. Was ich in Hunderten von Nachmittagsstunden als Schikane empfand, stellte sich später als unschätzbar wertvoll heraus. Abformen ist eine Haute-Couture-Schnitttechnik, die nur noch wenige Könner meiner Zunft beherrschen. Frau Gross hatte mich auserkoren, mir ihr Wissen weiterzugeben.

Zurückblickend waren die zwei Jahre Modefachschule mit die glücklichsten meines Lebens. Wenn ich mit Schülerinnen meiner Klasse, die heute alle die Finalrunde von „Germany's next Topmodel" erreicht hätten, so hübsch waren sie, durch unseren Heimatort schlenderte, war vom Spott meiner Schulfreunde nichts mehr zu spüren. Ich ergötzte mich an ihren neidischen Blicken. Vergessen sind auch die Schmerzen, als ich mir das erste Mal in den Finger nähte und ein teures Kostüm mit Blutstropfen verdarb. Mit 16 Jahren machte ich bereits als jüngster Modeschüler aller Zeiten meinen Abschluss. Durch meine Nähkenntnisse sparte ich mir sogar die sonst obligatorische Schneiderlehre. Mein Start in die Berufswelt der Mode brachte mich in eine Wäschefabrik nach Euskirchen. Auch vier Absolventinnen aus meiner Abschlussklasse fingen am 1. April 1972 dort mit mir zusammen an. Mit 16 Jahren eine Abteilung zu übernehmen, in der ich mit Abstand der jüngste war, war eine Herausforderung, bei der mir auch wieder die Frauen – diesmal der Automations- und Schnittabteilung – zur Seite standen. Ich weckte mütterliche Gefühle und so war ich schon nach wenigen Wochen Assistent von Frau Schröder, der Schnittdirectrice. Auch ihr habe ich viel Wissen und Können, vor allem in der praktischen Anwendung, zu verdanken. Der nächste Wermutstropfen waren dann die 18 Monate bei der Bundeswehr. Modeschöpfer war wohl nicht gerade der Männertraum meines Feldwebels und meiner Kammeraden. „Du hältst besser eine Nähnadel als ein Gewehr." Wie wahr, dachte ich schon damals. „Zumindest haben Nähnadeln weniger Unglück über die Menschen gebracht als Gewehre." Zwei Strafwochenenden brachte mir diese laut geäußerte Meinung ein.

Doch auch die schlimmste Zeit geht einmal vorüber, und so stand ich am 1. September 1977 vor einem Schild in der Singer Nähmaschinenfiliale Euskirchen, auf dem stand: „Nähschulleiterin gesucht". „Kann ich Ihnen helfen?" Ein älterer Herr in einem ölverschmierten weißen Kittel, der von der Reparatur einer Nähmaschine aufsah, musterte mich. „Ich will mich bewerben!" „Wir brauchen keinen Nähmaschinenmechaniker", und schon wendete sich sein Blick wieder ins Maschineninnere. „Nein, um die Stelle als Nähschulleiterin." Jetzt war der Schraubenzieher abgerutscht und er sah mehr wütend als überrascht hoch. „Sie sehen ja nicht gerade wie eine Lehrerin aus!" „Lassen Sie mich es doch einfach versuchen." In wenigen Minuten schilderte ich ihm meinen Lebenslauf und den Umstand, dass in den vergangenen zwei Jahren fast die gesamte deutsche Textilindustrie in Billiglohnländer abgewandert war, und ich ansonsten hier keine Arbeit mehr finden würde. „Ich verzichte auf mein Gehalt. Bitte geben Sie mir nur Prozente, wenn ich Stoff und Zubehör verkaufe." „Ich möchte es versuchen!" – Die Stimme kam von einer lächelnden älteren Dame mit Brille, die hinter einem Stapel Stoffballen hantierte. „Vielleicht kommt er mit den Nähschülerinnen besser klar als unsere letzte Schneiderin." Wieder weibliche Schützenhilfe und die hatte ich auch zwei Tage später bei meinem ersten Abendkurs. Ich brachte 20 wissbegierigen Schülerinnen, von der 15-Jährigen bis zur biederen Hausfrau, bei, wie man Tellerröcke näht. Zwei Meter Stoff pro Rock, eine Naht schließen, Reißverschluss einnähen, Bund und Saum absteppen. Eine Stunde Arbeit, Rock fertig, Begeisterung und wieder Stoff kaufen für das nächste Teil. Nach einem Monat musste Herr Jankowitz, der Filialleiter, feststellen, dass meine Prozente – ich hatte mittlerweile auch sechs Nähmaschinen und viel Zubehör verkauft – sein Gehalt überstiegen. So nahm meine Karriere bei Singer ihren Lauf und innerhalb eines Jahres führte ich deutschlandweit auf Verbrauchermessen Nähmaschinen vor. Meine Vorführungen auf Messen und Kaufhausständen sind noch heute legendär. Während meine Kollegen im obligatorischen blauen Anzug, weißem Hemd und der Singer-Krawatte ihr Glück versuchten, spielte ich im Lederoverall und Cowboystiefeln den Paradiesvogel. Meine armen Eltern mussten die leicht verwunderten Blicke ihrer Nachbarn über die schrägen Outfits ihres Sohnes ertragen. Als ich mit 26 Jahren in meinem weißen Rolls Royce durch St. Aldegund fuhr, unterschied mich eigentlich nur die fehlende Krone von Königin Elisabeth. Auch dieser Kindheitstraum war in Erfüllung gegangen.

Der Nähmaschinenverkauf legte dann den Grundstein für meinen Start in die Selbständigkeit, denn ich hatte meine Wunschvorstellung, Mode zu machen, nicht eine Sekunde aus den Augen verloren. 1980 gründete ich meinen Salon in Bad Neuenahr. Jetzt war ich am Ziel meiner Wünsche. Ich konnte Mode kreieren und meine modischen Träume verwirklichen. Doch vor den Erfolg haben die Götter den Schweiß gesetzt. Wenn man Spaß bei der Arbeit hat, vergisst man auch durchgearbeitete Nächte, wenn kurz vor den großen Defilees noch Hüte hergestellt und die letzten Arbeiten an den aufwendigen Abendkleidern erledigt werden müssen. Die Liebe zu kostbaren Stoffen, Gold und Silber, zu schönen Stickereien ist geblieben. Auch heute fasziniert mich noch alles, was glitzert.

Wieder waren es Frauen, die mir halfen. Nämlich meine Kundinnen, die vom ersten Tag meiner Selbständigkeit treu zu mir hielten. Nach und nach wurden meine Modenschauen größer und aufwendiger und entgegen dem allgemeinen Trend bestimmten von Jahr zu Jahr wertvolle Pelze immer mehr meine Kollektionen. Dann traf ich vor 26 Jahren die Frau, die mir am meisten half, meine Träume zu realisieren. Sabine, mit der ich seit 25 Jahren verheiratet bin, ermutigte mich, immer das zu tun, was mir am meisten Spaß macht: Mode zu entwerfen.

Heute, mit 57 Jahren, macht mir der Spagat zwischen Haute Couture in Bad Neuenahr und Mode im Teleshopping unwahrscheinlich viel Spaß. Auch hier bin ich meinem Stil treu geblieben und versuche meinem opulent-glamourösen Anspruch gerecht zu werden. Das Spannende an meinem Beruf ist, dass jede Kollektion bei Null beginnt. Normalerweise lernt man einen Beruf, den man ein Leben lang ausübt. Mode zu machen, ist täglich eine neue Herausforderung. Vor jeder Premiere die gleiche Spannung. Wie kommt die neue Kollektion an? Wird die Erwartung der Kunden erfüllt? Modedesigner ist kein Beruf, sonder eine Berufung. Diesen Anspruch stelle ich auch an mich, wenn ich bei HSE24 eine Kollektion vorstelle. Dort sind es 100.000 Frauen, die mich an Frau Gross und ihren Spruch erinnern:

Glück ist es, wenn man einen Beruf findet, der einem Spaß macht, und das größte Glück hat man, wenn man Menschen findet, die einen dafür bezahlen. So hat Sigmund Freud am Ende doch recht, Glück ist die Erfüllung eines Kindheitstraums.

Showmaster Frank Elstner entwickelt seit Jahrzehnten selbst erfolgreiche Fernsehsendungen. Hier mit Moderator Ranga Yogeshwar bei der Aufzeichnung der ARD-Sendung „Die große Show der Naturwunder".

Frank Elstner
Der Elstner-Effekt

Ich habe nie davon geträumt, prominent zu sein. Die Aussichten, dass es irgendwann einmal dazu kommen könnte, standen auch nicht eben gut. Ich wurde mit einem verkümmerten rechten Auge geboren, Mikrophthalmie heißt diese Krankheit, die in meinem Fall auf eine Infektion meiner Mutter in der sechsten, siebten Schwangerschaftswoche zurückgeht. Und ich hatte sogar noch Glück: Meistens werden Kinder mit Mikrophthalmie blind geboren. Als Junge wurde ich deswegen oft gehänselt; mein erstes Glasauge trug ich ja erst mit zwanzig Jahren. Eine Firma in Wiesbaden, „Augen Müller", die Glasaugenbläser beschäftigte, hatte es für mich gefertigt. Und was für ein Gefühl, sich im Spiegel zum ersten Mal mit zwei Augen zu sehen!

Jeder weiß, wie brutal, wie schonungs- und gnadenlos Kinder sind, wenn es darum geht, Schwächen oder Anomalitäten anderer bloßzulegen. Meine Mitschüler nannten mich Polyphem oder Einäugiger, häufig verschmierten sie mein rechtes Brillenglas mit Tinte. Als Kind ist einem bewusst, dass man anders als die anderen ist, und man wünscht sich nichts sehnlicher, als dazuzugehören, genauso zu sein wie die anderen Kinder. Besonders meine Mutter, die wegen des kranken Auges unter Schuldgefühlen litt, und meine Großmutter haben auf rührende Weise versucht, mir Mut zu machen. Wann immer sie mich trösteten, was häufig der Fall gewesen ist, sagten sie: „Du musst dir vorstellen, die ganzen Kinder, die später schlecht sehen, kriegen eine Brille, und du kriegst ein Monokel, das sieht doch viel vornehmer aus als eine Brille!" Dieser gut gemeinte Trost machte mir allerdings noch klarer, dass meine Situation beschissen war, man kann es nicht anders sagen. Ich war also ein zurückhaltendes, schüchternes Kind. Ich wollte um keinen Preis auffallen.

Das änderte sich schlagartig, als der Südwestfunk in Baden-Baden, wo meine Mutter als Ansagerin arbeitete, ein Kind für die Hauptrolle im Hörspiel „Bambi" von Felix Salten suchte – und zwar ein Kind, das Hochdeutsch sprach. Und finden Sie so ein Kind mal im Badischen. Ich bekam die Rolle und war überglücklich! Im Studio vor dem Mikrophon wurde ich ein anderer Mensch. Ich blühte auf, als drehe sich plötzlich alles nur um mich. Als Kindersprecher erfuhr ich jenes Selbstbewusstsein, das ich mir so sehr gewünscht hatte. Und damit ging tatsächlich ein Kindheitstraum in Erfüllung. Es war ja völlig egal, ob ich nun ein Auge hatte, zwei oder drei, entscheidend war meine Stimme, die Art, wie ich spreche, wie ich mich in die verschiedenen Figuren einfühle sowie meine Fähigkeit, blitzschnell zu reagieren und Pannen so zu überspielen, dass es keiner merkte. Entscheidend war nicht mein Aussehen, entscheidend war mein Talent. Und das Wissen um dieses Talent hat meine Kreativität unheimlich beflügelt. Außerdem verdiente ich Geld. Ich konnte zur wirtschaftlichen Situation, die bei uns zu Hause oft bitter gewesen ist, etwas beitragen. Was Geld tatsächlich bedeutet, ist mir an jenem Weihnachtsfest – ich war elf, als unter dem Baum eine elektrische Eisenbahn lag – auf unvergessliche Weise deutlich geworden. Ich war glücklich, aber leider war es mit dem Glück rasch vorbei. Ich ging ins Bett und wachte nachts vom Gezanke meiner Eltern auf. Sie diskutierten heftig, besonders die Stimme meiner Mutter wurde laut: Wie er mir denn so eine Eisenbahn schenken könne, wie er die eigentlich bezahlen wolle, so ein Geschenk könnten wir uns doch gar nicht leisten. Ich schlief lange nicht wieder ein. Ich dachte nach. Am zweiten Weihnachtsfeiertag ging ich mit schwerem Herzen zu meiner Mutter. „Mama", sagte ich, „es war toll, mit der Eisenbahn zu spielen, aber morgen bringen wir sie zurück." Dieses Erlebnis hat etwas Entscheidendes bewirkt, etwas, das ich nie wieder losgeworden bin: nämlich dass ich von klein auf Medienarbeit mit Ernährung in Verbindung gebracht habe.

Von außen betrachtet muten erfolgreiche Karrieren häufig an, als stünde die betreffende Person naturgemäß auf der Sonnenseite des Lebens und hätte alle bisherigen Herausforderungen mit Leichtigkeit gemeistert. Das ist natürlich Unsinn. Es gab auch bei mir Zeiten, da stand mein Leben auf der Kippe – zum Beispiel, als ich durchs Abitur gefallen bin, als Einziger meines Jahrgangs übrigens. Ich war einundzwanzig und nie vorher und nie nachher in meinem Leben war ich derart orientierungslos. Was sollte ich nun tun? Wie wollte ich leben? Und wie dieses Leben finanzieren? Es war einer jener gefährlichen Augenblicke, in denen es genauso gut hätte schief gehen können. Ich drohte abzurutschen, den Boden unter den Füßen und meine Zukunft aus den Augen zu verlieren. Wer weiß, was dann aus mir geworden wäre. Aber ich hatte Glück. Ich hatte häufig Glück.

Es war um die Weihnachtszeit, es war eisig kalt und schneite in dicken Flocken, als Gislind Noebel und ich uns in Baden-Baden zufällig über den Weg liefen. Sie trug wie damals beim Südwestfunk eine Bubikopf-Frisur und war jener quirlige Geist geblieben, der schon früher die Menschen in seinen Bann gezogen hatte. Wir waren zehn, elf, zwölf Jahre alt gewesen, als wir den „Club der Wellenreiter" beim Südwestfunk moderierten und nebeneinander viele Hörspielrollen gespielt hatten. Es verband uns die Erinnerung an eine aufregende Zeit, und vermutlich waren wir aus diesem Grund so froh über unser unverhofftes Wiedersehen. Sie fragte: „Was machst du?" Ich sagte: „Ich bin gerade durchs Abi gefallen." Und sie antwortete: „Komm doch zu Radio Luxemburg, ich moderiere dort, wir suchen Sprecher." Da ahnte ich nicht, dass es achtzehn Jahre werden würden, die ich bei Radio Luxemburg verbringen sollte. Und 40 in einem fremden Land, das eine Heimat wurde und bis heute geblieben ist. Es ließe sich an dieser Stelle nun seitenlang von Erfolgen erzählen, insbesondere natürlich von „Wetten, dass..?" – aber es soll hier um etwas anderes gehen, nämlich um meine Show „Nase vorn", eine meiner größten Niederlagen. Denn dieses Beispiel zeigt, dass die Fähigkeit, wieder aufzustehen, und zwar ohne dabei seine Kreativität zu verlieren, im Fernsehgeschäft überlebensnotwendig ist.

„Nase vorn" wurde von Anfang an runter geschrieben, in einer Heftigkeit, die keine Gnade kannte. Es konnte einem so vorkommen, als hätten einige Leute noch eine Rechnung mit mir offen, die

Schon früh hat Frank Elstner gelernt, nicht aufzugeben, sich immer wieder aufzurappeln. Auch Niederlagen gehören zum Erfolg.

sie nun schadenfroh beglichen. Endlich trifft es mal den erfolgsverwöhnten Elstner. Beim Fallen anderer schauen die Neider ja stets vergnügt zu. „Konzeptlos, vollkommen missglückt, Hops-Piste", das waren noch die freundlicheren Bezeichnungen für „Nase vorn". Über sich selbst Aussagen zu lesen wie „Frank Elstner verbraucht", „Zuschauer lassen Frank Elstner fallen", „Prügelknabe der Nation", „Wie viele Pleiten will er denn noch einstecken?" oder: „Frank Elstner, 48, früher der Straßenfeger Deutschlands. Heute 13 Millionen Mitleidsgucker. Elstner ist der indische Fakir, der den Schmerz nicht merkt, wenn er über glühende Kohlen geht", das ist hart. Widerlich war die Aktion der „Hörzu" im Oktober 1990, die mit Stimmkarten dazu aufrief, über das Schicksal der Sendung zu entscheiden. Und das klang so: „Was ist Ihre Meinung? Stimmen Sie ab! Soll Frank Elstner mit „Nase vorn" weitermachen wie bisher? Ein neues Konzept entwickeln? Aufhören?" Zahlreiche Blätter meldeten, ich wolle hinschmeißen, obwohl ich nie meinen Rücktritt angekündigt hatte. Laufend war ich gezwungen zu dementierten.

Da ich kein Fakir bin, wie das Boulevardblatt vermutet hatte, spürte ich den Schmerz. Es ging mir miserabel. Ich schlief schlecht, ich träumte schlecht, meine Nerven lagen bald blank, was auch meine Mitarbeiter zu spüren bekamen: Ich wurde strenger, legte manchmal, was gar nicht meine Art ist, einen aggressiven Ton an den Tag und verhielt mich ungerecht. In meinem Leben war plötzlich etwas geschehen, auf dessen Wucht ich nicht vorbereitet gewesen bin. Wie auch? Bis zu diesem Zeitpunkt war meine Karriere bilderbuchhaft verlaufen, es war immer nur bergauf gegangen, und Erfolg hatte sich an Erfolg gereiht. Schnell, dass man sich daran gewöhnt, dass man denkt, es würde ewig so weitergehen. Im Advent 1982 schrieb die „Bild am Sonntag": „Er ist eben nicht von diesem TV-Stern, unser neuer Weihnachtsmann."

Wenn man einmal die Nummer eins gewesen ist, wird jede andere Idee daran gemessen. Ist sie nicht brillant, stempeln die Kritiker einen als Verlierer ab. Es ist, als wäre man der Titelverteidiger von Wimbledon und würde im Finale verlieren. Niemand sieht mehr die Leistung, die einen dorthin gebracht hat, stattdessen konzentriert sich jeder aufs Verlieren. Aber auch ein zweiter Platz ist in gewisser Weise ein Sieg. Eine junge Frau hat über diesen Automatismus, den „Frank-Elstner-Effekt" wie sie es nannte, vor einigen Jahren eine Magisterarbeit geschrieben. Nicht gerade ein Trost für mich.

Gott sei Dank habe ich das Verdrängen perfektioniert. Es ist eine existenzielle Fähigkeiten des Menschen, das Ausblenden, ein Mechanismus, ohne den wir bekanntlich nicht leben könnten – im Fernsehgeschäft scheint er mir besonders wichtig. Das Publikum ist unberechenbar, die Medien sind es ebenso: Mal zahm, mal solidarisch, zerreißen sie einen im nächsten Augenblick. Als die Kritik an „Nase vorn" nicht abriss, hörte ich bewusst damit auf, die Verrisse zu lesen, ich sagte meiner Sekretärin: „Sammeln Sie alles, aber verschonen Sie mich damit!" Das hieß nicht, dass ich beratungsresistent gewesen wäre. Es ging um meine Gesundheit, um meine Karriere, ich musste mich einfach schützen. Zu Beginn meiner Laufbahn erlebte ich einen Kollegen, der sich im Selbstmitleid geradezu badete. Alle waren böse, und die Welt glich einer einzigen Verschwörung: die Presse, die Zuschauer, die Mitarbeiter. In diesem Glauben hat er sich von der Medienbühne verabschiedet, und ich habe mir geschworen, dass ich mich nach einem Misserfolg niemals so verhalten werde. Wer nach einer Niederlage nicht aufstehen, wer sich nicht wieder hochziehen und neuen Elan entwickeln kann, sollte sich lieber einen anderen Beruf suchen. Meine Familie hat mich immer sehr unterstützt. 1991, nach drei qualvollen Jahren, moderierte ich meine letzte „Nase vorn"-Sendung, aber schon ein Jahr vorher hatte ich gespürt, dass dieses Format seinem Ende zusteuerte, ohne, dass ich daran etwas hätte ändern können. Das Team und ich hatten alles in unserer Macht stehende versucht. „Nase vorn" würde einfach niemals so erfolgreich werden, wie ich es gehofft hatte, das musste ich endgültig akzeptieren.

Häufig fragen mich junge Menschen, die im Fernsehgeschäft Fuß fassen wollen oder bereits Fuß gefasst haben, um Rat. Ihr Vertrauen hat wohl oft damit zu tun, dass sie mich schon als Kinder auf dem Bildschirm gesehen haben – und immer noch sehen. Kontinuität ist im Fernsehgeschäft eine Seltenheit. Natürlich erzähle ich auch die viel zitierte „Wetten, dass..?"-Geschichte; ich habe ja das komplette Konzept der Show in einer schlaflosen und rotweingeschwängerten Nacht runtergeschrieben. Das Entscheidende an dieser Geschichte ist, dass sie die Bedeutung des Unterbewussten klar macht. Man muss seinem Unterbewusstsein Raum geben, Zeit, zu arbeiten, man muss darauf vertrauen, dass es sich im richtigen Augenblick zu Wort melden wird. So halte ich es. Das heißt nicht, dass man seinen kreativen Denkprozess abschalten kann, im Gegenteil, man sollte mit seinen Träumen flirten. Beides bedingt einander. Und Mut? Mut ist immer wichtig gewesen, aber in Zukunft wird Mut noch wichtiger sein, weil es schwieriger geworden ist, in einem trägen Apparat wie dem öffentlich-rechtlichen eine Idee durchzuboxen. Die „Wetten, dass..?"-Entstehungsgeschichte wäre heute undenkbar. In den verantwortlichen Positionen sitzen zu viele Bedenkenträger, Bürokraten, die dem Zweifel mehr Gewicht einräumen als dem Risiko. Wer es an die Spitze schaffen möchte, muss Eigenschaften haben, die man erst auf den zweiten Blick erkennt. Eine ist wie gesagt die Fähigkeit, verlieren zu können. Ich hatte in meinem Leben deutlich mehr Niederlagen als Siege. Einem verwirklichten Projekt, einer Show, die im Fernsehen läuft, stehen dreißig oder mehr Absagen gegenüber. Die Öffentlichkeit sieht nur die eine Show, was sie nicht sieht, sind die vielen abgelehnten Ideen, die in der Mülltonne gelandet sind.

Ich habe mich immer wieder aufgerappelt, trotz allem. Man braucht starke, richtig starke Nerven. Und trotzdem darf man nie vergessen, dass es am Ende doch nur Fernsehen ist. Obwohl ich ein Großteil meines Lebens damit verbracht habe und noch verbringe, habe ich das Fernsehen nie mit dem Leben selbst verwechselt, und dieses Wissen ist sehr beruhigend. Es ist das Beste, was mir passieren konnte.

Dem Bischof von Würzburg, Dr. Friedhelm Hofmann, ist die Liebe zu den Menschen Antriebsfeder seiner seelsorgerischen Arbeit.

Friedhelm Hofmann

Das Licht mit den Menschen teilen

Gerne erinnere ich mich an meine Ferien in Lank-Latum am Niederrhein. Dort wohnte eine verheiratete Schwester meiner Mutter auf dem Lande. Losgelöst von meiner Familie in Köln konnte ich hier mit den Nachbarskindern nach Herzenslust spielen. Unsere Fantasie kannte keine Grenzen. Von den Leuten gefragt, was ich einmal werden wolle, antwortete ich: Lehrer. Nicht, dass ich allzu gerne in die Schule gegangen wäre, aber die von mir so sehr geschätzten langen Ferien ließen mir zunächst diesen Beruf attraktiv erscheinen.

In meinem Inneren machte sich aber schon sehr früh ein anderer Wunsch bemerkbar. Über ihn sprach ich zu keinem. Das war der Priesterberuf. Sicherlich war ich durch unseren Heimatpfarrer in Köln geprägt. Ich fand ihn und die unterschiedlichen Kapläne in ihrem Engagement für Kirche und Gemeinde bewundernswert. Unser Nachkriegspfarrer rief zum Beispiel in meiner Heimatkirche in Anlehnung an das Silvesterwort 1946 von Kardinal Frings, das die Kölner liebevoll mit dem Begriff „Fringsen"[1] sogar im Wörterbuch der deutschen Umgangssprache verewigt haben, dazu auf, beim Erleichtern der Kohlezüge, die nach Belgien oder in Richtung Niederlande bei uns vorbeifuhren, die alten oder kranken Leute nicht zu vergessen, die sich selbst nicht Kohlen oder Briketts zum Überleben besorgen konnten. Sein fürsorgliches Handeln – wie auch das der anderen Priester – rang mir großen Respekt ab. Am Weihnachtsfest 1946 wies meine Mutter mich, den damals Vierjährigen, darauf hin, dass das Christkind mir noch unter dem mit einer Decke verhängten Weihnachtstisch ein Geschenk bereitgestellt habe. Ich schaute nach und muss wohl voller Begeisterung ausgerufen haben: Da hat mir das Christkind doch tatsächlich ein Schubkärrchen zum Klütteklauen gebracht.

Als ich lesen konnte, begeisterte ich mich für Missionshefte: kleine Broschüren, die ein wenig den späteren Illustrierten ähnelten und bei mir die Abenteuerlust weckten. Es gab sie für Kinder und für Erwachsene. Zumeist wurde aus den Missionen berichtet. Wie bewunderte ich die Missionare und Ordensleute, die alles aufgegeben hatten, um unter großen Opfern fern der Heimat den Glauben zu verkünden. Vor allem hatte es mir der heute selig gesprochene belgische Pater Damian de Veuster angetan. Er war freiwillig zu den Aussätzigen auf Molokai gegangen, war selbst erkrankt und hatte dort den Tod gefunden. Ich fragte mich, ob ich wohl auch dazu in der Lage wäre. Da ich mich schon vor Mäusen und Ratten fürchtete, fiel meine Antwort negativ aus.

Mit meinem späteren Heimatpfarrer, einem vornehmen, frommen Kirchenmann, sprach ich vertrauensvoll über meinen Herzenswunsch, Priester zu werden. Er nahm mich ernst und riet meinen Eltern, mich in ein katholisches Internat zu schicken, damit dieser Wunsch reifen könne. So kam ich in das erzbischöfliche Collegium Marianum in Neuß, von wo aus ich das renommierte altsprachliche Staatliche Querinus-Gymnasium besuchte und Abitur machte. Nun machte mir nicht nur der schulfreie Sonntag, am dem wir immer eine gut gestaltete Liturgie feierten, Freude, sondern auch zunehmend die Kunst. Dies erkannte mein Kunsterzieher und förderte mich, wo er konnte. So brachte er mich im Laufe der Jahre immer mehr mit Studenten der Düsseldorfer Kunstakademie zusammen, um mir die Entscheidung, dort ein Studium aufzunehmen zu erleichtern. Lange habe ich um den rechten Entschluss gerungen. Mein damals noch evangelischer Vater sagte mir, ich könne studieren, was ich möge. Wenn ich mich aber für den Priesterberuf entschiede, dann solle es für immer sein. Er möchte nicht erleben, dass ich nach der Priesterweihe käme und meinen eingeschlagenen Weg in Frage stellte. Diese klare Erwartung hat mir die Bedeutung der anstehenden Entscheidung eingebrannt.

Die Internatsjahre waren eine schöne Zeit, die ich im Nachhinein nicht missen möchte. Die Gemeinschaft der Internatsschüler war groß und ersetzte ein wenig die Familie. Doch die damals strengen Hausregeln, der straff organisierte Tagesablauf und das Aufwachsen außerhalb des elterlichen Hauses hat Disziplin und auch Verzicht gefordert.

Wie die Orgelpfeifen: Der kleine Friedhelm (vorn) wäre als kleiner Junge gern Lehrer geworden – der Ferien wegen!

Ich vergesse nicht das Gesicht meines Kunsterziehers am Gymnasium, als er in meinen Abiturunterlagen las, dass ich Theologie studieren wollte. Er erklärte mich für nicht ganz zurechnungsfähig und befürchtete wohl eine zu große Einflussnahme des kirchlichen Internats. Beides traf nicht zu. Mein Kindheitstraum war durch die Jahre gereift. In mir war der Wunsch gewachsen, für andere Menschen da zu sein, ihnen beizustehen und mein Leben mit ihnen zu teilen. Im Priesterberuf, der eine Berufung ist, sah und sehe ich die Chance, das Gute in der Welt zu vermehren, weniger aus eigenem Vermögen als viel mehr aus Gnade. Gott ist der Ersthandelnde. Ein Satz blieb mir in Erinnerung: „Es ist besser eine Kerze anzuzünden, als über die Dunkelheit der Welt zu schimpfen."

Als ich das Theologiestudium in Bonn aufgenommen hatte, ließ mein Interesse für die Kunst nicht nach. Da ich die für das Studium erforderlichen Sprachen – Latein, Griechisch und Hebräisch – schon im Abitur abgearbeitet hatte, blieb mir mehr Zeit für weitere Studien als meinen Kommilitonen. So hatte ich das Glück, neben kunsthistorischen Vorlesungen bei Professor Lützeler – die oft von den Theologiestudenten besucht wurden – auch im Atelier für Kunsterziehung, das in der Bonner Universität eingegliedert war, eine hilfswissenschaftliche Tätigkeit zu beginnen und meinem Hobby, zu zeichnen und zu malen, nachzugehen. Glücklicherweise rieten mir zwei Mitstudierende aus dem Bonner Collegium Albertinum, die selber musisch oder wissenschaftlich begabt waren, dazu. Ich habe es nie bereut. Im Gegenteil: Der vertiefte Einblick in das weite Feld der Kunst ermöglichte mir später – dank der Großzügigkeit meines Kölner Erzbischofs, Kardinal Höffner, – Kunstgeschichte zu studieren und später noch, ohne dass ich es angestrebt hätte, Künstlerseelsorger zu werden. Mein Kindheitstraum verwirklichte sich auf eine völlig andere Weise, als ich es vorausschauen oder gar planen konnte. Geblieben ist mir die Liebe zu den Menschen und die Bereitschaft, sie zu verstehen und mein Leben mit ihnen zu teilen – auch als Bischof von Würzburg.

[1] Kardinal Frings hatte in der Kirche St. Engelbert wörtlich gesagt: „Wir leben in Zeiten, da in der Not auch der Einzelne das wird nehmen dürfen, was er zur Erhaltung seines Lebens und seiner Gesundheit notwendig hat, wenn er es auf andere Weise, durch seine Arbeit oder durch Bitten, nicht erlangen kann." Daraufhin prägte der Volksmund das Wort „Fringsen".

Bischof Friedhelm Hofmann im Oktober 2007 bei Papst Benedikt XVI. in Rom. Dessen Vorgänger Johannes Paul II. hatte den gebürtigen Kölner Hofmann 2004 zum Bischof ernannt.

Schauspieler, Kabarettist, Regisseur, Autor und ein eigenes Theater – es gibt kaum einen „Kindheitstraum", den sich Bill Mockridge nicht erfüllt hat.

Bill Mockridge

Pinocchio – ein wahrer Junge

Träume sind wichtig! Ein Mensch ohne Träume ist wie ein Segelboot ohne Wind. Man dümpelt ein Leben lang antriebslos in seichten Gewässern herum und kommt nie dazu, die großen Weiten des Ozeans zu entdecken. Durch den Traum bzw. erst durch die Fähigkeit, einen Traum zu träumen, wachsen wir oft über uns selbst hinaus und aus unseren Sehnsüchten und Fantasien werden dann gelebte Realitäten.

Um es gleich vorwegzunehmen: Ich hatte viele Träume. Mit fünf wollte ich Sheriff sein und ein Sheriff-Haus im Garten haben wie mein Freund Johny May. Wann immer ich ihn nach dem Kindergarten besuchte, lehnte er lässig im Türrahmen seines Sheriff-Hauses, Colt an der Seite, Daumen im Gürtel und sagte, ohne vom Kaugummikauen abzulassen: „Howdy partner." Wie cool war das?! Wir gingen hinein, setzten uns an den Sheriff-Tisch, aßen die Erdnussbutterbrote mit Marmelade, die seine Mutter uns hingestellt hatte und redeten über Indianer-Angriffe und Verbrecherjagd. Das Haus versetzte uns in eine andere Welt und wir liebten es, unsere Fantasien darin auszuleben. Ich besaß zwar auch einen Colt und einen Sheriffstern, aber kein Haus. Mehr als alles andere wollte ich ein Haus haben wie Johny! Schon löste sich mein Boot vom Ufer. Eines Tages werde ich ein Sheriff-Haus haben – und zwar mit einer Laterne davor!

Mit sechs kam ein neuer Traum dazu. Ich liebte Erdbeereis und träumte von einem gewaltigen Eisbecher, gefüllt mit zehn Kugeln Erdbeereis, die wie eine Pyramide aufeinandergestapelt waren. Oben leuchtete rubinrot auf einem weißen Sahnekissen eine einzelne, pralle Kirsche samt Stiel. Ich hockte davor und vertilgte alles und ganz alleine in einer Sitzung!

Meinen größten und wichtigsten Traum aber entdeckte ich erst ein Jahr später. Es passierte bei einer Theateraufführung. Ich ging als Junge in Toronto auf das Upper Canada College, und in der zweiten Klasse wurde eines Tages das Theaterstück „Pinocchio" in der Schulaula aufgeführt. Weil dafür der Unterricht ausfiel, war der Besuch der Vorstellung Pflicht und wir mussten alle hingehen, ob wir wollten oder nicht. Und ich wollte nicht, denn Theater sagte mir erst einmal gar nichts. Ich saß zusammen mit „Sheriff" Johny May und anderen Freunden in der ersten Reihe. Wir rutschten ungeduldig auf unseren Plätzen hin und her und warteten lautstark darauf, dass es endlich losging. Unser Lehrer hatte uns auf die Story vorbereitet. Es war eine Geschichte über das Erwachsenwerden, und die Hauptrolle spielte eine Holzpuppe, die sich langsam in einen richtigen Jungen verwandelte. Das Licht in der Aula wurde gedimmt, die Gespräche verstummten und der Vorhang hob sich langsam.

Am Anfang sah man den alten Holzschnitzer Gepetto in seiner Werkstatt stehen. Mehr als alles andere, so sagte er, wolle er einen Sohn haben. Aber da er nicht verheiratet sei, habe er eine kleine Holzpuppe geschnitzt, die er nun lieben und aufziehen werde wie seinen eigenen Sohn, so erzählte der alte Mann. Dann rief er laut: „Pinocchio! Pinocchio!", und plötzlich sprang eine rot-gelb gekleidete Holzpuppe, etwa in der Größe eines siebenjährigen Jungen, auf die Bühne. Sie bewegte sich etwas steif, ist ja klar, es war ja eine Holzpuppe, aber dabei tanzte der Junge herum, sprang über Tische und Bänke und erzählte begeistert von den Abenteuern, die er erleben wollte. Gepetto lachte aus voller Kehle, umarmte seinen „Sohn" und sagte: „Aber erst einmal musst du jetzt in die Schule gehen und etwas Anständiges lernen." Pinocchio versprach seinem Vater, in die Schule zu gehen, aber er hielt sich natürlich nicht an sein Versprechen, denn er wollte ja nur Spaß haben und den findet man nicht in der Schule, sondern auf der Straße. Er log seinen Vater an, betrog ihn und riss schließlich von zu Hause aus. Er landete bei einem Puppentheater, wo er die Rolle einer Holzpuppe spielte. Er wurde jedoch vom Theaterdirektor nur ausgenutzt und rannte schließlich wieder davon. Dann schloss er sich einer Gruppe halbseidener Typen an und lebte mit ihnen eine Zeit lang im Schlaraffenland, wo er durch Rauchen, Trinken und Kartenspielen langsam verdummte und sich buchstäblich in einen Esel verwandelte. Im letzten Augenblick entkam er, sprang von einer Klippe ins Meer und landete im Bauch eines Wals, wo er seinen Vater, den dieser Wal ebenfalls verschluckt hatte, wiederfand. Zusammen entkamen sie, und mit letzten Kräften rettete der Junge seinen Vater vor dem Ertrinken. Selber dem Tode nahe, ließ eine gute Fee Pinocchio als Lohn für seine selbstlose Tat zu einem richtigen Jungen werden. In der Schluss-Szene sprang Pinocchio vom Bett hoch und umarmte seinen Vater. Beide schauten sich an und begannen zu lachen und während des Lachens fiel der Vorhang.

Das Licht in der Aula ging langsam wieder an und ich saß da – und war sprachlos! Alles, was auf der Bühne geschehen war, wirkte so echt. Die Geschichte und der Hauptdarsteller hatten mich derart gepackt und begeistert, dass ich innerlich völlig aufgewühlt war. Während meine Schulkameraden die Aula unter Schieben und Drängen verließen, um schnell auf den Fußballplatz zu kommen, blieb ich noch auf meinem Platz in der ersten Reihe sitzen. In mir reifte ein Ent-

Schon sehr jung verließ der gebürtige Kanadier sein Elternhaus und suchte wie Pinocchio in der weiten Welt seine wahre Berufung.

schluss, der mich ein Leben lang begleiten sollte: Ich will das auch machen! Später beim Abendessen klärte ich meinen Vater auf. „Dad, wir können mit der Schule sofort aufhören! Ich habe meinen Traumberuf gefunden, ich werde Schauspieler!" Mein Vater war nicht ganz so einsichtig, wie ich es erwartete. „Du wirst die Schule weiterhin besuchen, und später an der Universität etwas Vernünftiges studieren. Und wenn du danach immer noch Schauspieler werden willst, dann meinetwegen, dann ist dir nicht mehr zu helfen." Also ging ich tagsüber in die Schule und träumte nachts vom Theater.

In meinen Träumen sah es genauso aus wie das Theater in unserer Schule. Klar, ich war ja erst sieben Jahre alt und kannte nichts anderes. Es war immer der gleiche Traum: Der Zuschauerraum ist bis auf den letzten Platz ausverkauft und alle warten gespannt auf die Aufführung. Ich sitze in der ersten Reihe und schaue auf den noch geschlossenen Vorhang. Plötzlich stürzt sich der Regisseur auf mich und flüstert mir ins Ohr, dass der Junge, der die Rolle des Pinocchio normalerweise spielt, Masern bekommen hat. Und er möchte wissen, ob ich von jetzt auf gleich die Rolle übernehmen kann. Natürlich kann ich das! Ist doch keine Frage. Ich stehe auf und folge ihm hinter die Bühne.

Im Gehen reiße ich mir die Kleider vom Leib, sprinte die Treppe hoch und springe hinter der Bühne in das rot-gelbe Holzpuppen-Kostüm von Pinocchio. Der Vorhang geht langsam auf. Mein Vater Gepetto steht in der Stube, schaut sich um und ruft mich: „Pinocchio, Pinocchio, wo bist du?" Ich atme einmal durch und betrete die Bühne mit den Worten: „Hier Vater, hier!" Zwei Stunden lang spiele ich die Rolle des Pinocchio wie im Rausch und ohne auch nur einen Fehler zu machen. Am Ende schließt mein Vater mich in die Arme, wir lachen uns an und der Vorhang fällt. Ein Moment der Stille und dann bricht ein donnernder Applaus los. Der Zuschauerraum tobt! Unglaublich, dieser kleine Junge hat die Aufführung gerettet!

Über die nächsten Jahre wurde mein Traum-Theater immer größer. Mit zwölf existierte es schon als Zeichnung auf einem Reißbrett, und ich war inzwischen nicht nur der Hauptdarsteller, sondern Intendant, Oberspielleiter und Chefdramaturg in einer Person. Mein Plan war einfach, aber genial. Das große, dreistöckige Theaterhaus mitten in der Stadt bot Arbeit und Lebensraum für 50 Schauspieler, 100 Techniker, Bühnen- und Kostümbildner, 25 Sachbearbeiter und 30 Personen aus dem „front of house"-Management. Neben Probebühnen und Übungsräumen gab es in meinem Theater für alle Mitarbeiter 200 vollausgestattete Luxuswohnungen, einen Supermarkt, eine Bibliothek, einen Wellness-Bereich, eine Bank und ein Postamt. Alles das hatte nur eines zum Ziel: Meine Schauspieler und ich konnten ununterbrochen 24 Stunden lang Theater spielen und mussten nie nach Hause!

Tagsüber sah die Realität allerdings ganz anders aus. Abgesehen von Englisch und Geschichte war ich in der Schule quasi eine Null. Wer so große Visionen hat wie ich, dem bleibt im Kopf kein Platz mehr für so lächerliche Dinge wie Binomische Formeln und Newtonsche Gesetze. Der Haussegen hing darum gewaltig schief. Meine Geschwister waren allesamt exzellente Schüler und wollten „anständige" Berufe ergreifen. Meine Brüder wurden in der Tat erfolgreiche Geschäftsmänner: der Älteste als Investment-Banker und der Zweitälteste als Rechtsanwalt.
Meine Schwester leitete mit viel Geschick einen großen Laden in der Nähe von Toronto. Ich dagegen war das schwarze Schaf der Familie. Ich kann nicht sagen, dass meine Eltern grundsätzlich gegen meinen Berufswunsch waren, aber sie bestanden darauf, dass ich die Schule beendete. Meine Pläne aber sahen ganz anders aus. Mit Fünfzehn bin ich von Zuhause ausgerissen und

schloss mich einer Theatertruppe an. Ich bekam 20 Dollar die Woche und war glücklich! Das Leben am Theater war für mich wie eines im Schlaraffenland. Ich spielte kleine Rollen, hatte Erfolg bei den Frauen und fing mit dem Rauchen und Trinken an. Nach einem halben Jahr begriff ich allerdings, dass ich mit meinem jungen Leben an diesem Theater vollkommen überfordert war und haute dort ab. Ich landete jedoch nicht im Bauch eines Wals, sondern beim Vorsprechen für die National Theatre School of Canada. Als man mir aber nach dem Vorsprechen sagte, ich sei mit 15 Jahren viel zu jung, um an einer Theaterschule zu studieren, drohte ich mit Selbstmord. (Ich hatte gerade den Selbstmord-Monolog von Romeo deklamiert und war gut in Fahrt). Das hatte gesessen. Zwei Wochen später bekam ich die Zulassung für die Staatliche Theaterschule. Was für ein großartiger Augenblick! Ich war jetzt endlich auf dem Weg, meinen Traum zu verwirklichen. Ich studierte drei Jahre lang in Montreal an der National Theatre School of Canada Schauspielerei und Theatergeschichte und war der glücklichste Mensch unter der Sonne. Direkt nach meinem Abschluss reiste ich nach Winnipeg und trat mein erstes Engagement an. Meine erste Rolle: Pinocchio in dem Musical „Ein wahrer Junge".

Mein Traum vom Leben als Schauspieler hat mich ein Leben lang begleitet und er war immer präsent. Bis heute treibt er mich ständig an und lässt mich immer wieder zu neuen Ufern aufbrechen. Zwischendurch allerdings, wenn ich ein bisschen Zeit habe und mich ausruhen kann, dann sitze ich im Garten unter der Laterne und schaue den Kindern zu, wie sie im Sheriff-Haus spielen und denke, die zehn Kugeln Erdbeereis werde ich eines Tages auch noch schaffen.

Bill Mockridge und seine Frau Margie Kinsky mit ihrer Familie. Inzwischen verwirklichen die eigenen Kinder ihre Träume …

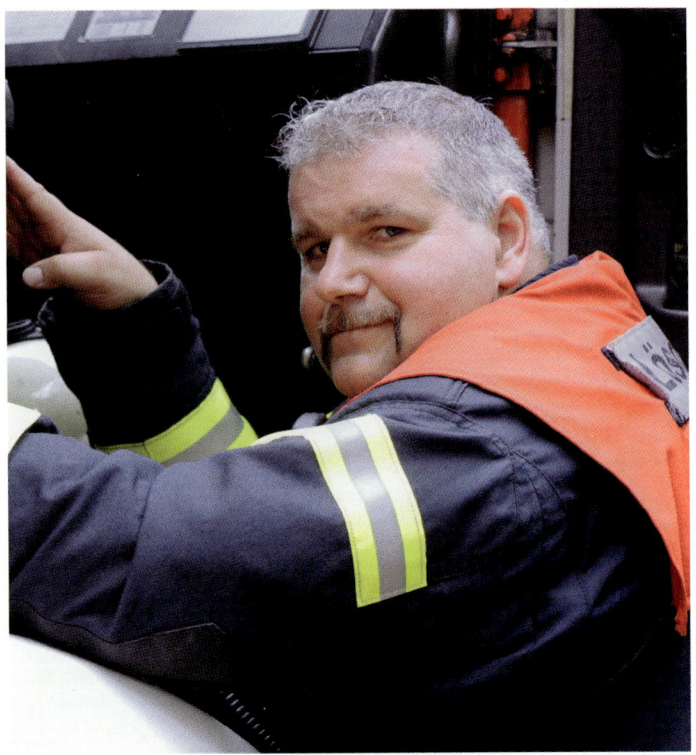

Bei der Berufsfeuerwehr im Einsatz – hier hat Gilbert Hoffmann seine Berufung gefunden.

Gilbert Hoffmann
Wasser marsch!

Es war ein warmer Sommerabend, als ich meinen Rundgang auf der Feuerwache machte. Zu meinen Aufgaben gehörte es, dass ich abends die Werkstätten kontrollierte, schaute ob die Beleuchtung ausgeschaltet und die Türen verschlossen waren. Es war ein ruhiger Tag, die Feuerwehr hatte nicht ausrücken müssen. So nahm ich mir Zeit, meine letzte Dienstpflicht an diesem Tag zu erfüllen. Als ich nun auf dem Außengelände bei der Jugendfeuerwehr vorbeikam, sah ich noch Licht im Blockhaus. An den Tischen saßen Jugendfeuerwehrleute und lernten. Als ich sie so sah, kam mir meine eigene Zeit bei der Jugendfeuerwehr in den Sinn …

Soweit ich mich erinnern kann, begann meine Faszination für die Feuerwehr schon in der Grundschule. Zu Beginn meiner Schulzeit führte mein Schulweg am Spritzenhaus der Gemeindefeuerwehr vorbei. Es war gut als Feuerwehrgerätehaus zu erkennen. Es hatte einen hohen Turm, ein kleines und ein großes, knallrotes Tor. Hin und wieder konnte man die Feuerwehr hören, wie sie ausrückte. Nach einem Jahr wurde die Grundschule geschlossen, und ich kam auf eine andere Schule. Vorteil war: Diese Grundschule lag direkt gegenüber meines Elternhauses! Jetzt musste ich nur noch über die Straße fallen. Auf dem Schulgebäude befand sich eine Sirene. Wenn diese nachts losheulte, fiel man aus dem Bett! Nicht nur ich wurde von dem Geheul wach, sondern auch meine Eltern und Geschwister. Mein Vater führte dann eine Stabsübung durch: „Muttaaa! Wo sind meine Schuhe? Socken, Trainingsanzug aber schnell! Garage öffnen! Es brennt! Schneller! Schneller!" Mein Vater ist nämlich Mitglied in der ortsansässigen Feuerwehr. Es hat mich immer fasziniert, wie wir bei einem Alarm durch das Haus huschten.

An einem Sonntag fuhr mein Vater zum Übungsdienst ins Gerätehaus und verabschiedete sich mit den Worten: „Wir kommen gleich und machen auf dem Schulgelände eine große Löschübung." Ich war gespannt wie ein Flitzebogen. Endlich die Feuerwehr im Einsatz! Kaum war die Sirene verstummt, hörte man die Feuerwehr mit ihren riesigen Fahrzeugen anrücken. Man hörte den mächtigen Magirus-Deutz-Dieselmotor schnaufen. Die Martinshörner waren so laut, dass wir uns die Ohren zuhielten. Die Blaulichter flackerten und alle Verkehrsteilnehmer huschten beiseite und machten Platz. Es lief mir heiß und kalt über den Rücken. Die Männer sprangen in ihren schwarzen Lederjacken und Stiefeln aus dem Fahrzeug. Sie stellten sich hinter dem Feuerwehrwagen auf, rüsteten sich noch mit Helm und Hakengurt aus, und bekamen den Einsatzbefehl: „Zum Löschgriff vor!" Dann brach die Hölle los! Am Fahrzeug wurden alle Klappen aufgemacht, Schläuche herausgeholt und ausgerollt. Man hörte es überall klappern und krachen. Jemand schrie laut über den Hof: „Erstes C-Rohr Wasser marsch!" Der Maschinist am Fahrzeug öffnete die Ventile. Eine Wasserwand bedeckte das ganze Schulgebäude. Es sah aus, als würde die Schule hinter einem Wasserfall versinken und der dichte Wassernebel produzierte an diesem sonnigen Morgen einen Regenbogen. Als die Übung sich dem Ende neigte, wurde ich mutiger und betrachtete mir das Fahrzeug aus der Nähe. Nun sah ich erst, dass mein Vater der Maschinist des Feuerwehrwagens war. Das war wie ein Heimspiel. Ich durfte mich in den Feuerwehrwagen setzen. Die ganzen Schalter und Knöpfe im Armaturenbrett … Und ich durfte den Knopf für das Martinshorn bedienen: Der ganze Schulhof wurde beschallt, und alle erschraken durch den Krach. Ein einschneidendes Erlebnis!

Im Alter von zwölf Jahren wurde mein Interesse neu entfacht! Mein Vater war in der Feuerwehr Fahrzeugmaschinist. Zu seinen Aufgaben gehörte, sich um die Einsatzbereitschaft des Fahrzeugs zu kümmern. Er musste schauen, ob die Gerätschaften einsatzbereit waren, und ob das Fahrzeug auch von außen sauber war. Eines Tages machte er eine Bewegungsfahrt mit dem Löschfahrzeug. Er nahm mich mit. Er schloss das große Tor der Fahrzeughalle auf. Da stand es wieder groß und mächtig, als ob es aus massivem Stahl wäre. Unverwüstlich! Wir gingen in die Halle. Es roch merkwürdig, aber nicht unangenehm, aber auch irgendwie anders. Es war nicht muffig, dennoch roch es feucht. Es roch nach Leder. Diesen Geruch kann man nicht beschreiben, aber er brennt sich ins Gedächtnis und ist überall wiederzuerkennen. Im hinteren Teil der Fahrzeughalle standen die Stahlspinde mit der Ausrüstung der Feuerwehrleute. In der zweiten, kleineren Halle war ein großes viereckiges Loch. Ich konnte mir nicht erklären wofür das gut war. Als ich nach oben schaute sah ich, dass dort Schläuche zum Trocknen hingen. Da wusste ich: Das ist der Schlauchturm! Mein Vater rief mich: „Komm, steig ein, wir wollen los!" Ich kletterte in das Fahrzeug und er startete den Motor. Das ganze

Der Eintritt bei der Jugendfeuerwehr war ein erster Schritt in Richtung des beruflichen Werdegangs.

Fahrzeug schüttelte sich. Es hörte sich an, als ob vorn jemand die ganze Zeit mit einem Hammer auf eine Metalltonne haute. Wir setzten uns in Bewegung und fuhren durch die Stadt, plötzlich hielt mein Vater vor einer Schule an. Dort wurde er schon erwartet. Das Tor des Schulhofs wurde geöffnet und wir fuhren mit dem Fahrzeug auf den Schulhof bis zu einem Teich. Als wir ausstiegen, sahen wir, dass in dem Teich ein großer Abfallcontainer lag. Diesen Container hatte wohl in der Nacht jemand dort hinein geschoben. Mein Vater öffnete die Geräteräume und holte ein langes Stahlseil heraus. Dieses befestigte er am Container. Nun startete er den schweren Dieselmotor.

Vor der Motorhaube befand sich eine Seilwinde. Mit dieser zog er mühelos den Container aus dem Wasser. Als die Arbeit beendet war und wir auf der Rückfahrt zum Gerätehaus noch einige Zeit hatten, löcherte ich ihn mit Fragen über die Feuerwehr. In der darauffolgenden Nacht gingen mir die Erlebnisse des Tages durch den Kopf und ich konnte nicht einschlafen.

Zu meinem 14. Geburtstag durfte ich endlich die Uniform der Jugendfeuerwehr tragen. Ich war stolz wie Oskar. Endlich! Ich gehörte dazu. Nun durfte ich auch an den Übungsdiensten teilnehmen. Doch Jungfeuerwehrleuten ist es nicht gestattet direkt am Brandeinsatz teilzunehmen. Schade! Das war der Grund, warum ich zur Jugendfeuerwehr gegangen war. Ich wollte ja Brände löschen. Mit 17 Jahren durfte ich meinen ersten Lehrgang bei der „großen Feuerwehr" besuchen. Ich war sehr nervös. Es war der Atemschutzgeräteträger-Lehrgang, der zur Grundausstattung eines jeden Feuerwehrmanns gehört. Ich lernte viel über die menschliche Atmung, das Tragen und Bedienen eines Atemschutzgerätes. Der zweite Lehrgang ließ nicht lange auf sich warten. Die Grundausbildung zum Feuerwehrmann! Dieser Lehrgang ging über mehrere Wochenenden und verlangte unser ganzes Wissen aus der Jugendfeuerwehrzeit. Wir mussten teamweise Aufgaben erfüllen, zum Beispiel eine 14 m hohe Leiter hinaufsteigen. Wenn man so etwas zum ersten Mal tut, schlottern einem die Knie, doch mit der Zeit bekommt man selbst auf der schwankenden Leiter eine gewisse Sicherheit. Ein weiterer Teil der Ausbildung war der Löschangriff. Da war ich wieder in meinem Element. Das war ja genau der Grund, warum Feuerwehr so viel Spaß macht. Die Türen am Fahrzeug wurden aufgerissen, Schläuche geschmissen, es wurde herumgeschrien, und schließlich stand eine gewaltige Wasserwand vor uns! Am Ende des Lehrgangs legte

Schon bei der Freiwilligen Feuerwehr standen das Gemeinschaftsgefühl, der Teamgedanke und das gegenseitige Vertrauen für Gilbert Hoffmann an erster Stelle. Gemeinsame Freizeitaktivitäten stärken das Zusammengehörigkeitsgefühl.

ich die Prüfung, ab die mich endlich dazu befähigte, mit zum Feuerwehreinsatz zu fahren. Geschafft! Nun durfte ich auch bei Brandeinsätzen mit in der ersten Reihe stehen. Wenn jetzt die Sirene ging, war ich mit meinem Vater unterwegs! Die Jungs aus der Jugendfeuerwehr waren erwachsen geworden. Mit der Anschaffung eines neuen Fahrzeugs und dem Bau eines neuen Gerätehauses änderte sich dann bald einiges im Dienstbetrieb der Feuerwehr. Es wurde alles professioneller und man bekam noch mehr Verantwortung übertragen.

Nach einigen Jahren machte ich meinen LKW-Führerschein und wurde in die Technik der Feuerwehrfahrzeuge eingewiesen. Ein ganz neues Aufgabenfeld wurde mir zuteil. Aber, es war eine Aufgabe, die mir nicht ganz unbekannt war, zumal mein Vater und andere ältere Feuerwehrkollegen mir zur Seite standen. Somit hatte ich die besten Voraussetzungen, um diese verantwortungsvolle Aufgabe zu meistern. Nachdem ich das Fahrzeug ausgiebig kennengelernt hatte, durfte ich es auch bei Einsätzen fahren. Klar ist es aufregend mit Blaulicht und Martinshorn über rote Ampeln zu fahren, gegen die Einbahnstraße und durch Fußgängerzonen zu donnern. Aber auch nicht ungefährlich. An meine erste Alarmfahrt mit dem Feuerwehrwagen kann ich mich noch gut erinnern. Es ist wie mit der ersten großen Liebe. Es war Mitternacht, als wir zum Einsatz gerufen wurden. Ein Notruf: Es brenne ein Pkw auf der Autobahn. Wir fuhren los und ich schaltete die Sondersignale ein. Als wir an der Einsatzstelle ankamen, brannte das Auto lichterloh. Ich musste die Feuerwehrpumpe bedienen. Die Handgriffe saßen und wir waren alle perfekt eingespielt. Alles, was wir in der Ausbildung gelernt hatten, kam uns zu Gute – niemand kam zu Schaden, der Löscheinsatz war erfolgreich.

Das Fahren des Löschfahrzeugs war für mich nicht schwer. Beruflich war ich als Kraftfahrer im Baustellenbereich unterwegs. Da muss man mit dem Lkw auch schon einmal durch schweres Gelände. Nun kam es so, dass bei der Feuerwehr hauptamtliche Kräfte, also Berufsfeuerwehrmänner, gesucht wurden. Ich schickte meine Bewerbung ein. Einige Zeit später erhielt ich eine Einladung zum Einstellungstest. Ich bereitete mich sportlich und schulisch darauf vor. Nun saßen alle Bewerber in einem großen Raum auf der Feuerwache und füllten die Prüfungsbögen aus. Ich wusste, davon hängt sehr viel ab: Wenn ich nicht gut genug bin, werde ich zum Sporttest erst gar nicht vorgeladen. Ich schaffte es! Nach dem Sporttest fuhr ich nach Hause und erwartete die Ergebnisse. Es dauerte und dauerte und dauerte – so lange, dass ich mir schon gar keine Hoffnung mehr machte. Ich hatte alle Telefonnummern hinterlegt, aber bis dato keine Nachricht erhalten. Als ich gerade mit meinem Betonmischer auf dem Weg zu einer Baustelle war, klingelte das Telefon. Der Wortlaut: „Sie sind zum 1. September eingestellt." Ich konnte es kaum glauben und musste erst einmal einen Moment inne halten. Was ich in diesem Telefonat mitgeteilt bekam, veränderte komplett mein Leben. Ich ging zur Berufsfeuerwehr! Ich war am Anfang meines Wunschtraumes angekommen!

Als ich die professionelle Ausbildung antrat, wusste ich nicht, was auf mich zukam. Die Feuerwehr kannte ich, aber das, was ich in jenem Jahr lernte, war nicht zu vergleichen mit dem, was ich mir in den Jahren zuvor angeeignet hatte. Alle Lehrgänge wurden neu gemacht: intensiver und ausführlicher. Und schließlich trat ich meinen Dienst bei der Berufsfeuerwehr an. Neben dieser Arbeit engagiere ich mich weiterhin ehrenamtlich bei der Freiwilligen Feuerwehr, denn es ist wichtig, dass sich Leute in ihrer Freizeit der Feuerwehr und ihrem Brauchtum widmen. Alle profitieren davon. In der heutigen Zeit ist es jedoch schwer, diese

Auf Lehrgängen gibt Gilbert Hoffmann sein Wissen an die junge Generation weiter.

Werte an Nachwuchskräfte zu vermitteln. Ab einem gewissen Alter und durch das erlernte Wissen hat man den jüngeren Feuerwehrleuten gegenüber eine Fürsorgepflicht. Bei Schulungen und Lehrgängen versuche ich, den Feuerwehrmännern und -frauen Verantwortung und Leidenschaft zu vermitteln. Ich habe in den Jahren gelernt, dass Feuerwehr nicht nur daraus besteht, mit großen roten Autos herumzufahren und Feuer zu löschen. Man lernt sehr viel, auch aus dem gesamten Spektrum der Naturwissenschaft. Immer neue und unbekannte Aufgabengebiete kommen hinzu. Dass einem seine Aufgaben Spaß machen, ist besonders wichtig, da man unter höchstem psychischen und physischen Druck arbeitet. Bei Brandeinsätzen kann es vorkommen, dass man es mit Brandopfern zu tun hat. Bei Verkehrsunfällen sind es oftmals Schwerverletzte, denen man helfen muss. Man muss ein Gespür dafür entwickeln, wie man seine Kräfte einsetzen kann. In solchen Situationen ist es erforderlich, dass man dem Druck standhält und sich auf seine Aufgaben konzentriert. Das sind die Herausforderungen als Berufsfeuerwehrmann. Es ist der Werdegang, die Berufung und die Einstellung anderen gegenüber, die einen Feuerwehrmann ausmachen.

Als freiwilliger Feuerwehrmann bekommt man es selten gedankt. Aber jeder weiß, wer zu Hilfe kommt, wenn er die 112 wählt, und jeder erwartet, dass schnelle Hilfe kommt. Wenn ich die Wahl hätte, es anders zu machen, glaube ich nicht, dass ich das Angebot annehmen würde. Nein! Ich weiß, dass ich es nicht anders machen würde! Denn damals wie heute schreit mein Herz: Wasser Marsch!

In der „Lindenstraße" hat Erkan Gündüz seit Jahren seine schauspielerische Heimat gefunden – hier mit seiner Serienpartnerin Sontje Peplow.

Erkan Gündüz

Als Batman Flügel bekam

Ein kleiner Schauspieler war ich wohl schon immer … – zumindest behauptet das meine Mutter. Geboren wurde ich 1972 in einem kleinen Dorf in der Nähe von İskenderun in der Türkei, nahe der syrischen Grenze. Dort lebte ich mit meinem zwei Jahre älteren Bruder Mehmet und meiner Mutter in einem kleinen, heruntergekommenen Haus direkt am Meer. Wir hatten nicht viel Geld. Mein Vater war schon kurz nach Mehmets Geburt zum Arbeiten nach Deutschland gezogen und war für mich ein fremder Mann, der einmal im Jahr bei uns Urlaub machte. Meine Kindheit verbrachte ich hauptsächlich damit, mir neue Spiele und Geschichten einfallen zu lassen. Wir hatten zwar einen Fernseher, aber zu der Zeit gab es fast nichts für Kinder im Programm. Mein Idol war Charlie Chaplin. Ab und zu wurde einer seiner Filme gezeigt und ich war fasziniert von seiner Schauspielkunst.

Es gab keinen Kindergarten oder Spielplatz, und so spielten wir am Meer und in den umliegenden Gärten. Wir hatten kaum Spielsachen, Fantasie war gefragt und davon hatte ich reichlich. Ich erfand spannende Geschichten von Räubern, Superhelden und Königen, die ich dann mit meinen Freunden nachspielte. Schon damals fühlte ich den Drang, in die Rolle von jemand anderem zu schlüpfen. Das Spielen war für mich eine Art Flucht aus der Realität. Immer wenn ich Probleme oder Angst hatte, stahl ich mich heimlich zu meinem Lieblingsort am Meer. Ich stellte mir vor, das Wasser wäre mein Publikum, das mir gebannt lauschte, und ich spielte Sketche von Charlie Chaplin nach.

Eines Abends, kurz nach meinem sechsten Geburtstag, kam meine Mutter nach Hause und verkündete uns aufgeregt: „Kinder, wir fahren nächste Woche nach Deutschland, um dort bei eurem Vater zu leben!" Ich hatte erst einmal große Angst, weil ich überhaupt nicht wusste, was Deutschland war, und ich mein Zuhause nicht verlassen wollte. Innerhalb weniger Tage packten wir unser Hab und Gut zusammen, und es hieß Abschied nehmen von Verwandten und Freunden. Am Abend vor unserer Abreise plante ich wegzulaufen. Als es dunkel war und alle schliefen, schlich ich mich raus zu meiner geheimen Stelle am Meer und verabschiedete mich von meinem imaginären Publikum, mit dem ich bis dahin so viel Zeit verbracht hatte und sammelte neuen Mut für die ungewisse Zukunft.

Ich war sehr aufgeregt, als ich damals das erste Mal in meinem Leben unser Dorf verließ und mit dem Bus nach İstanbul zum Flughafen fuhr. Die Flugzeuge wirkten sehr beängstigend auf mich. Es war das Jahr 1978 und fast alle Menschen in unserer Maschine flogen das erste Mal in ihrem Leben. Während des Fluges kamen wir in starke Turbulenzen, an die ich mich noch bestens entsinne und denen mein Bruder und ich unsere heutige Flugangst zu verdanken haben, da auch alle Erwachsenen in der Maschine panisch wurden und uns niemand beruhigte.

Deutschland war kalt und grau und es schneite. Ich hatte vorher noch nie in meinem Leben Schnee gesehen. Mein Vater holte uns am Flughafen ab und fuhr mit uns in unsere neue Wohnung. Wir lebten in einer grauen Plattenbausiedlung in Ratingen nahe Düsseldorf. In einer kleinen Drei-Zimmer-Wohnung mit einem noch kleineren Balkon, von dem man auf den nächsten Plattenbau schauen konnte. Weil ich eigentlich schon zu alt für den Kindergarten war, sollte ich nach einem halben Jahr zu Hause direkt in die Schule kommen. An meinem ersten Schultag brachte meine Mutter mich in das riesige Gebäude. Im Klassenzimmer wurde ich von den anderen Kindern neugierig begafft und verstand kein Wort von dem, was der Lehrer, als er mich vorstellte, über mich sagte. Mit Handzeichen machte er mir begreiflich, dass ich der Klasse erzählen sollte, woher ich kam. Ich stellte mich ängstlich auf das Lehrerpult und imitierte das Motorengeräusch des Flugzeugs und schlug mit den Armen wie ein Vogel mit den Flügeln. Alle lachten. Da merkte ich, dass ich Menschen unterhalten konnte, und dass mir das Spaß machte. Das erste Eis war gebrochen.

Es dauerte, bis ich die deutsche Sprache verstand und es war schwierig, Freunde zu finden. Um meine Sprachprobleme zu überwinden, verständigte ich mich mit Handzeichen und Grimassen. Die Mitschüler lachten und fanden mich lustig. So wurde ich langsam zum Klassenclown. Meine Eltern arbeiteten beide den ganzen Tag. Sie hatten große Probleme, mit der neuen Situation in Deutschland zurechtzukommen. Sie hatten sich in den letzten sechs Jahren eigentlich fast nur noch während des jährlichen Urlaubs meines Vaters gesehen, den er bei uns in der Türkei verbrachte. Die Entfremdung beider machte mein neues Zuhause nicht gerade zu einem behaglichen Ort. Wenn ich von der Schule nach Hause kam, erwartete mich eine leere Wohnung. Zum Glück hatte ich meine Fantasie. Mein neues Vorbild war Bruce Lee. Nachmittags traf ich mich mit meinen Kumpels auf dem Spielplatz der Plattenbausiedlung und wir spielten sämtliche Actionfilme meines Idols nach.

Meine schulischen Leistungen hielten sich in Grenzen. Die 2. Klasse musste ich direkt wiederholen und auch nach der 4. Klasse eine Ehrenrunde einlegen. Schule war für mich ein Alptraum. Ich

Für den kleinen Erkan war es kein leichter Start in der neuen Heimat – seine Träume hatte er allerdings immer im Blick!

hatte Probleme, stundenlang still zu sitzen und meine Gedanken drifteten wieder und wieder fort. Ich begann immer öfter die Schule zu schwänzen. Auf der Hauptschule wurde es noch schlimmer. Die Klassen waren zu groß und die Lehrer überfordert. Mit Lesen und Schreiben hatte ich weiterhin meine Schwierigkeiten. Von meinen Eltern bekam ich auch keine Unterstützung. Eines Nachmittags verschlug es mich in das Jugendzentrum meiner Siedlung. Ich hatte dort schon öfter die älteren Jungs aus meiner Schule rumhängen sehen. Es wurde Breakdance geübt, zu jener Zeit total angesagt. Die Musik und die Bewegungen begeisterten mich, und wenn ich tanzte, vergaß ich meinen tristen Alltag und konnte auf diese Weise meinen Frust abbauen. Ich übte fast jeden Tag und wurde immer besser. Den anderen entging nicht, dass ich recht begabt war. Meine Tipps und Verbesserungsvorschläge wurden hoch angesehen und sogar ältere Jungs ließen sich von mir die neuesten Bewegungen und Schritte beibringen. So erhielt ich endlich die Anerkennung, die mir in der Schule und zuhause stets fehlte.

Die blauen Briefe ließen nicht auf sich warten. Ich fischte sie heimlich aus dem Briefkasten. Darin war ich mittlerweile Profi. Aber leider landete irgendwann doch ein Brief bei meinem Vater. Es war ein Samstagmorgen und ich lag noch im Bett, als er plötzlich ins Zimmer stürzte, mit einem Brief in der Hand. Er ließ ihn von meinem Bruder übersetzen, weil meine Eltern noch immer kein Deutsch konnten. Als mein Bruder fertig war, bekam ich die Fäuste meines Vaters zu spüren. Ich wurde so verprügelt, dass ich tagelang kein Breakdance tanzen konnte, aber auch nie mehr die Schule schwänzte.

In der 8. Klasse bekam ich einen neuen Lehrer: der erste Mensch in Deutschland, der wirklich auf mich eingegangen ist. Er unterstütze mein Tanzen und zeigte mir neue Wege. In der Schule lief es besser. Leider ist dieser Lehrer einige Jahre später verstorben, erstmals spürte ich einen wirklichen Verlust. Zu dieser Zeit wurde meine Mutter wieder schwanger, und so musste ich mir bald das Zimmer nicht nur mit Mehmet, sondern auch noch mit meinem 13 Jahre jüngeren Bruder Hassan teilen. Behaglicher wurde es zuhause also nicht gerade. Jedoch schenkte mein Vater uns eines Tage einen alten, winzigen Schwarz-Weiß-Fernseher für unser Zimmer. Von nun an hing ich jede freie Minute davor und sah bis spät abends fern. Ich tauchte ein in die Welt des Films und der Serien, wie z.B. Dallas, und bewunderte die Schauspieler. Als ich dann Silvester Stallone als „Rocky" sah, war ich hin und weg. Ich dachte mir, Schauspieler, das ist ein Beruf, in dem man seine Leidenschaft ausleben kann. Ins Kino durfte ich jedoch nie. Wir hatten kein Geld dafür und meine Eltern sahen nicht ein, dass für so einen „Luxus" Geld verschwendet wurde. Es tat mir in der Seele weh, wenn die anderen Kinder in der Schule von ihren Kinobesuchen erzählten. Eines Tages fischte ich mir 20 DM aus der geheimen Gelddose meiner Mutter, ging zu McDonalds und danach mit Freunden ins Kino, in „Die unendliche Geschichte". Es war ein tolles Gefühl, auf der riesigen Leinwand den Glücksdrachen fliegen zu sehen. Das schlechte Gewissen wegen des geklauten Geldes holte mich ein, als ich das Kino verließ. Und dennoch hätte ich dieses Erlebnis nicht mehr eintauschen wollen.

Mit fast 17 Jahren hatte ich dann doch meinen Hauptschulabschluss in der Tasche. Mein Vater besorgte mir in seiner Firma ein Vorstellungsgespräch für die Stelle als Industriemechaniker. Ich hatte überhaupt keinen Bock dazu. Aber das interessierte niemanden, denn ich sollte Geld verdienen. Nach dem Vorstellungsgespräch dort musste ich einen Eignungstest ablegen, bei dem ich mit Pauken und Trompeten durchgerasselt bin. Meine Traurigkeit darüber hielt sich in Grenzen. Doch zwei Wochen später legte mein Vater nochmals ein gutes Wort beim Betriebsrat für mich ein. Ich fing als Teilezurichter an, ein Unterjob des Industriemechanikers.

Die Arbeit war für mich ein Alptraum. Es herrschte eine Knasthierarchie und ich stand auf der untersten Stufe. Jeden Morgen musste ich um sechs Uhr aufstehen und mit meinem Vater zur Arbeit fahren. Mein Job war es, Werkzeuge rauszusuchen, diese zu reinigen und Geräte zu feilen. Die Arbeit war eintönig und ich wartete nur auf den Feierabend. Unter den Auszubildenden herrschte ein raues Klima und es gab derbe Späße. Zu dieser Zeit hatte ich lange Haare, auf die ich besonders stolz war. Eines Tages nickte ich während der Mittagspause auf der Tischplatte ein, und als ich erwachte, ließ ich meinen Kopf unter Schmerzensschreien wieder auf den Tisch sinken. Jemand hatte meine Haare mit Sekundenkleber am Tisch festgeklebt. Das Gelächter und Gebrüll in der Kantine war riesengroß, besonders als mein Meister mich mit der Schere befreien musste, der meine stolze Haarpracht zum Opfer fiel. Es blieb mir nichts anderes übrig, als mir eine Prinz-Eisenherz-Frisur zuzulegen. Ich habe heute noch Fotos davon, nicht gerade vorteilhaft. Aus Rache habe ich dem Täter dann einige Tage später auf der Toilette aufgelauert. Als er in seiner Klokabine saß, bespritzte ich ihn von oben mit einem Wasserschlauch. Das Klo lief über und alles war überflutet. Er stürmte aus der Kabine auf mich zu und wir prügelten uns auf dem nassen Boden. Damit handelte ich mir eine Abmahnung ein, aber wenigstens war meine Ehre wieder hergestellt.

Die Abschlussprüfung rückte näher. Dank diverser Pfuschzettel habe ich sie auf wundersame Weise bestanden. In den zwei Jahren der Ausbildung hatte ich nie ein Buch in die Hand genommen, geschweige denn gelernt. Ich konnte mich weder mit der stumpfsinnigen Arbeit abfinden, noch damit zufrieden geben, dass ich diese Tätigkeit die nächsten 40 Jahre ausführen sollte. Nach der Ausbildung wurde ich in eine Rohrwickel-Halle versetzt, mit einem 10-Stunden-Tag. Das hört sich so aufregend an wie es war. Ich hasste es und war sehr unglücklich. Mit meinen Eltern verstand ich mich immer schlechter. Bald packte ich meine Sachen und zog in meine erste eigene Bude. Für einen jungen Türken war das mit 19 Jahren total untypisch, üblicherweise zog man erst aus, wenn man heiratete. So stieß dies bei meinen Eltern auf völliges Unverständnis und sie haben zwei Jahre lang nicht mehr mit mir geredet.

Ich merkte, dass dieses Leben nichts für mich war. Die Firma bot mir eine Abfindung an, die ich sofort akzeptierte. Ich war erstmals arbeitslos. Die ersten Wochen hing ich in meiner kleinen Ein-Zimmerwohnung ab. Ich lag den ganzen Tag auf meiner Matratze rum und glotzte Fernsehen. Abends ging ich mit Kumpels in den Diskos feiern. Als ein halbes Jahr später das Geld knapp wurde, suchte ich mir einen Nebenjob in einer Düsseldorfer Disko, in der ich schon oft Gast gewesen war. Ich fing als Barkeeper an. Für mich ein cooler Job. Laute Musik, man kam mit vielen Leuten ins Gespräch, und natürlich jede Menge Mädels, bei denen man gut ankam. Zwischendurch verdingte ich mich auch als Türsteher. Es gab jede Menge Ärger am Eingang, aber dank meiner kräftigen Statur hatte ich keine großen Probleme. Mir wurde allerdings klar, dass das kein Job mit Zukunft war, und ich wusste immer noch nicht, was ich mit meinem Leben wirklich anfangen sollte. Eines Abends sprach mich dort in der Disko an der Bar eine Frau an. Sie erzählte, dass sie Schauspielerin sei und eine Agentur besäße und bot mir auf Grund meines Äußeren eine Komparsenrolle bei einem Fernsehfilm an.

An dem vereinbarten Drehtag fuhr ich nach Köln zum Set, und dort wurde meine Komparsenrolle spontan mit einem Satz zur Sprecherrolle aufgewertet. Die Dreharbeiten waren für mich total aufregend und mir gefielen die Atmosphäre auf dem Set und der lockere Umgang der Menschen miteinander. Ich wurde respektvoll behandelt und kam mir trotz meiner winzigen Rolle wichtig vor. Ein gutes Gefühl. Schauspieler war für mich immer der absolute Traumberuf, jedoch hätte ich nie geglaubt, dort jemals Fuß fassen zu können. Durch die positive Erfahrung am Set und das Lob, das ich erhielt, wuchs mein Selbstvertrauen und ich beschloss es zu versuchen. Ich sah mich nach einem Schauspiellehrer um und nahm Unterricht. Es klappte gut, der Lehrer verstand es, mich zu motivieren und förderte meine Fähigkeiten. Als meine Eltern von meinem Vorhaben erfuhren, zeigten sie mir, auf gut Deutsch gesagt, einen Vogel. Für sie war es Traumtänzerei und eine brotlose Kunst, mit der man kein Geld verdienen konnte. Ich war das schwarze Schaf der Familie, der einzige, der nicht so richtig „funktionieren" wollte.

Durch einen Kumpel erfuhr ich, dass der Warner Brothers Movie Park in Bottrop-Kirchhellen einen ‚Batman'-Darsteller für seine Show suchte. Ich meldete mich zum Casting an und dank meines Breakdance-Talents bekam ich zwei Tage später den Anruf, dass ich die Rolle hatte. Ich freute mich riesig. Die Probezeit war sehr hart, ich musste eine Stuntman-Ausbildung absolvieren und zog mir einige Verletzungen zu. Jeden Tag vier Stunden Training, drei Stunden Show-Proben und eine Stunde Dehnübungen, an sieben Tagen der Woche. Trotzdem vermisste ich rein gar nichts und war glücklich, meiner Rohrwickel-Halle entkommen zu sein. Als die Show startete, seilte ich mich täglich in meinem Batman-Kostüm vom Gotham-City-Turm in die Tiefe ab. Ich sammelte erste Bühnenerfahrung und die Rolle des Batman machte unheimlich Spaß. Es herrschte ein lockeres Arbeitsklima und ich habe heute noch enge Freunde aus dieser Zeit. Jetzt wusste ich, wo ich hin wollte. Ich machte den Batman zwei Saisons lang und wurde zusätzlich für eine Western Show gebucht. Doch irgendwann genügte mir der Stuntmanjob nicht mehr.

Von nun an arbeitete ich noch intensiver an meiner Schauspielkarriere. Ich studierte weiter bei meinem Schauspiellehrer und bekam meine erste Theaterrolle in „Endstation Sehnsucht". Nebenbei sortierte ich Pakete bei der Post, um die Ausbildung zu finanzieren. Die erste Aufführung im Theater war recht erfolgreich. Meine zweite Rolle war dann „Der Bär" von Anton Tschechow. Während der Aufführung hatte ich meinen ersten Texthänger und improvisierte drei Minuten, um wieder reinzukommen. Das Publikum lachte. Mein harter Überlebenskampf in der Schule, als Klassenclown, hatte sich doch bewährt gemacht.

Allerdings hatte ich ein großes Problem: das Lampenfieber. Jeden Abend live vor Publikum aufzutreten, machte mich nervös. Mein Traum war der Film. Damals hatte ich eine Freundin, die ein paar Jahre älter war als ich. Sie war das genaue Gegenteil von mir, sehr bodenständig, und sie half mir, meine eigenen Demobänder herzustellen und Bewerbungen rauszuschicken. Unter den Bewerbungen war auch eine an die „Lindenstraße". Kurze Zeit später erhielt ich einen Anruf, dass ein türkischer Schauspieler für die Serie gesucht wurde. Ich konnte mein Glück kaum fassen. Zuerst sollte ich aber zum Vorstellungsgespräch kommen.

Leider fiel kurz nach diesem ersten Gespräch die Entscheidung, dass nicht der Handlungsstrang mit der Figur des Murat in der Serie starten, sondern erst dessen Schwester Canan auftreten sollte. So verschob sich für mich alles um ein Jahr. Ich dachte, mein Traum platzt kurz vor dem Ziel. Ich verlor meine Jobs, und die Beziehung zu meiner Freundin zerbrach. Es war eine schlimme Zeit. Zu allem Überfluss klingelte noch der Gerichtsvollzieher an meiner Tür. Da es bei mir damals aber nichts zu pfänden gab, zog er unverrichteter Dinge wieder ab. Ich bekam Selbstzweifel, ob mein Traum von der Schauspielerei wirklich das Richtige war. Die Zeit des Wartens zog sich unendlich und ich fiel in eine tiefe Depression. In meiner Not wollte ich gerade einen Job als Putzhilfe für Büros annehmen, als der Anruf der „Lindenstraße" kam. Ich sollte erneut zum Casting. In der Nacht vor dem Termin war ich völlig aufgewühlt. Am nächsten Morgen wartete ich mit sechs anderen Bewerbern im Vorraum. Ich sollte als Vorletzter drankommen. Meine Nervosität war unbeschreiblich und ich rauchte eine Zigarette nach der anderen. Ich sollte zwei verschiedene kurze Szenen vorspielen. Als ich dann endlich hineingerufen wurde, sagte mir eine innere Stimme: „Du wirst es packen!" – Ich setzte alles auf eine Karte. Ich ging mit dem Gefühl nach Hause, heute der Beste gewesen zu sein. Dieses Gefühl hielt jedoch nicht lange an, die Zweifel kehrten zurück. Ich verließ neun Tage lang meine Wohnung nicht und ernährte mich von Fertignudeln. Dann kam endlich der langersehnte Anruf! Ich bekam die Zusage für die Rolle des Murat. Zur selben Zeit rief auch die Putzfirma an, aber nun konnte ich diesen Job dankend ablehnen.

Als ich damals als 26-Jähriger in der Rolle des Murat Dagdelen in der „Lindenstraße" begann, ahnte ich natürlich noch nicht, dass mich 13 Jahre mit Leidenschaft erfülltes Schauspielen in einem hervorragenden Team mit herzlichen Kollegen, die für mich wie eine Familie geworden sind, erwarteten. Über die Jahre veränderte sich meine Rolle so wie auch ich mich veränderte. Endlich war ich in dem Beruf angekommen, der mich jeden Tag aufs Neue mit Leidenschaft erfüllt und von dem ich immer geträumt hatte!

Für den aus der Türkei stammenden Schauspieler sind die Kollegen wie eine große Familie. Erkan Gündüz und die Herausgeberin Marie-Luise Marjan bei der Verleihung der Goldenen Kamera in Berlin.

Anstatt des Mikrofons nahm Hellmuth Karasek schließlich die Feder in die Hand, und eine große Schriftsteller-Karriere sollte auf ihn warten.

Hellmuth Karasek

Night and Day ...

Mein Kindheitstraum war weder der Lokomotivführer noch der Kapitän, und auch nicht der Kaiser von China, sondern zunächst ein sehr realer Wunsch meiner Eltern, in den Westen zu kommen, der sich auf mich übertrug.

Irgendwann, spätestens 1944, war der Wahnsinns-Wunschtraum der Deutschen, die Welt zu erobern, in einer Trümmerlandschaft, einem Blutbad, Millionen von Gefallenen, Millionen von Ermordeten und Millionen von Entwurzelten untergegangen. Ich weiß noch, wie im März oder April 1945 im Osten Deutschlands ein neuer Traum entstand. Der Traum, der Sowjetarmee lebend zu entkommen und sich gen Westen „zum Amerikaner" durchzuschla-

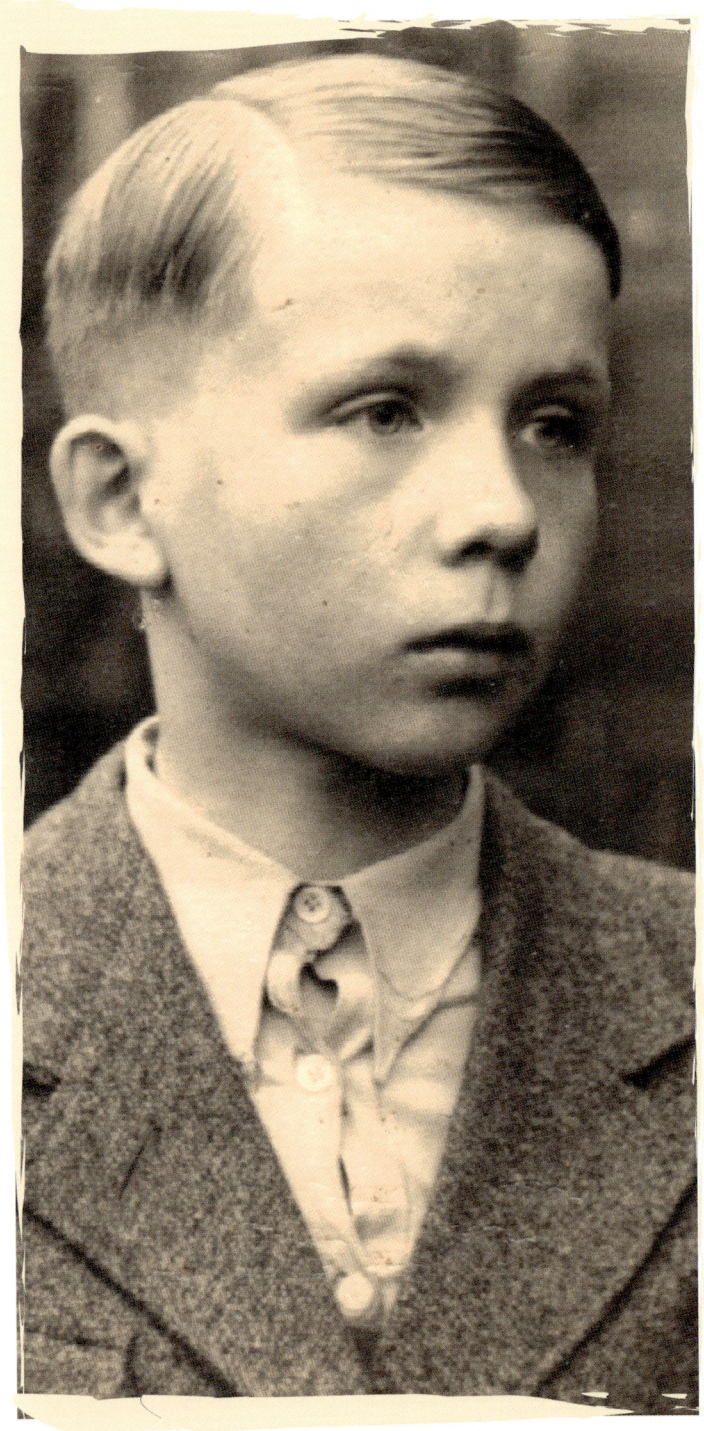

Die Jazz- und Swingmusik des „Westens" beflügelte die Fantasie des jungen Hellmuth Karasek.

gen. Wir waren damals auf der Flucht im Riesengebirge, die US-Armee war in Karlsbad. Wir machten uns auf den Weg, wurden von der Roten Armee überrollt, und aus der Traum. Zunächst.

Als wir dann „ausgesiedelt" wurden – so hieß die Vertreibung aus Schlesien damals offiziell – saßen wir ein paar Tage frohen Mutes als siebenköpfige Familie mit anderen Familien in einem Viehwaggon und hofften und träumten, dass es jetzt endlich in eine der westlichen Besatzungszonen gehen würde. Auch dieser Traum scheiterte, wir wurden in die damals so genannte „Ostzone" ausgesiedelt. Dann irgendwann bin ich meinem amerikanischen Traum zum ersten Mal begegnet. Ich weiß noch, es war in einer Bergarbeitersiedlung in Neu-Oelsnitz, die Sonne schien durch die Fenster, der Volksempfänger war an und aus dem Radio kam das „Lullaby of Broadway" mit dem deutschen Text „Was ist denn in New York geschehen, um Mitternacht am Broadway?", wo eine schöne junge Frau halbnackt im Scheinwerferlicht steht, ein junger Mann sie befreien will, sie aber zu ihm sagt, sie sei gar nicht gefangen, sondern mache für Wäsche Reklame. Der deutsche Text war blöd, die Melodie hinreißend. Es war das erste Mal, dass ich das „Gift" amerikanischer Jazz- und Swingmusik in den Ohren hatte. Später habe ich über meinen Volksempfänger in Bernburg an der Saale jeden Morgen BFN (British Forces Network) empfangen und da Bekanntschaft mit Glenn Miller gemacht, der die Amis und alliierten Truppen auf ihrem Siegeszug durch Frankreich nach Deutschland begleitet hatte.

1952 war es erstmal soweit. Ich bin nach dem Abitur in den Westen abgehauen, und ein Grund neben Schokolade, Kaugummi, Zigaretten und Freiheit war die amerikanische Big-Band-Musik – und Frank Sinatra. Ich hatte in meinem kleinen Zimmer ein winziges Radio, wo man die Musik mehr aus dem

Krächzen erahnen musste, aber es war trotzdem doll, in Tübingen in die Reichweite des AFN geraten zu sein. Das ganze Studium begleitete mich die Sendung „Luncheon in Munchen" (gesprochen: „Lanschen in Manschen"). München war dann auch nach dem Studium die erste Großstadt, in der ich lebte, ich war an der Journalistenschule und wohnte in Schwabing. In Schwabing gab es ein „Tabu"-Nachtlokal neben zahlreichen anderen Vergnügungsstätten, und eines Tages las ich fasziniert, dass dort ein Frank-Sinatra-Nachwuchswettbewerb stattfand. Die „Tabu"-Lokale gab es damals als Kette in vielen deutschen Großstädten. Und so ein Sinatra-Wettbewerb war der kleinstmögliche Vorläufer in fernsehloser Zeit von „Deutschland sucht den Superstar". Wahrscheinlich hätte man bestenfalls ein Piccolo-Fläschchen gewinnen können. Ich war 24 und meinem Kindertraum endlich ganz nahe. Was ich unbewusst hatte werden wollen, lag greifbar und hörbar nahe. Ich würde kein lächerlicher Journalist werden müssen, sondern konnte der deutsche Frank Sinatra werden.

Dass ich so träumte, von einer Glitzerwelt à la Hollywood, lag auch daran, dass ich nicht einmal genug Geld hatte, meine Wäsche zum Waschen zu bringen. Waschsalons gab es damals noch nicht. Also sollte Frank Sinatra herhalten. Die „Tabu"-Nachtlokale, mit dem frivolen Namen in einer besonders spießigen Zeit, gehörten dem Stiefvater von Romy Schneider, Herrn Blatzheim. Er sollte mir das Tor zu meinem Traum öffnen. Am Abend fieberte ich meinem Auftritt entgegen. Ich hatte mir Cole Porters „Night and Day" vorgenommen, mit den wunderbaren Reimen:

Night and day, you are the one
Only you beneath the moon and under the sun
Whether near to me or far
it's no matter darlin' where you are
I think of you night and day ...

Dann kam die Zeile:

Night and day under the hide of me
There's an oh such a hungry yearning
Burning inside of me.

Zu dieser Zeile sollte mir Billy Wilder später erklären, dass Cole Porter keinen guten Reim auf „inside of me" gefunden hatte, und deshalb „under the hide" reimen musste; „hide", das ist im Unterschied zu „skin" oder der vornehmen „complexion" bestenfalls die Haut eines Elefanten.

Ich weiß nicht, was die Bewerber vor mir gesungen haben, und ich weiß auch nicht, was diejenigen nach mir gesungen haben, dazu war ich zu nervös und aufgeregt. Ich stolperte also auf die Bühne und begann zu singen, „Night and Day", und das ging ein paar Zeilen gut. Bis zu der Stelle, wo die Stimme bei „Night and day under the hide of me" hochgehen muss. Und da bemerkte ich zu meinem Entsetzen und auch zu spät, dass ich für meine Stimmlage zu hoch angefangen hatte und geriet bei „hide" ins Krächzen und Kieksen, die wenigen Zuschauer begannen zu lachen, ich brach ab und stolperte mitten im Lied mit hochrotem Kopf von der Bühne. Die Sinatra-Karriere war beendet, der Traum war aus.

Erst im vorletzten Jahr habe ich bei Ina Müller den Traum nachgeholt. Ich sang mit ihr im Duett, zwar nicht Sinatra aber Nat King Coles „Unforgettable". Im Fernsehen! Auch nicht viel besser als damals, wenn auch von Ina Müllers Duettbeitrag durch den Song getragen. Zu einer Karriere hat es wieder nicht gereicht, aber dazu war es wohl inzwischen zu spät und der Traum längst ausgeträumt.

Pilot Assmann hat prominenten Besuch im Cockpit: Rudi Völler.

Stephan Assmann
Räume entdecken

Von Beruf bin ich Flugkapitän. Ein Kindheitstraum? Für mich nicht – eigentlich. Ich träumte nie von einem bestimmten Beruf. Und doch verwirklicht sich mit dem Fliegen ein Kindheitstraum, nämlich „die Welt zu entdecken" – jeden Tag aufs Neue. Aber zunächst will ich von meiner Kindheit erzählen.

Ich wuchs neben meiner um vier Jahre älteren Schwester Petra und meinem Zwillingsbruder Matthias behütet in einem Vorort von Darmstadt auf. Eine Mittelschnauzer-Hündin vervollständigte unsere lebhafte und aktive Familie. Meine Eltern sind während des Zweiten Weltkriegs geboren und in der Nachkriegszeit aufgewachsen. Ich denke, der sparsame Umgang mit Geld – wie zum Beispiel beim Hausbau und im Haushalt – sind dieser Zeit geschuldet, und natürlich auch Vorbild für uns Kinder, so wie viele andere ihrer Verhaltensweisen, die uns sicherlich in irgendeiner Form geprägt haben.

Während unsere Mutter sich auf den schulischen Werdegang ihrer Sprösslinge konzentrierte, plante unser Vater unermüdlich den nächsten Wochenendausflug in den nahen Odenwald, die nächste Wanderung zu den Burgen der Bergstraße, die nächste Bootsfahrt auf dem Rhein oder den nächsten Abenteuerurlaub mit uns – nach Österreich. Durch einen isländischen Freund unserer Eltern bekamen wir die Gelegenheit zur ersten Fernreise. Meine Schwester war 15 Jahre alt und mein Bruder und ich waren 11, als wir 1977 die zweiwöchige Zelt-Rundreise durch Island antraten. Unser erstes „richtiges" Familienabenteuer: mit Baden in Geysiren, Wandern am Rand von Vulkanen, Fischen, Unwettern, wilden Ponys, unzähligen Wasserfällen und meinem ersten Flug!

Unseren Vater erlebten wir immer in Bewegung. Kaum, dass er von der Arbeit nach Hause kam, war er auch schon in der Werkstatt, im Garten oder in der Garage am Werke, und bei allen handwerklichen Aufgaben vertraute er auf seine eigenen Fähigkeiten. So ganz nebenbei lernten wir eine Menge von ihm und durften immer öfter selbst sägen, bohren, schrauben und hämmern.

In meiner Schulzeit waren meine Interessen sehr vielschichtig. In den Naturwissenschaften fühlte ich mich zwar am ehesten wohl, war aber auch an Kochen, Fechten und Russisch interessiert. Meine Abiturfächer spiegelten somit meine vielseitige Neugierde wider: Mathe, Kunst, Geschichte und Sport. Nach dem Abitur wurden mein Bruder und ich gemeinsam – an unserem 19. Geburtstag – zur Bundeswehr eingezogen. Zum Luftwaffenausbildungsregiment nach Germersheim in der Pfalz.

Da ich mir immer noch kein Bild von meinem zukünftigen Beruf gemacht hatte und es mich nicht zu einem bestimmten Studiengang hinzog, beschloss ich, mir anschließend mit einer Handwerkslehre noch ein wenig Zeit zum Überlegen zu geben. Gerne etwas mit Elektronik und in meiner Heimatstadt Darmstadt. An der dortigen Technischen Universität gab es derzeit eine Handvoll Ausbildungsplätze im Elektromechaniker-Handwerk. Ich bekam einen davon und begann direkt nach der Wehrpflicht. Nebenbei hatte ich nun viel Zeit für Freundin, Musik, an meinem VW-Bus basteln, Auftritte mit diversen Bands, jobben und reisen! Für mich wurde bald klar: Elektrotechnik zu studieren, wäre viel zu theoretisch für mich und mein Hobby Musik sollte unbedingt auch etwas mit meinem zukünftigen Beruf zu tun haben. Toningenieur war also die logische Berufswahl. Meine Nachforschungen führten mich zur einer internationalen Toningenieur-Schule mit Sitz in Frankfurt. Vor der Aufnahme musste man allerdings einen zweitägigen Eignungstest erfolgreich durchlaufen.

Ungefähr zur selben Zeit plante ich, meinen Schulfreund Lorenz, der in Hamburg Kriminalistik studierte, zu besuchen. Mit dem Auto an einem Freitagabend nach Hamburg zu fahren und am Sonntagabend wieder zurück nach Darmstadt, erschien mir ziemlich aufwendig und vor allem viel zu teuer für mein bescheidenes Lehrlingsbudget. Ein Freund gab mir den Tipp, mich doch einfach bei der Lufthansa als Pilot zu bewerben. Dafür bekomme man die Flugreise nach Hamburg, das Hotel und sogar Spesen bezahlt. Obendrein müsse der Ausbildungsbetrieb mich auch von der Arbeit befreien. Also bewarb ich mich kurzerhand bei der Deutschen Lufthansa als Verkehrsflugzeugführer. Neben der Erfahrung, fünf Tage lang Tests zu durchlaufen, durfte ich eine der schönsten deutschen Städte erkunden. Die Zusage zur Aufnahme in die Toningenieur-Schule kam fast zeitgleich mit der Einladung nach Bremen zur Lufthansa Verkehrsfliegerausbildung, die ich freundlich ablehnte. Ich folgte also meinem ursprünglichen Plan, Musik und Elektronik beruflich zu verbinden.

Erst das zufällige Wiedersehen mit einem ehemaligen Luftwaffen-Kollegen weckte mein Interesse an der Lufthansa wieder. Er kam gerade zurück aus Arizona, wo er den fliegerischen Teil seiner Ausbildung zum Verkehrsflugzeugführer bei der Fluggesellschaft absolvierte und zeigte mir stolz seine beeindruckenden Aufnahmen. Amerika in den schönsten Farben. Und ich hatte eine „Eintrittskarte" für dieselbe Laufbahn.

Ich rief gleich am nächsten Tag bei der Verkehrsfliegerschule in Bremen an, um mich über die Ausbildungsmodalitäten zu informieren. Sechs Wo-

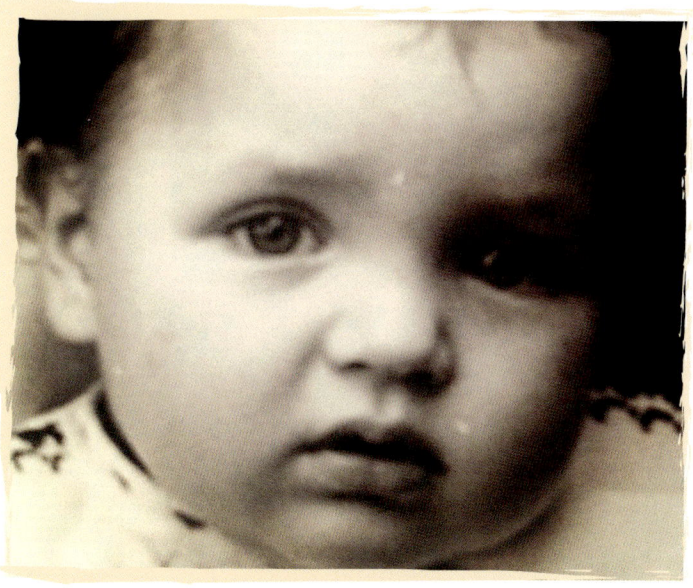

Kindheitsträume werden einem manchmal in die Wiege gelegt – bei Stephan Assmann hatte auch der Zufall seine Hand im Spiel.

chen später könne ich anfangen. Nachdem ich mit der Toningenieur-Schule eine „Auszeit" vereinbart hatte – als mein Plan B sozusagen – sagte ich zu. Die Zeit bis zum Studienbeginn in Bremen überbrückte ich mit einer VW-Bus-Reise nach Wien und Budapest und am 28. Juni 1989 startete meine berufliche Laufbahn bei der Deutschen Lufthansa im 185. Nachwuchsflugzeugführer-Lehrgang. Die Theorie der Fliegerei ließ an den Wochenenden genügend Zeit, den Norden Deutschlands ausgiebig zu erkunden und mit Studienkollegen eine Band zu gründen. Der Westen der USA war wie erwartet unbeschreiblich schön, weit, gigantisch, abenteuerlich und amerikanisch. Die Flugstunden führten uns zu Trainings-Flugplätzen wie Las Vegas, Grand Canyon, Flagstaff, Tucson, San Diego und Palm Springs. Die Welt von oben zu erkunden, faszinierte mich dabei am meisten. Und wenn ich mochte, fleißig lernte und gesund blieb, durfte ich diese Erlebnisse für den Rest meines Berufslebens genießen. Großartig!

Mein erstes Flugzeug nach dem zweijährigen Studium war die Boeing B737. Das Streckennetz umfasste alle großen Flughäfen in Europa und Nordafrika. Eine Nacht in Moskau, die nächste in London, gefolgt von Madrid und einer Nacht in Istanbul. Die Fliegerei ließ mich jeden Tag neue Länder, Menschen und Kulturen entdecken – mein Kindheitstraum! Dabei rückte die Welt für mich sehr eng zusammen. Als ich 1996 auf den Jumbo – die Boeing B747 – wechselte, kamen mit Südamerika, Asien und Nordamerika viele neue Länder, Menschen und Kulturen dazu. Ganz abgesehen von den fliegerischen Erlebnissen, wie zum Beispiel Himalaja-Überquerungen, Anflüge auf Hongkong, Wüsten-Überflüge und Nordlichter über Grönland. In 2004 startete ich mein Kapitänstraining auf Airbus A320 und konnte es kaum erwarten, die europäischen Großstädte, von denen ich die meisten seit Jahren nicht mehr gesehen hatte, wieder zu entdecken und neue Destinationen kennenzulernen.

Privat lebe ich mit meiner schwedischen Frau und drei Töchtern im Taunus nördlich von Wiesbaden. Wir verbringen jeden Sommer im Sommerhaus der Familie an der Südwestküste Schwedens und erkunden, wann immer möglich, mit unseren Kindern die Natur zu Fuß, mit dem Mountainbike oder auf dem Pferderücken. Mein Toningenieur-Studium habe ich im Übrigen bis heute noch nicht wieder aufgenommen. Aber man kann ja nie wissen …

Ein alter Skipper in Australien erzählte mir einmal, dass die Welt für ihn ein großes Haus sei, in dem er sich erst zuhause fühle, wenn er in jedem Raum einmal das Licht angeknipst habe, um zu schauen, wie es dort aussehe. Ich hoffe, noch viele „Räume" entdecken zu können, in der kurzen Zeit, die ein Menschenleben hat.

Die Assmann-Zwillinge Stephan und Matthias 1970. Inzwischen hat der Pilot eine eigene Familie gegründet, mit der er die Welt erkundet!

Arzt und Autor mit Herz und Seele – Dietrich Grönemeyer steht als Mediziner in einer langen Familientradition.

Dietrich Grönemeyer
Von Tunnel zu Tunnel

Früher wurde ich fast immer ohnmächtig, wenn ich eine Spritze sah ... Mein Weg zur Medizin ergab sich also nicht von selbst. Außerdem hatte ich schon seit meiner Kindheit vielfältige Interessen – Sport, Musik und Literatur bis hin zu Philosophie und Religion. Jahrelang dachte ich daran, Pastor zu werden. Auch technisch war ich interessiert, eine Weile wollte ich Bootsbauer werden. Nur in die Fußstapfen meines Vaters, der als Bergbau-Ingenieur tätig war, wollte ich nicht treten, obwohl es auch auf diesem Gebiet immer viel Faszinierendes für mich gab. Und so studierte ich zunächst Sinologie und Romanistik in Bochum, denn China und Frankreich interessierten mich kulturell wie sprachlich sehr. Erst später begann ich mit dem Medizinstudium in Kiel.

Vor meinem zwanzigsten Lebensjahr hatte ich nie bewusst wahrgenommen, dass meine gesamte Familiengeschichte mütterlicherseits von Ärzten, Krankenschwestern und Physiotherapeuten bestimmt ist. Ich selbst befinde mich in der sechsten Generation von Ärzten und sehe erstaunt, wie viele Anknüpfungspunkte es für mich in dieser Geschichte gibt. Der erste Arzt in der Familie meiner Mutter, mein Ur-Ur-Ur-Urgroßvater Carl Abraham Hunnius, stammte aus einer deutschen Kaufmannsfamilie in Reval (heute: Tallinn, Estland) und entdeckte früh sein Interesse an der Medizin. Nach seinem Medizinstudium an der Universität Dorpat 1815-1819 kam er ans Invalidenkommando-Krankenhaus in Hapsal. Zusätzlich zu seiner praktischen Arbeit an diesem Krankenhaus hatte Carl Abraham Hunnius großes Interesse an der Wissenschaft. Seine Dissertation befasste sich mit den Blattern, einer sich damals stark ausbreitenden, hochfiebrigen eitrigen Entzündung der Haut, die oft eine Blutvergiftung verursachte und auch mit dem Tod enden konnte. Seine ärztlichen Verpflichtungen brachten ihn häufig zu armen Fischerfamilien. Bei solch einem Besuch fiel ihm auf, dass ein alter Fischer seine Beine in den von der Sonne gewärmten Schlamm steckte. Dieser Fischer erzählte ihm, er leide an Ischias, wenn er aber die Füße in dem warmen Schlamm einweiche, bringe ihm dies eine große Erleichterung. Hunnius fing an, diese Beobachtung wissenschaftlich zu untersuchen. Erste Versuche machte er bei seinen Patienten und den Soldaten der einheimischen Garnison. Bei vielen

Krankheiten führte die Behandlung mit Schlamm zu überraschend guten Ergebnissen. Also begann er, eine neue Methode der Behandlung zu entwickeln: Er empfahl, mit dem von der Sonne durchgewärmten Schlamm Wickel und Kompressen zu machen, Wannenbäder mit von warmem Meerwasser verdünntem Schlammgemisch, Massagen und Einreibungen. Jeder Prozedur folgte eine warme „Meerwasserwanne". Er fand heraus, dass durch die Anwendung von Schlamm und Meerwasser viele Krankheiten gelindert oder geheilt werden konnten, beispielsweise Rheumatismus oder chronische und nachoperative Rücken-, Nerven- oder Hautkrankheiten, die zum Teil noch heute nach dieser Methode behandelt werden. Neben seinen klinischen Beobachtungen führte Hunnius einfache chemische Untersuchungen durch. Nachdem er vermögende Kapitalgeber von seiner Methode hatte überzeugen können, gründete er 1825 die erste Wasser-Schlamm-Heilanstalt in Hapsal, die bald eine große Zahl von Besuchern anzog, später sogar die Zarenfamilie aus St. Petersburg. 1830 wurde er Kreisarzt. Neben seiner ärztlichen Tätigkeit kümmerte er sich als Stadtrat um bildungs- und sozialpolitische Belange. Auf seine Initiative wurde 1839 die erste estnisch-sprachige Schule gegründet. Bei den wohlhabenden Kur- und Badegästen führte er Spendensammlungen durch und errichtete mit diesem Geld ein Fürsorgeheim für Arme. Aufgrund seiner Verdienste erhielt er 1838 den Titel „Staatsrat" und wurde in den Adel erhoben. Er starb 1851 im Alter

Die Brüder Grönemeyer – Wilhelm, Herbert und Dietrich – auf „hoher See".

von erst 54 Jahren, nachdem er ein junges Mädchen behandelt hatte, das an einer ansteckenden Infektionskrankheit litt.

Sein Sohn, Carl Arthur von Hunnius, wurde gleichfalls Arzt, veröffentlichte die wissenschaftlichen Untersuchungen seines Vaters und heiratete die Tochter eines bedeutenden homöopathischen Arztes aus Russland – auch hier zeigt sich für mich eine langjährige generationenübergreifende Interessenslinie. In der folgenden Generation gab es wiederum einen Arzt, Carl Adam Friedrich von Hunnius, der allerdings im Alter von 26 Jahren an Typhus verstarb. Mein Großvater Herbert Arthur von Hunnius war Facharzt für Hals-, Ohren- und Nasenkrankheiten zu Reval. Er hatte in Graz studiert und arbeitete in Stettin, später in Posen und Reval.

Seine Tochter ist meine Mutter, die mit ihm und ihren Geschwistern – fast alle sind Ärzte – in einer traditionellen Arztfamilie aufwuchs. Ihre Mutter war ausgebildete Krankengymnastin, mit einer Spezialausbildung für Säuglingsgymnastik. Wenn meine Brüder Wilhelm und Herbert oder ich krank waren, zog meine Mutter ihre Schwestern zu Rate. Sie selbst war im Krieg als Krankenschwester tätig gewesen, und ihre beiden älteren Schwestern hatten eine qualifizierte Ausbildung in der Chirurgie und in der Inneren Medizin durchlaufen, wobei die eine sich später nur noch der Naturheilkunde widmete. Der ältere der beiden Brüder ist HNO-Arzt wie mein Großvater, der jüngere Bruder ist Arzt für Lungenheilkunde, die jüngste Schwester Krankengymnastin. Der ärztliche Rat für unsere Familie war also umfassend und gründlich.

Als Kind litt ich häufig an Halsschmerzen oder einer Mittelohrentzündung, einer Erkrankung, die heute dank der Antibiotika nicht mehr so schlimm und schmerzhaft verläuft. Ich erinnere mich genau an die schrecklichen Besuche beim Hals-Nasen-Ohren-Arzt, genauso wie an die Blutabnahmen mit häufig stumpfen Kanülen, die oft ohne ein freundliches oder beruhigendes Wort vorgenommen wurden. Damals gab es nur die immer wieder sterilisierten Spritzen mit schlechtem Schliff. Meine Entscheidung kam plötzlich, nach einer Mandeloperation und einem Eingriff an der Nasenscheidewand, in meiner Bundeswehrzeit. Da dachte ich mir während einer recht schmerzhaften Nasenspiegelung: Jetzt werde ich Arzt. Es muss doch möglich sein, viele Behandlungen einfacher und sanfter durchzuführen, ohne dass der Patient Angst vor der Prozedur oder den Ärzten hat!

Aber meine eigene Furcht vor Spritzen legte sich erst, als ich Medizin studierte und in einem Krankenhaus hospitierte. Dort lernte ich von einer koreanischen Krankenschwester, wie man schmerzfrei spritzen kann. Der Respekt vor der Unversehrtheit des Körpers, der vorsichtige und behutsame Umgang mit Spritzen und Instrumenten sowie das Bewusstsein, dass jeder Patient genau wie ich damals in großer Angst sein könnte, sind mir seit dieser Zeit geblieben.

Auch der Grundgedanke der chinesischen Medizin hat sich bei mir verfestigt. Hier wird der ganze Körper als eine Einheit betrachtet. In unserer westlichen Schulmedizin hat sich dagegen ausgeprägt, organbezogen und nicht ganzheitlich zu denken. Insofern wollte ich mir zunächst ein breites Wissen verschaffen, nicht als Facharzt, sondern als Allgemeinmediziner.

Über die Arbeit in einer Krebsstation an der Universitätsklinik Kiel kam ich zur Diagnostischen Radiologie. Bei schwerwiegenden Erkrankungen ist es ja entscheidend, anhand von Aufnahmen ein präzises Bild davon zu gewinnen, was im Körper zu sehen ist bzw. welche Veränderungen geschehen. Bereits während meines Studiums und der Zeit als Assistenzarzt in Kiel arbeitete ich konsequent am Thema Schmerz und Akupunktur und baute später erste Ambulanzen für dieses Fachgebiet auf. Die Entwicklung der neuen Disziplin Mikrotherapie, einer spezifischen Form der miniaturisierten Medizin in Kombination mit der radiologischen Bildgebung, war letztlich eine Weiterentwicklung auf meinem Weg zu einer sanften, den Körper möglichst schonenden Medizin. Die Mikrotherapie verbindet die Möglichkeiten der modernen Bildgebung in der Radiologie mit einer Weiterentwicklung der minimal-invasiven, endoskopischen Operationsmethoden mit Scheren, Laser, Sonden und anderen Instrumenten sowie Implantaten von wenigen Millimetern Größe. Früh kam mir der Gedanke, dass sich die hochauflösenden Geräte nicht nur für die Diagnostik, sondern auch für operative Eingriffe und zur Schmerztherapie eignen müssten. Sie dazu einzusetzen, gelang bereits 1983 erstmalig und routinemäßig 1987/1988, als ich die ersten Operationen im Computertomographen überhaupt durchführte, und dann 1988 im offenen Kernspintomographen. Die Mikrotherapie war geboren.

Hier schließt sich dann auch ein Kreis: So wie mein Vater als Bergbau-Ingenieur große Tunnel baute, baue ich nun kleine, mikromedizinische Tunnel, Mikrotunnel. Und darüber hinaus entwickle ich mit meinem Team Mikro-Instrumente, die vom Bergbau bekannt sind – Fräsen, Bohrer, Stützen –, in einer Größe von 0,1 bis 3 Millimetern.

Ich mache heute etwas ganz anderes, als ich mir zu Anfang meines Berufslebens vorgestellt hatte. Eigentlich wollte ich Landarzt werden. Als junger Mediziner schien mir dieser Beruf am besten geeignet, in einem patientennahen und umfassenden Therapiekonzept dem Kranken helfen zu können. Auch deshalb hatte ich mich parallel zum Studium schon 1974 intensiv mit der chinesischen Medizin und naturheilkundlichen Behandlungsweisen und Massagetechniken befasst; vielleicht auch ein Einfluss meiner ärztlichen Vorfahren. Neben vielen Fortbildungskursen habe ich selbst später junge Studenten und Ärzte auf diesen für mich wichtigen medizinischen Feldern geschult. Um Landarzt zu werden, hatte ich zu Anfang meiner Laufbahn jedes Wochenende, häufig von Freitag bis Sonntag, Nachtdienst in der Notdienstzentrale in Plön. Ich kannte viele Einwohner der umliegenden Dörfer, die Bauern, die Gutshöfe und die Pferdezüchter. Vom einfachen Schnupfen über Asthmaanfälle, die Behandlung von Schmerz- und Krebskranken oder akuten Depressionen bis hin zu Lebensmittelvergiftungen in einem Kinderheim, Tauchunfällen und schweren Verkehrsunglücken mit Schwerstverletzten, Toten und Hubschraubereinsätzen lernte ich alles kennen und war dabei weitgehend auf mich gestellt. Es war eine intensive Zeit, die mich sehr gefordert und geprägt hat. Ich wollte schon eine Praxis direkt am See übernehmen. Mir gefiel dieses wunderschöne Land. Damals war ich gerade 30 Jahre alt. Warum ist es anders gekommen? Während der Woche war ich in der Ausbildung zum Radiologen an der Kieler Universitätsklinik. Ich hatte die Radiologie für mein Praktisches Jahr ganz bewusst gewählt. Denn als Landarzt wollte ich unbedingt in der Lage sein, Röntgenbilder zu interpretieren.

Im gleichen Maße wie von dem Wunsch nach diagnostischer Unabhängigkeit wurde ich in meiner Zeit als Notarzt durch die Konfrontation mit dem Tod geprägt. Schweres Leid und Sterben waren mit einem Mal keine abstrakten Größen mehr, sondern eine tägliche und immer große Herausforderung. Mir war klar, dass ich nur dann den Menschen in ihrer größten Not helfen konnte, wenn ich mich bewusst diesen Situationen aussetzte und damit über meine eigene Endlichkeit nachzudenken begann. Der Tod war für mich etwas Abstraktes und Bedrohliches. Doch ich wusste, dass ich nicht Arzt werden konnte, ohne mich auch mit meinem eigenen Tod auseinanderzusetzen. Die Begleitung von Sterbenden bleibt in meinen Augen eine der Hauptaufgaben des Arztes. Alle angestrebten Ausbildungsfelder für meine Landarztkarriere waren an der Universitätsklinik Kiel versammelt: Röntgen-Diagnostik, um nicht von Dritten abhängig zu sein, Tumor- und Schmerztherapie sowie die Möglichkeit, Sterbende bis zum Tod zu begleiten. Ferner nahm Kiel mit den Röntgenverfahren, der Computertomographie, dem seinerzeit ersten Kernspintomographen in Deutschland, der Nuklearmedizin und der Strahlen- sowie der Chemotherapie eine führende Position in der Anwendung hochentwickelter Therapieverfahren ein. Zum ersten Mal in meiner jungen Medizinerlaufbahn zeigte sich mir deutlich, dass High-Tech-Medizin und persönliche Zuwendung eine notwendige Verbindung zum Wohle des Patienten eingehen müssen.

Landarzt bin ich bisher nicht geworden. Klassischer Radiologe bin ich aber auch nicht. Ich bin Arzt mit Herz und Seele und stehe für eine individualisierte, ganzheitliche Medizin im Spektrum zwischen Schulmedizin, High-Tech und Naturheilkunde.

Gleichzeitig bin ich Publizist geworden. Die Liebe zum Schreiben entdeckte ich gleichfalls schon in meiner Jugendzeit. Am humanistischen Gymnasium am Ostring in Bochum war ich als Chefredakteur der Schülerzeitung sehr aktiv. Ich las gern von verschiedenen Religionen und Kulturen und schrieb darüber. Das faszinierte mich schon damals. Einmal konnte ich sogar Manfred Eigen, den Nobelpreisträger für Chemie, für ein Interview gewinnen. Eigen stammte ja aus Bochum, war auf dasselbe Gymnasium gegangen. Und auch an einen Aufsatz für „Jugend forscht" kann ich mich erinnern, dazu hatte ich ein eher kulturelles Thema gewählt.

Im Laufe meiner Tätigkeit als Arzt wurde mir immer deutlicher: Nicht nur eine ganzheitliche Medizin verlangt ja die interdisziplinäre Zusammenarbeit. Auch der Brückenschlag zum „breiten Publikum" ist notwendig, wenn es um Prävention geht. Und nachdem ich einige Bücher für Erwachsene geschrieben hatte, um für Eigenverantwortung zu werben und meinen Lesern die Angst vor dem Arzt und der Medizin zu nehmen, schrieb ich Bücher für Kinder. Hierzu erfand ich die Figur des „Kleinen Medicus" und kombinierte medizinisches Sachwissen mit einer fiktionalen Abenteuergeschichte, um Kinder mit Spaß dafür zu gewinnen, sich für ihren Körper, ihre Gesundheit zu interessieren. Seitdem bilde ich mit meiner Stiftung Jugendliche zu Gesundheitsbotschaftern aus und plädiere seit fast zehn Jahren für die Einführung eines Gesundheitsunterrichts bereits an Grundschulen und viel mehr Sport, täglich. Denn all dies ist notwendig, will man präventiv wirken und das Gesundheitssystem bezahlbar erhalten. Schreiben und Vorträge zu diesem Themenfeld gehören also auch zu meinen selbst gewählten Aufgaben. Übrigens auch mein Plädoyer für viel mehr Singen an Schulen – und natürlich gesunde Ernährung, für uns alle.

Mit allem, was ich tue, als behandelnder Arzt, als Rückenspezialist, als Radiologe, als Wissenschaftler, auch als Autor aufklärender Bücher, als Vortragender an Schulen oder Kinderuniversitäten, als gelegentlicher Kritiker der Gesundheitspolitik sowie als Fürsprecher eines effizient organisierten Gesundheitswesens – mit allem will ich helfen, Voraussetzungen für ein gesundes und zufriedenes Leben zu schaffen. Wunder kann ohnehin niemand bewirken, auch nicht in der Medizin. Ein Halbgott in Weiß wollte ich nie sein.

Politiker und Verlagsmanager, Minister und Lehrbeauftragter – Bodo Hombach hat sich die kindliche Entdeckerlust ins Erwachsenenleben gerettet.

Bodo Hombach

Baumhaus und Höhle

Der Weg ins Licht der Welt war nicht undramatisch. Mutter – sie war neunzehn – stand in der Straßenbahn, als plötzlich die Fruchtblase platzte, gefährlich früh für die damaligen Verhältnisse. Eine alte Frau begriff, was los war, half ihr beim Aussteigen und ging mit ihr ins hundert Meter entfernte katholische Krankenhaus. Meine Familie war evangelisch. Das Personal dachte: Der kleine Kerl stirbt sowieso, was soll's! – Ich wurde katholisch notgetauft. Man wollte mich vor „Erbsünden" und Hölle bewahren. Offenbar verspürten katholische Krankenschwestern den Impuls, ein neugeborenes Menschlein liebevoller zu behandeln, als es ihr strenger Gott tun würde.

Glück im Unglück: Ein Brutkasten wurde frei. Ein gewichtigeres Kind hätte Vorrang gehabt, aber so gab es eine Chance für mich. – Ich nutzte sie und wollte es ihnen offenbar zeigen. Nach einiger Zeit war ich das schwerste Baby im Krankenhaus. – Die Geschichte ging auf merkwürdige Weise weiter. Ich behielt eine positiv traumatische Beziehung zu Brutkästen. Als diese Geräte noch Wärmekästen und keine Computer und damit finanzierbar waren, konnte ich im Lauf der Zeit einige spenden – meist in Entwicklungsregionen. Mehr als zehn mögen es gewesen sein. Vielleicht gab es da eine unterbewusste Erkenntnis: Man muss etwas tun, um zu überleben, – für sich und für andere.

Kindheitsträume brauchen einen Ort. Nur dort können sie entstehen, wachsen und sich verwandeln. Tom Sawyer hatte sein Sankt Petersburg am Mississippi. Ich hatte mein Mülheim an der Ruhr. Und unsere Jackson-Insel war die „Kuhle" hinterm Haus der Eltern: ein grünes Tal im Stadtteil Eichenberg. Man konnte Bäume besteigen, Baumhäuser bauen, Höhlen graben.

Kein Baum war verboten. Gefahrenbewusstsein? Fehlanzeige. Angstfrei klettern war ungetrübtes Glück. Die Naturgesetze spielten keine Rolle. Mag sein, dass sie zuweilen ein Knochenbruch an ihre Geltung erinnerten, aber das änderte nichts. Wir lernten vegetativ und subkutan. Das war unser Paradies, aber man weiß es erst heute. Paradiese erkennt man nur von außen.

Das Haus der Großeltern grenzte an Thyssen. Hinter dem Garten war der hohe Zaun die Grenze. Man musste ihn überklettern und war auf dem Werksgelände. Hier der Hühnerstall. Dort Werkshallen, Materiallager und Maschinenlärm. Mülheim war Industrierevier und Natur zugleich. Über der ganzen Stadt lag das Geräusch der Pipeline-Rohre, wenn sie beim Verladen über den Boden gezogen wurden. Am Abend flammten die Feuer der Hochofenabstiche auch in den Nachbarstädten auf. Gleichzeitig konnte man mit dem Roller an die Ruhr fahren und hatte ländliche Idylle. Alles zusammen war eine Heimat aus grandios-strengen Bildern und rauen Klängen. Die sind verschwunden. Die Ruhr behielt ihren Gleichmut. Der Goldrausch von Kohle und Stahl war für sie nur Episode.

Zuhause war die Essensvielfalt nicht groß. Mutter lernte kochen, als es nichts zu kochen gab. Wir waren die erste Generation „Fischstäbchen". Lange wusste ich nicht, dass Fische auch Flossen haben und sich elegant bewegen können. Es gab Erbsen und Möhren aus der Konserve. Mein Fetisch war die sogenannte „Pulla" mit einem Babystopfen. Je nach Jahreszeit gab es gemixte Bananen- oder Apfelsinenmilch. Ich trank das aus der Flasche und auch dann noch öffentlich, als sich die Gleichaltrigen schon anstießen und kicherten. Auch Mutter wurde nervös. „Wie lange willst du das noch machen?", fragte sie. „Bis ich zur Schule komme", war meine Antwort. Und tatsächlich. Mit dem ersten Schultag war die „Pulla" erledigt. An ihre Stelle trat der Brausewürfel. Wir leckten an dem kleinen Quader bis die Zunge wund wurde.

Magischer Ort war das Büdchen an der Straßenecke. Hier gab es alles, worauf es im Leben ankam. Geheimnisvolle Verdichtung von Glück. Symbolfigur „Wundertüte". Die Verheißung überstrahlte den kläglichen Inhalt.

Man legte ja auch roten Zucker auf die Fensterbank. Das brachte nach Jahren geduldigen Wartens eine kleine Schwester. Die machte dann meinen ersten Dual-Plattenspieler kaputt.

Kürzlich lag irgendwo auf einem Tisch wieder „Ahoi-Brause". Jemand muss sich seiner Kindheit erinnert haben und versuchte, den Markenartikel wiederzubeleben.

Da war noch etwas: Lange konnte ich kein „R" sprechen. Das musste ein Sprachpädagoge erst befreien. Er brauchte dafür zwanzig Minuten. Mutter konnte draußen warten. Danach kamen auch mir Wörter mit „RRRRR" über die Zunge wie „Roller" oder „Rutschbahn". Ein für das Ruhrgebiet ungewöhnliches rollendes „R" ist geblieben. – Viel später lernte ich: Entwicklung vernichtet nicht. Sie überlagert, verdrängt, verwandelt nur.

Es gab diese „Was-ist-was?"-Büchlein. Die habe ich mit Heißhunger verschlungen. Immer auf der Suche.

Als „Frühchen" auf die Welt gekommen, mauserte sich der kleine Blondschopf zu einem kräftigen Buben.

Wie ein Junkie, der mitten im Genuss nur die eine Sorge hat, den nächsten zu verpassen. Jedes Thema interessierte mich am meisten. Es war ein Taumelflug zwischen den alten Griechen und Römern, den großen Entdeckungen, fernen Kontinenten und Kulturen und den Geheimnissen des Weltraums. Dann kamen das Mikroskopieren und der Chemie-Baukasten. Es faszinierte mich, physikalische Experimente nachzuspielen, mehr noch, mir eigene auszudenken. Im Heuaufguss wurden Geißeltierchen gezüchtet. Sie ahnten nicht, dass sie ein neugieriger Riese betrachtete. Ein selbstgebautes Fernrohr zeigte mir, wie der Mond aussieht.

In der Schule waren die „Projekte" der interessanteste Unterricht. Damals befreite sich die Pädagogik aus ihren verkrusteten Gewohnheiten. Ein Hauch von Dynamik und entdeckendem Lernen wehte durch die Klassenzimmer.

Die Neigung ist ungebrochen: Dahinter schauen. Verstehen wollen. Vor allem auch in Bezug auf Ereignisse der Geschichte. Beim Zappen durch das Fernsehprogramm bleibe ich sofort hängen, wenn ich auf historische Dokumentationen stoße.

Die Entdeckerlust hatte eine Kehrseite: Ich konnte mich nicht festlegen. In jedem Thema steckten zwei weitere. Vielleicht gibt es das ja wirklich, was Goethe für sich in Anspruch nahm. Alles, was er in seinem Leben trieb, seien nur „Bruchstücke einer großen Konfession" gewesen. Man lebt nicht auf einem Weg mit klarem Ziel, sondern in einem „erdnahen" Wohnraum, in einer Landschaft von großer Vielfalt und in ständigem Klimawandel. Nicht aus Sorge, sich falsch zu entscheiden, sondern in der unbändigen Lust, den Reichtum zu erleben.

Später begegnete man den notorischen Spezialisten. Man konnte sie bewundern und fand sie zugleich unerträglich, denn oft haben sie mit den Realitäten, die uns umgeben, nichts mehr zu tun.

Sie stellen Gesetzmäßigkeiten auf, die sich schon im nächsten Augenblick selbst widerlegen. Man erlebt es zurzeit im Panoptikum der Ökonomen. Sie überbrücken ihre Hilflosigkeit damit, dass sie sich nur noch im Rudel äußern, wobei aber jeder die Welt auf andere Weise erklärt. Die Banken überbieten sich mit dem Versprechen, ab nun schön brav zu sein und ihre Kunden ehrlich zu beraten. Zugleich verstecken sie sich hinter einer verwirrenden Palette von Alternativen, die sich gegenseitig ausschließen und unter denen man wählen soll. „Märchenstunde" nannte das Hans Magnus Enzensberger.

Ich wurde Europäer und war es – ohne es schon zu wissen – von Anfang an. Ich liebe diesen anstrengenden Kontinent. Sein Motor ist nicht das kreisende Gleichmaß, sondern Idee und Leidenschaft. Die alten Griechen gaben ihm ihr Geheimnis auf den Weg: „agon" – Wettstreit. Die Erkundung des Unbekannten in Dialog und Dialektik. Daraus entwickelte sich ein von Widersprüchen geprägtes Weltbild. Das westliche Universum der Doppelwahrheiten: Männlich – weiblich, Glaube und Wahrheit, Logik und Mythos, Innovation und Tradition, Bewusstsein und Unterbewusstsein – welche Heimat! Und sie braucht eine wachsame Bürgerwehr – gegen Gleichschritt und Stammtischgeschrei, gegen bürokratische Erbsenzähler und ideologische Rasenmäher, gegen den Rechten Winkel und die Spanplatte.

Ein immer wiederkehrender Traum: Ich stehe da und bewege die Arme auf und ab, als wären es Flügel. Ich erlebe: Man kann nicht einfach über den Dächern der Stadt schweben. Es geschieht nicht von selbst. Man muss großen Anlauf nehmen. Und es gehört Glück dazu. Zuweilen geschieht das Wunder. Gegen alle Schwerkraft gelingt es, wie ein großer Vogel in der Höhe zu kreisen, scheinbar mühelos, angstfrei und im Einklang mit guten Mächten. Es wird ein schöner

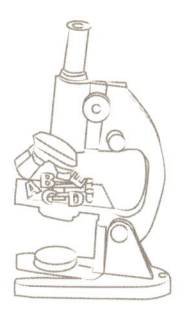

Im Revier verwurzelt mit dem Blick und unbändiger Lust auf die große weite Welt!

Flug, ein strömender Moment unsäglichen Glücks. Oft jedoch muss man sich heftig abarbeiten und hüpft nur ein paar klägliche Meter. Sigmund Freud oder Guido Adler könnten mir das sicher gut erklären.

Wenn der Körper schläft, nimmt sich das Gehirn skurrile Freiheiten. Es schafft sich seine eigenen Metaphern, in die man rückwirkend vieles projizieren kann, aber auch das kommt aus dem Innern.

Und plötzlich stand der „Homo politicus" im Vordergrund. Nein. Nicht plötzlich. Eigentlich war er schon immer vorhanden. Es gab die einsame Stunde am Mikroskop. Es gab aber auch die Straßenbande und ihre kollektiven Mutproben. Eine andere Bande beanspruchte unser Revier. Überfälle wurden abgewehrt. Wir waren die Guten, denn wir hatten den Sohn des Kriminalkommissars in unseren Reihen. Die anderen rauchten schon und kannten schlimme Wörter. Die „Kuhle" war unser Rückzugsgebiet.

Einer von uns war besonders umworben. Seiner Mutter gehörte der Tante-Emma-Laden. Dort standen große Glasbehälter mit „Drops" und „Klümpkes". Ich höre noch immer das Geräusch, mit dem sich der Glasdeckel hob. Dann durfte man in die klirrende Süße greifen.

Langsam weitete sich der Horizont. Vielleicht verwandelte er sich auch nur – aus der magischen Unendlichkeit der Kinderjahre in den rationalen Kosmos der Gesellschaft. Teilnahme an kulturellen Entwicklungen. Dann Demonstrationen gegen die Straßenbahnpreise und andere Ungerechtigkeiten. Schnell war man von linken Gruppierungen aufgesogen. Eine Weile planschte man im Verbalrausch der Weltverbesserer. Manche ihrer Argumente waren gut. Sie wurden nicht dadurch schlecht, dass sie die Probleme lösen wollten, alle, jetzt und hier und sofort. Es blieb eine Erfahrung: Übereifer ist eine Kraft. Man soll sie nicht ausbremsen und niedermachen, sondern konstruktiv umwidmen.

Und es blieb die Erfahrung: Politische Gestaltung braucht ein pulsierendes Netzwerk mit vielen – möglichst unkündbaren – Beziehungen. Freunde und Begleiter verwandeln sich zusammen mit den Feldern, die man betritt. Jeder und jede hat unbekannte Eigenschaften, die sich in neuen Situationen entdecken lassen. Ihnen geht es mit mir hoffentlich ebenso.

Drogen waren keine Gefahr. Die Haschisch-Konsumenten unter den Kumpels fanden offenbar tolle Lösungen für verwickelte Probleme, z. B. die Antwort auf die Frage: „Was war zuerst da, die Henne oder das Ei?" Nach dem Rausch hatten sie die Antwort wieder vergessen. Wir machten einen

Seit Kindertagen scheint sich das „Mitgestalten" als roter Faden durch Bodo Hombachs Leben zu ziehen, ob in der Bundes- und Europapolitik oder als Zeitungsmacher.

Tonbandmitschnitt vom Augenblick der Erkenntnis. Beim Abhören war da nur noch dummes Gebrabbel – und einige Probleme waren nach der Rückkehr in die Realität verwickelter denn je. Das erschien mir unergiebig, und ich beschloss, die Antworten auf der logischen Ebene der Fragen zu suchen.

Der Zerfall alter Denkstrukturen braucht Geduld. Auch die Haut alter Argumente streifen wir erst ab, wenn sich darunter die neuen schon gebildet haben.

Ich schließe den Zettelkasten der Erinnerungen. Gab es einen Kindheitstraum, der sich folgerichtig verwirklichte? Ich glaube nicht. Die Ereignisse werfen ihre Schatten nicht voraus, sondern zurück. Aber eines erscheint mir als „typische Handbewegung": In keiner Situation hatte ich den Eindruck: Jetzt hast du's. Jetzt kannst du stehenbleiben. Entscheidend war immer der Wechsel, übrigens in einem merkwürdig geregelten Zehn-Jahres-Takt, manchmal fast auf den Tag genau. Landesgeschäftsführer SPD, Preussag, Landtag, Ministerfunktion, Medienmanagement.

Ein Stück Kindheit verwirklichen heißt: Nicht darüber nachdenken, warum man eigentlich tut, was man tut. Naiv bleiben und von jedem Menschen das Allerbeste erwarten. Diese Kraft gegen alle Erfahrung zu bewahren, darauf kommt es an. Solange das gelingt, ist auch über einen selbst noch nicht alles gesagt. Träume sterben, wenn sie sich erfüllen.

In der nächsten Lebensepisode – an Fachhochschule, Hochschule und Akademie arbeitend endlich mit genug Zeit, auch wissenschaftlich fundiert darüber nachzudenken, warum man in der Politik tat, was man tat, – wird es spannend sein zu erfahren, ob man dabei „erwachsener" wird.

Nicht als rasender Reporter, aber als Journalist und Chefredakteur war Peter Lewandowski schon immer auf der Suche nach *der Story*!

Peter Lewandowski

Sterne

Mein Eintrag auf der Seite des sozialen Netzwerks „Facebook" bestand nur aus drei Sätzen: „Wovon habt Ihr als Kinder geträumt, und was wurde davon wahr? Ich zum Beispiel bin weder Mick Jagger noch Günter Netzer geworden, mein Sohn wird wohl auch nicht Polizist. Durch ihn aber habe ich mir einiges erträumen können …"

Die Reaktion meiner über 4.500 sogenannten Freunde war überwältigend und anrührend zugleich. Anja, die in der DDR aufgewachsen ist, sehnte sich nach Rom und Paris, Alex wollte mit einem Segelschiff die Welt entdecken, Uschka war begeistert vom Glamour der Seiltänzerinnen im Zirkus und glaubt, später als Chefredakteurin nur so was Ähnliches wie eine Zirkusdirektorin gewesen zu sein.

Von vielen wurde ich auf mein Leben angesprochen, auf ein Traumleben als Journalist mit den Reichen, Schönen und Berühmten dieser Welt. Ja, ich habe bisher wirklich Glück gehabt. In meinen Jahren als Chef der Männermagazine „Playboy" und „Maxim" verkörperte ich, wie einer meiner Verleger meinte, „den Traum von Millionen Männern". Um mich herum die anziehendsten Frauen, zu allem bereit, rauschende Parties, vor der Tür die besten, vor Kraft strotzenden Boliden, mit denen ich, immer eine Schöne im Arm, in die luxuriösesten Hotels der Welt rauschte.

Später, als ich Chefredakteur des Glamour-Magazins „Gala" wurde, erfuhr dieses Leben in Saus und Braus unglaubliche Steigerungen. Die Sternchen wurden durch Stars ersetzt, der rote Teppich mein Zuhause, Hollywood meine zweite Heimat. Im Laufe der elf Jahre drehte sich die Welt immer schneller, immer verrückter. Mit Penelope Cruz und Tom Cruise im Kino, mit den Rolling Stones auf der Bühne, Jerry Hall im Arm, Abende mit Jennifer Lopez, Angelina Jolie und neben vielen, vielen anderen natürlich unserer Heidi Klum. Und in einer kalten Januarnacht in Berlin mit Cameron Diaz im …!

Schließlich hatte ich Erwartungen zu erfüllen, den Vorstellungen zu entsprechen, die so manche von meinen Jobs hatten. Also waren der Fantasie meiner Umwelt keine Grenzen gesetzt.

Ich wohne in Hamburg eher ruhig, schon fast ländlich. Im Westen, ganz nahe an der Elbe, um die Ecke eine beschauliche Einkaufsstraße. Ein kleiner

Kecker Blick und neugierig auf alles, was kommt: der kleine Peter.

Supermarkt, Café, Bäcker, Schneider, Metzger, Gemüseladen und ein Zeitungskiosk. Ich liebe meine morgendlichen Spaziergänge und die kleinen Gespräche in meiner Straße. Mit Holger über Fußball, mit Ronald über die doofen Polizisten und die Geschichten des Bäckers von anno dazumal als kleine Jungs noch in die Elbe sprangen und die lebensgefährliche Strömung sie quer ab und runter kilometerweit in den Hafen trieb. Angst hatten die waghalsigen Buben natürlich überhaupt nicht, weil „da ja sowieso nur ein paar Kriegsschiffe rumfuhren und sonst nix los war."

Meinen morgendlichen Rundgang pflegte ich meist gegen halb zehn Uhr zu tätigen. Zu einem Zeitpunkt, an dem meine Truppe schon das zweite Frühstück hinter sich hatte und über das Leben bereits bestens informiert schien. Scheinbar auch über meins. Sobald sie über eine Party, ein Event, eine Trennung, eine neue Liebe gelesen hatten, war ich dran: „Wie war es gestern Abend?" „Wieder bis in die Puppen gefeiert?" „Die Longoria sieht doch scharf aus, oder? Kannst mich das nächste Mal nicht mitnehmen?"

Meine Umgebung gierte nach immer neuen Geschichten und wollte mir nicht glauben, wenn ich mal bescheiden anmerkte, dass mein Job zu 80 Prozent aus harter Arbeit am Schreibtisch bestehe. Die Quittung war nur ein süffisantes Lächeln: „Ja, ja, ist schon klar Alter. Ach, sag mal, glaubst du wirklich, dass Brad Pitt tatsächlich die Jolie betrügt? Du kennst den doch."

Und schon ging's wieder von vorne los, aber vermutlich war ich selbst schuld. Denn meine kleinen Geschichten aus der Starwelt beflügelten die Fantasie meiner Mitmenschen immer mehr.

Ja, Brad Pitt habe ich kennengelernt, als wir beide noch in einem anderen Leben waren.

Ich war gerade Vater geworden, Playboy und Gala lagen noch weit vor mir, er ein gut aussehender Schauspieler mit Freundin aus München, die damals zufälligerweise genauso wie ich am Englischen Garten wohnte, übrigens auch mit kleiner Einkaufsstraße um die Ecke. Unsere Hunde spielten auf der Wiese, wir kamen ins Gespräch über Gott und die Welt, meine heute 86-jährige Mutter, die mich begleitete, fragte hinterher ungeduldig, wer das denn schon wieder gewesen sei. Auf meine Antwort meinte sie nur genervt: „Kenne ich nicht!" Immerhin war meine damals 16 Jahre alte Nichte so angefixt, dass sie sechs Tage hintereinander in den Englischen Garten rannte. Dass sie Brad nie traf, lag wohl daran, dass sie immer vergaß, meinen Terrier-Mischling mitzunehmen.

Ich weiß nicht, ob mir die damalige Begegnung mit Brad auch bei Gala weitergeholfen hat. Jedenfalls bekamen wir von ihm und seiner Frau regelmäßig exklusives Fotomaterial, auch wenn wir beim Kauf der Bilder nicht den höchsten Preis geboten hatten. Die beiden mochten unser Hochglanz-Magazin und empfahlen uns über ihre Agenten an andere Stars weiter. Sandra Bullock gab uns das erste Foto mit ihrem adoptierten Sohn, Elle MacPherson, eins der großen Topmodels der 90er-Jahre, rief mich aus London an, um sich bei mir für faire Berichterstattung zu bedanken. Solche Momente waren genauso traumhaft schön wie die oft unspektakulären Geschichten abseits vom roten Teppich, die Stars privat zu erleben, fröhlich, unsicher, manchmal auch traurig oder genervt. Menschen wie du und ich eben.

Es war 1998, als ich meinen ersten Talkshowauftritt hatte. Die Sendung „Riverboat" wurde damals aus Dresden übertragen. Neben mir waren unter anderem Til Schweiger, Benno Führmann und Wayne Carpendale zu Gast. Sie können sich vorstellen, dass ich ziemlich nervös und leicht entsetzt war, als Til Schweiger mit zwei Glas Sekt um die Ecke bog. „Komm, lass uns was trinken, ich bin so fürchterlich aufgeregt", meinte er damals. Seit dem Satz bin ich Schweiger-Fan. Die Talkshow haben wir dann übrigens in aller Ruhe über die Bühne gebracht.

Stars sind im Prinzip misstrauische Menschen und fühlen sich bei dem ganzen Rummel um sie herum oft benutzt. Ihre Unsicherheit anderen gegenüber wird oft mit Eitelkeit verwechselt. Um so mehr genießen sie, wenn sie unterwegs sind, die kleinen privaten Momente. Bei einem Abendessen in einem italienischen Restaurant in München war Richard Gere so aufgekratzt, dass er zu später Stunde mit den Kellnern italienische Lieder grölte; der Dalai Lama unterhielt sich mit mir auf einem Hotelflur, weil ich mich mit seinen Bodyguards gut verstand; den Mann von Supermodel Karolina Kurkova musste ich vor einem Dinner bei der Wahl seiner Schuhe beraten; die Frau von Bruce Willis stand mit ihrer Mutter plötzlich bei mir im Büro, um sich für ein Interview zu bedanken. Leider habe ich es versäumt, über all die Jahre ein Tagebuch zu führen, aber vielleicht ist es auch besser so. Das meiste könnte ich sowieso nicht veröffentlichen, weil Diskretion zu meinem Geschäft gehört.

Als Kind habe ich auch von ganz anderen Dingen geträumt. Von Dingen, die ich mir erst als Erwachsener leisten konnte. Die vielen, vielen Matchbox-Autos, Trikots, Fußbälle und Schuhe habe ich zwar immer offiziell für meinen Sohn gekauft, aber natürlich auch für mich, den kleinen Jungen im Mann. Ach ja, und wenn ich meinen Sohn beobachte, wie er an der Playstation lautstark Fußballspiele kommentiert, erinnert er mich an mich selbst. Bloß, dass ich der Sportkommentator für Tipp-Kick-Spiele war. Reporter wollte ich damals werden. Das ist auch sein großer Traum. Vielleicht wird er für ihn wahr, so wie für mich, wenn auch ein wenig anders als geplant.

Ein Traum ganzer Männergenerationen: Peter Lewandowski mit Hollywoodlegende Sophia Loren.

Der Kardiologe Dirk Albrecht setzt sich als Geschäftsführer von Krankenhäusern für die optimale Versorgung seiner Patienten ein.

Dirk Albrecht

Vom Traum Arzt zu sein

Geboren wurde ich im Dezember 1964 im westfälischen Münster. Doch den größten Teil meiner Kindheit verbrachte ich mit meinen Eltern und meinem Bruder in einem kleinen Dorf in Oberbayern. Ich war fünf Jahre alt, als wir dorthin zogen. Am Rande der Alpen gelegen, war es Heimat für knapp tausend Einwohner. Uns Kindern bot das Dorf mit seinem wunderbaren Moorsee, unzähligen Wiesen und Wäldern jede Menge Platz zum Spielen. Es gab etwa zwanzig Bauernhöfe, deren Besitzer ihren Lebensunterhalt mit der Milchvieh-Wirtschaft verdienten. So waren das Läuten der Kuhglocken und das laute Rufen der Kühe zur Melkzeit insbesondere in den Sommermonaten unsere ständigen Begleiter. Jeden Mittwoch jedoch, war es ein gänzlich anderes Geräusch, dem ich meine ganze Aufmerksamkeit schenkte. Immer am Morgen, zwischen 7 und 8 Uhr fuhr ein für mich unfassbar großes, oranges Müllauto durch unsere Straße. Wann immer es mir möglich war, beobachtete ich die Männer, die hinten auf dem Auto standen, an jedem Haus absprangen, die schweren Tonnen rasch in den riesigen Auffangbehälter leerten, danach blitzschnell wieder auf das Trittbrett sprangen, um zum nächsten Haus zu fahren und dort im gleichen Rhythmus von vorne zu beginnen. Diese Männer sprachen so lautstark miteinander und mit den Menschen, die ihnen bei ihrer Fahrt begegneten, dass ich die Worte in meinem Zimmer hören konnte. Anfangs verstand ich wegen des Dialekts nur wenig, doch das änderte sich rasch. Trotz der harten Arbeit schienen diese Männer immer gute

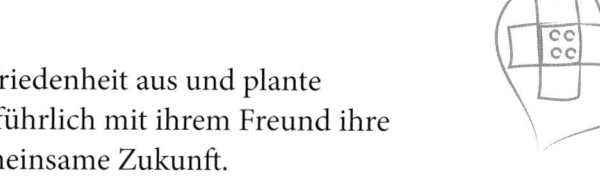

Laune zu haben und so kam ich irgendwie zu der Überzeugung, dass dieser Beruf Spaß mache und für mich erstrebenswert sei. Mit fünf Jahren stand mein Entschluss fest: Als Erwachsener wollte ich auch auf diesem Trittbrett stehen.

Doch in den folgenden Jahren verblasste dieser Wunsch und wurde durch eine neue Leidenschaft ersetzt. Eine Leidenschaft, die in meiner Familie schon andere erfasst hatte. Das gemeinsame Familienabendessen war bei uns immer der Zeitpunkt, an dem wir alle zusammenkamen. Dann berichteten Kinder wie Eltern von den wichtigen Erlebnissen des Tages. Meine Eltern arbeiteten beide als Ärzte in einem Krankenhaus und erzählten mir und meinem Bruder mit viel Geduld und Einfühlungsvermögen von ihrem Arbeitsalltag, der für uns alles andere als alltäglich schien. All diese Geschichten waren voller Spannung, sie berichteten von Freude, aber natürlich auch von Leid. Auf diese Weise wurden Themen rund um Gesundheit und Krankheit schon in frühen Jahren für mich und meinen Bruder zu täglichen Wegbegleitern. Durch meine Eltern lernte ich in den nächsten Jahren immer wieder andere Menschen kennen, die sich mit Kranken und deren Sorgen und Kümmernissen befassten. Oft lauschte ich den Gesprächen und so wuchs in mir die Idee, mich selbst mit der „Medizin" zu befassen. Im Lauf der Zeit nahm mich mein Vater wiederholt zu kurzen Besuchen in sein Krankenhaus mit. Die dortige Atmosphäre, die Begegnungen mit Mitarbeitern und Patienten waren für mich eindrucksvoll und die gesammelten Eindrücke machten das Krankenhaus für mich zu einem interessanten und attraktiven Ort. Eine junge Frau, die durch eine chronische Erkrankung körperlich stark behindert war, blieb mir ganz besonders in Erinnerung. Sie strahlte trotz ihrer Beschwerden und ihres Lebens im Rollstuhl eine große Zufriedenheit aus und plante ausführlich mit ihrem Freund ihre gemeinsame Zukunft.

Mittlerweile war ich 14 Jahre alt geworden, besuchte das Gymnasium und ging in den Ferien wie viele meiner Freunde einem Ferienjob nach. Jeder suchte sich die Aufgabe, die ihm gefiel. Auch für mich war das die Gelegenheit, mich meinem Interesse für die Medizin erstmals „professionell" zu nähern. Die ersten Erfahrungen mit kranken Menschen machte ich im Rahmen eines Einsatzes in der physiotherapeutischen Abteilung eines Krankenhauses. Ich hatte die Aufgabe, Menschen mit körperlichen Beschwerden in eine mit heißem Moorschlamm gefüllte Badewanne zu setzen, sie zu beaufsichtigen und anschließend wohlbehalten wieder herauszuholen. Was einfach klang, musste erst gelingen, schließlich war ich erst 14. Mein Chef, ein immer gut gelaunter, großer Sizilianer mit schwarzem Schnauzbart, lachte viel und hatte für jeden ein aufmunterndes Wort auf den Lippen. Der Moorschlamm selbst linderte Beschwerden, der lockere Wortwechsel mit dem Therapeuten im deutsch-italienischen Sprachmix schien mir aber genauso wichtig für die Patienten zu sein. Die Arbeit machte mir Spaß, und nach diesen zwei Wochen war die Saat, die die abendlichen Tischgespräche mit meinen Eltern in mir gesät hatten, endgültig aufgegangen: Ich wollte mehr Erfahrung in der Arbeit mit Kranken sammeln. Vor allen Dingen wollte ich Aufgaben kennenlernen, die noch näher an der ärztlichen Tätigkeit lagen. Deshalb machte ich in den folgenden Jahren mehrfach Pflegepraktika im Krankenhaus. Ich erlebte Menschen, die bei der Verrichtung ihrer täglichen Bedürfnisse auf die Hilfe anderer angewiesen waren. Täglich betreute ich mehrere Patienten, wusch sie, half ihnen beim Ankleiden, gab ihnen Frühstück und vieles mehr. Für eine kurze Zeit wurde ich zu einem Teil ihres Lebens. Als ich eines morgens eine stark behinderte Frau an ihren Tisch setzte und sie lächelnd im Rollstuhl ihr Frühstücksbrötchen genoss, da sah ich, dass es Freude am Leben auch mit Krankheit und Behinderung gibt. Ich spürte, dass nicht nur ich ihr half: Auch sie vermochte mir etwas zu geben. Die Versorgung eines Kranken kann dem Gesunden Freude machen und gleichzeitig eine Herausforderung für seinen Geist und seine Seele sein. Schon nach einem der ersten dieser Praktika war mir durch diese Erfahrungen klar geworden, dass ich zukünftig die Krankenversorgung zu meiner Aufgabe machen wollte. Von da an wollte ich Arzt werden.

Als ich 16 Jahre alt war, verbrachte ich drei Wochen meiner Sommerferien in einer Kinderklinik. Vom Pflegen, Waschen und Helfen beim Essen bis zum gemeinsamen Spielen war ich täglich Begleiter der oftmals chronisch kranken Kinder, von denen einige in meinem Alter waren. Wenn die Sonne schien, ging ich mit ihnen in den Krankenhausgarten oder schob sie mit dem Rollstuhl nach draußen. Dabei erzählten wir uns gegenseitig aus unserem Alltagsleben. Das Besondere an der Arbeit mit den Kindern war, dass sie sehr rasch entschieden, ob sie einem Betreuer ihr Vertrauen schenken wollten. Und nur derjenige, der dieses Vertrauen erhielt, konnte mit ihnen arbeiten. Unsere kleinen Patienten litten sehr unter ihren Krankheiten und sie konnten es vehement ausdrücken, doch sie fanden sofort wieder Freude und lebten sie aus, sobald es dazu auch nur einen kleinen Anlass gab. Am Ende dieses Ferienjobs war mir klar, mein Berufsziel war nicht einfach „nur" Arzt, sondern ich wollte Kinderarzt werden.

Von da an musste ich keine Alternativen mehr durchdenken, denn ich wusste, was ich wollte. Ich konzentrierte mich deshalb auf die Frage, wie ich diesen Wunsch realisieren könnte. Aus heutiger Sicht war bei der Verfolgung meines Ziels wichtig, nicht ständig darüber nachzudenken, sondern immer Spaß am nächsten Schritt und an der nächsten Aufgabe zu haben. Denn erstens ist jeder Weg zur Realisierung eines Traums, auch eines Kindheitstraums, lang und zweitens kann der Weg kurvig verlaufen oder sogar in einer Sackgasse enden. Das ist nur dann akzeptabel, wenn einem der nächste Schritt immer als attraktiv, erstrebenswert, lehrreich und freudebringend erscheint.

So machte ich mich auf den Weg, Medizin zu studieren. Damals wie heute ist die begrenzte Zahl der Studienplätze eine große Sorge der Schüler, doch ich hatte das Glück, rasch einen Platz zu erhalten. Das Studium stellte mich immer wieder vor Aufgaben, deren Bedeutung für die spätere Arbeit nicht unmittelbar zu erkennen war. So schlug ich mich mit biochemischen Formeln und Prozessen herum, die mir in dieser Detailtiefe nicht sonderlich hilfreich erschienen. Diese Lernsituationen erforderten von meinen Kommilitonen und mir ein beträchtliches Durchhaltevermögen. Gemeinsam kamen wir damit aber ganz gut zurecht. Als der vorklinische Teil mit den Grundlagenfächern geschafft war, ging es jedoch richtig los und ich hatte von da an Freude an den meisten Fächern. Immer wenn es darum ging, klinische Medizin zu lernen, war mein Interesse besonders lebendig. Besonders in dieser Phase des intensiven Lernens sind bestimmte Menschen prägend und hinterlassen dauerhafte Erinnerungen. So waren für mich diejenigen Professoren besonders vorbildhaft, denen es gelang, ihre Medizin und die damit verbunden wissenschaftlichen Fragen in den Dienst der Bedürfnisse der Patienten zu stellen. So gab es einige herausragende Persön-

lichkeiten, wie den Radiologen Herrn Prof. Wenz, die schon durch die Art ihres Vortrags lehrten, dass an erster Stelle der Mensch mit seinen gesundheitlichen Sorgen und Bedürfnissen steht. Seine Botschaft an die angehenden Ärzte war stets, sich zunächst aufmerksam dem Kranken zu widmen und erst danach daraus die medizinischen Fragestellungen abzuleiten, die dann mit großer wissenschaftlicher Akribie und Leidenschaft zu bearbeiten sind. Das war eine Haltung, die ich sehr gut mit meinen Vorstellungen vereinbaren konnte. Für all die Ärzte, die den Patienten eher als Mittel zum Zweck der Wissenschaft begriffen, konnte ich wenig Sympathie entwickeln.

Neben dem Studium wollte ich meine praktischen Fähigkeiten verbessern, weshalb ich in all den Jahren auch in der Krankenpflege arbeitete. Einige Nächte und Wochenenden pro Monat half ich den Pflegekräften einer Intensivstation und lernte durch die Zusammenarbeit mit den erfahrenen Schwestern und Pflegern ständig dazu. Ich lernte Grenzsituationen des Lebens zu ertragen, Sterbende zu begleiten, aber auch mit Kranken, die gesund werden, ihre Freude zu teilen. Ich lernte, moderne Technik zu verstehen und anzuwenden, den Gesundheitszustand von Menschen einzuschätzen und daraus ärztliches und pflegerisches Handeln abzuleiten. Und ich lernte, dass jeder Einzelne in seiner Rolle einen wichtigen Beitrag zum Gelingen des Ganzen liefert. Dabei zu erleben, dass ich mich verbesserte, war schön und begeisternd. Gleichzeitig die eigene Begrenztheit und die der gesamten Medizin zu erkennen, war wichtig. In dieser Zeit dachte ich wenig an die Realisierung eines Kindheitstraums, ich handelte einfach intuitiv.

Als ich im Rahmen praktischer Tätigkeit in einer Kinderklinik die Frühgeborenenmedizin genauer kennenlernte, begann ich allerdings meine ursprüngliche Entscheidung zu überdenken. Wir hatten viel mit kleinsten Kindern zu tun, die so zerbrechlich und verletzlich auf mich wirkten, dass ich mir sicher war, dass diese Aufgabe mir zu sehr ans Herz gehen würde. Bei aller Bewunderung für die Kunst dieser spezialisierten Ärzte und meinem Interesse an der Kindermedizin hatte ich den Eindruck, dass ich für diese Aufgabe nicht die richtigen Voraussetzungen mitbrachte. Schwer im Herzen aber klar im Geist kippte ich meinen Traum vom Kinderarzt über Bord.

Von Oberbayern an die See: Seine Kindheit verbrachte der spätere Mediziner am Rande der Alpen.

Nachdem ich mein Studium beendet und die Approbation erhalten hatte, wurde mir eines rasch klar: Das Ziel, Arzt zu werden, war zwar erreicht, doch ging es nun erst so richtig los. „Nach dem Spiel ist vor dem Spiel", sagt man in der Welt des Sports. Viele Möglichkeiten standen offen und es waren viele Fragen zu beantworten. Beispielsweise diese: Welche Spezialisierung? Forschung oder Versorgung? Deutschland oder Ausland? Mich haben auf der Suche nach den Antworten im Wesentlichen die Überlegungen geleitet, was mir Freude bereiten würde, was meinen grundlegenden Interessen und Fähigkeiten entsprach und was mir Entwicklungsperspektiven ermöglichte.

Ich entschied mich für die Spezialisierung als Facharzt für Herzkrankheiten – ich wollte also Kardiologe werden. Wieder fing ich ganz von vorne an. In meinen ersten Wochen wurde mir sofort wieder bewusst, was ich in der Pflege auf der Intensivstation während des Studiums gelernt hatte. Die Neulinge lernen von den Erfahrenen und jeder einsatzbereite und kompetente Mitarbeiter liefert einen wichtigen Beitrag zum Gelingen – ebendies wird auch von ihm erwartet. Dass ich die ersten Wochen als Arzt ohne größere Missgeschicke überstand, war das Verdienst einer erfahrenen Stationsschwester, Schwester Maria. Sie bot mir eine lenkende Hand, die ich dankbar annahm. Wenn ich morgens zum Dienst kam, führte mich mein erster Weg zu dieser Schwester, die mir erzählte, was ihr bei ihrem ersten Rundgang durch die Patientenzimmer bereits aufgefallen sei und worum ich mich am besten sofort kümmern müsse. Ich war gut beraten, genau diese Dinge sogleich anzugehen. Gemeinsam haben wir die uns anvertrauten Menschen im Blick behalten und so manches Problem gelöst. Eine derartige Startsituation wünsche ich jedem jungen Arzt.

Eigentlich wollte der kleine Dirk als Erwachsener „auf dem Trittbrett stehen". Seine Patienten danken es ihm heute, dass er diesem ersten „Kindheitstraum" nun doch nicht nachgegangen ist …

Die wichtigste Erfahrung, die ich in den kommenden Jahren machen durfte war, dass mein Beruf mir, egal in welcher Aufgabe und Rolle, immer sehr viel Freude bereitet hat. Beispielsweise hatte ich viele Jahre später ein Erlebnis mit einem Patienten, der innerhalb von fünf Jahren dreimal nachts mit akuten lebensbedrohlichen Problemen in unserem Krankenhaus aufgenommen werden musste, und jedes mal traf er auf mich als diensthabenden Arzt. Schon beim zweiten Zusammentreffen hatte diese zufällige Beziehung für uns beide eine beruhigende Wirkung. Gemeinsam haben wir dann alle Klippen überwunden und zwischen uns entstand eine besondere Verbundenheit, die lange Jahre anhielt.

Eine große Besonderheit bei der Arbeit als Kardiologe sind die vielfältigen Eingriffe, die man mit Herzkathetern durchführt. Immer wieder bringt der Notarzt Menschen mit akutem Herzinfarkt ins Krankenhaus. Die Schmerzen sind groß, der Patient leidet unter Atemnot, Bewusstlosigkeit droht, der Kreislauf ist in Gefahr, die Situation wird kritisch. Der Patient wird sofort in den Eingriffsraum gefahren, der Eingriff startet sofort, Herzkranzgefäße werden aufgedehnt, ein Stent wird implantiert, blutdruckunterstützende Pumpen werden eingesetzt. So erlebte ich viele einzelne Situationen, in denen wir mit allen Methoden der Herzmedizin um das Leben unserer Patienten kämpften. Diese Situationen sind eine Herausforderung an die Nervenstärke, das medizinische Wissen und das manuelle Können des Arztes und seiner Kollegen. Sie führen zu hoher körperlicher, seelischer und zeitlicher Beanspruchung und sie lehren auch, dass Medizin Teamarbeit ist. Im Team ist der Einzelne sehr wichtig, aber nicht viel wert ohne die anderen, denn man ergänzt sich gegenseitig. Daraus entsteht eine große gemeinsame Stärke, die ich immer sehr zu schätzen wusste. Kardiologe zu sein ist ein wunderbarer Beruf.

Nachdem ich meine Facharztausbildung abgeschlossen hatte, war ein Zeitpunkt gekommen, an dem ich überlegte, meinen Berufswunsch Arzt mit einem weiteren Traum zusammenzubringen. Von Jugend an hatte ich großes Interesse an Fragen rund um den Betrieb und die Führung von Unternehmen. Mein Großvater und seine Söhne, die gemeinsam ein Familienunternehmen betrieben, zeigten mir früh, welche Aufgaben, Freuden und Sorgen mit der Verantwortung für ein Unternehmen verbunden sein können. Als ich nun nach den ersten Jahren der Berufstätigkeit eine gewisse Sicherheit und Routine als Arzt gewonnen hatte, suchte ich nach einem Weg, beide Interessen zu kombinieren und entschied mich, zusätzlich Gesundheitsökonomie zu studieren. Und wieder hatte mich ein neues Thema gefangen. In der Kombination von kaufmännischem und medizinischem Know-how und dessen Integration in die Entwicklung des Unternehmens Krankenhaus schienen mir viel versprechende Perspektiven zu liegen. Dieser Gedanke war für mich so attraktiv, dass ich entschied, diesen Weg einzuschlagen, auch wenn dies den Rückzug aus der unmittelbaren persönlichen Patientenversorgung bedeutete. Heute bin ich als Geschäftsführer von Krankenhäusern für die Leitung und Entwicklung des Unternehmens und damit die Gestaltung der Rahmenbedingungen verantwortlich, innerhalb derer Kolleginnen und Kollegen sich um unsere Patienten kümmern. Wenn auch anders als damals gedacht, ist diese Aufgabe eine neue Art, meinen Kindheitstraum zu verwirklichen.

Bei Regisseur, Autor und Produzent Hans W. Geißendörfer dreht sich seit Kindertagen alles um die bewegten Bilder!

Hans W. Geißendörfer
Der Elefantenjunge

Kinderträume, Jugendträume, Träume überhaupt und Alpträume! – Der, den man nicht als Traum erlebt, ist der Kindertraum. Denk ich zurück, waren alle meine Träume als Kind Teil meiner Realität. Ich habe sie nicht als Träume in der Erfahrung eines Erwachsenen erlebt, also als Elemente meiner Fantasie, meiner Psyche, meines Unterbewusstseins – ich habe sie als Realität erlebt, wenn auch als Realität in der Zukunft. Aber es gab keinen Zweifel, dass das alles so sein wird, dass alle „Träume" gelebt werden und zwar manchmal auch sehr bald.

Es war ein kleiner Roller, sehr einfach: zwei Räder in ein Brett montiert und eine senkrechte Stange und oben eine kurze Querstange, die als Lenkung funktionierte. Meine Rennstrecke war der Korridor der Wohnung und der war für mich als kleiner Junge riesig lang. Kehrt man an einen Ort seiner Kindheit als ausgewachsener Mensch zurück, staunt man, wie klein alles tatsächlich wirkt, was einem als Kind groß und weit erschien.

Also rannte ich gegen die Zeit mit meinem Roller den Flur auf und ab und träumte davon, dass ich genauso schnell bin wie mein Onkel mit seinem Opel Blitz, einem für die damalige Zeit recht schnittigem Personenauto, das sicher über 120 fuhr. Auf der Straße rollerte ich neben ihm her, atemlos, was nicht ungefährlich war – jedenfalls fand das meine Mutter, die meinem Onkel schwere Vorwürfe machte, dass er es zuließ, dass ich eine Zeit lang neben dem Opel Blitz den Berg vor unserem Haus hinunterraste. Natürlich fuhr er langsam und natürlich wollte ich damals Rennfahrer werden, aber dieser Traum wurde ohne Zwang ganz friedlich von einem anderen abgelöst.

Ich durfte mit acht Jahren endlich ins Kino: Es lief: „Toomai, der Elefantenboy". Der Film basiert auf der Erzählung „Toomai von den Elefanten" aus dem Dschungelbuch von Rudyard Kipling. Er wurde 1937 von einem Engländer gedreht und kam bei uns offenbar erst einige Jahre nach dem 2. Weltkrieg in die Kinos. Ich war acht als ich ihn sah. Das Kino lag am Ende der Straße, in der ich mit meiner Mutter und meinen zwei Geschwistern wohnte. Es war ein Samstagnachmittag. Meine Mutter ordnete an, dass ich ein frisches Hemd und die gute Hose anzöge und meine Schwester, die mitkommen durfte und nur wenig älter war als ich, ihr Sonntagskleid. Mutter brachte uns ans Kino, rechnete uns vor, wie teuer dieses Vergnügen war, wofür unsere Taschengelder bei Weitem nicht ausreichten und versicherte uns, nach der Vorstellung pünktlich wieder zur Stelle zu sein, um uns abzuholen. Sie bestand darauf, obwohl es nur knappe 500 Meter zu unserem Wohnhaus waren. Sie wollte sich den Film selbst nicht ansehen, es sei ja ein Kinderfilm, und sie forderte uns auf, ihr hinterher alles genau zu erzählen.

Schwarz-weiß war der Film und ich versank in der Welt dieses Jungen so total, dass mich anschließend lange niemand in die sogenannte Wirklichkeit zurückholen konnte. Meine Wirklichkeit war jetzt der Dschungel. Ich wollte so sein wie der etwa gleichaltrige Junge, der mit seinem Elefanten sprechen konnte, der auf ihm saß, als wären sie eine Einheit und miteinander verwachsen. Der wiegende Schritt des Elefanten bestimmte meinen Gang über Wochen und meine Klassenkameraden hänselten mich verständnislos. Natürlich wollte ich den Film ein zweites Mal sehen, was mir aber nicht erlaubt wurde. „Du kannst ja jetzt schon von nichts anderem mehr reden und an nichts anderes mehr denken! Das schadet Dir, das Kino, wenn es Dich so stark bewegt." Nun, ich konnte nicht anders, ich rannte heimlich am Nachmittag, wenn der Film anfing, die Straße hinunter zum Kino und legte mein Ohr an die geschlossenen Notausgangstüren, durch die ich schwach hören konnte, was im Kinosaal ablief. Mit geschlossenen Augen träumte ich den Film solange mit, bis entweder mein Bruder oder meine Schwester angerannt kam und mich gnadenlos nach Hause zerrte.

Aber dann geschah das Wunder: Er hieß Kaiser, Anton Kaiser und war der technische Leiter des Kinos. Er sah mich an der Notausgangstüre und ermahnte mich, dass ich da nicht stehen durfte, falls ein Feuer ausbreche: „Dann überrennen Dich die Leute." Ich musste ihn sehr traurig angesehen haben, denn er nahm ohne etwas zu sagen meine Hand und führte mich zu einem Nebeneingang, hinter dem eine Eisentreppe in ein oberes Stockwerk führte. Es war dunkel und schummrig spannend. Und da waren diese riesigen Apparate, Projektoren mit den riesigen Filmrollen, die sich geräuschvoll drehten. Ein zerquetschter Ton kam aus einem Kontrolllautsprecher und Herr Kaiser schob einen Hocker unter ein kleines Glasfenster und meinte, ich solle mich auf den Hocker stellen und dann würde ich den Film so lange ansehen können, wie ich Kraft zum Stehen hatte. Ich stand. Ich sah den Film zweimal hintereinander. Herr Kaiser teilte den Tee aus seiner Thermosflasche mit mir. Meine Mutter hat an diesem Tag bei der Polizeidienststelle unserer kleinen Stadt angerufen und gefragt, ob ich gesehen worden sei oder gar verunglückt im Krankenhaus läge. Als ich nach Hause kam, nahm sie mich in den Arm. Sie hat zwar geschimpft, doch sich auch sehr gefreut, dass ihr Elefantenjunge wieder bei ihr war. Ab sofort wollte ich Filme machen, was ich aber fast 20 Jahre lang niemandem verraten habe.

Noch viel lieber als in der freien Natur verbrachte der junge Filmfan seine Freizeit in der Dunkelheit des Kinosaals.

Davon hat er schon als kleiner Junge geträumt – Marcus Gottschalk 2012 als Prinz Karneval!

Marcus Gottschalk

Eimol Prinz zo sin

„Eimol Prinz zo sin …" – So heißt das Lied, welches Wicky Junggeburth im Jahr 1993, als er selbst Prinz Karneval in Köln war, gesungen hat. Ein Evergreen. Bis heute wird es in Köln immer und immer wieder gesungen. „Dovun han ich schon als kleine Fetz jedräump" – davon habe ich schon als kleiner Junge geträumt. Und das kann ich nur ganz dick unterstreichen.

Als ich ein kleiner Junge war, habe ich den Karneval kaum gekannt. Sicher sah man mal die Eltern verkleidet zu einer Sitzung oder einem Kostümball gehen, ich selbst habe diese Abende dann meist bei meiner Oma verbracht. Oder ich bin mit meinen Eltern über die Karnevalstage in einen Kurzurlaub gefahren. So wie am Rosenmontag 1989. Als ich vom Spielen aus dem Schnee ins Haus kam, saßen meine Eltern mit einer Flasche Sekt und kleinen Tränchen in den Augen vor dem Fernseher und schauten sich den Kölner Rosenmontagszug an! Ich war so fasziniert von diesen bunten Bildern, den tollen Wagen und den vielen Süßigkeiten, die da geworfen wurden, dass ich mich mit offenem Mund und strahlenden Augen zu meinen Eltern gesellte. Dann habe ich sie so lange genervt, bis sie mir endlich versprachen, im kommenden Jahr mit mir zum Rosenmontagszug zu gehen!

Und dann war er da: der 26. Februar 1990! Rosenmontag! Und ich sollte dabei sein! Ich war bereits um fünf Uhr morgens wach. So groß war die Aufregung, ans Schlafen war nicht mehr zu denken! Als ich durch die dunkle Wohnung tapste, wurde ich beim Blick aus dem Fenster allerdings traurig. Es regnete, es stürmte, es donnerte, es blitzte. Windböen wehten um unser Haus, es pfiff durch alle Ritzen und ich hatte Angst, dass meine Eltern bei einem solchen Wetter nun doch nicht mit mir zum Rosenmontagszug fahren würden.

Der Orkan Vivian tobte über den ganzen Westen Deutschlands. Es war bitterkalt, es war nass. Aber das alles war mir egal: Ich wollte zum Rosenmontagszug! Schließlich durfte ich mein Clownskostüm anziehen und wir machten uns auf den Weg. Auf der Breite Straße waren nur wenige Karnevalisten unterwegs. Gottseidank konnten wir uns in einem Hauseingang unterstellen, denn es prasselte der Regen und es stürmte unentwegt. Plötzlich hörten wir eine Polizeidurchsage: „Achtung! Achtung! Aufgrund der Wetterverhältnisse startet der Rosenmontagszug erst um 13:00 statt um 12:00 Uhr!" Enttäuschung machte sich breit. Jetzt hatte ich ein ganzes Jahr gewartet bis der Tag endlich da war und dann verspätete sich der Zug auch noch. Es folgte die nächste Hiobsbotschaft: In Düsseldorf wurde der Rosenmontagszug abgesagt! Sollte in Köln die gleiche Entscheidung gefällt werden? Eine gute Stunde später kam der nächste Polizeiwagen vorbei: „Achtung! Achtung! Der Start des Rosenmontagszuges ist auf Grund der Wetterverhältnisse um eine weitere Stunde nach hinten verschoben worden!"

Endlich klarte es auf, das Wetter wurde besser! Aus der Ferne hörte ich plötzlich eine Kapelle! „Mer losse d'r Dom en Kölle!" schallte es durch die Häuserschlucht. Ich eilte auf den Zugweg und blickte um die Kurve. Was ich dort sah, machte mich zum glücklichsten Menschen überhaupt: der erste Traktor des Kölner Rosenmontagszuges 1990 mit dem Schild „D'r Zoch kütt!" Die Stunden vergingen wie im Flug. Gruppe für Gruppe, Wagen für Wagen. Ich kam aus dem Staunen nicht mehr raus. Und dann kam es zur Schlüsselszene, die alles verändern sollte. Langsam bog er um die Ecke, der letzte Wagen des Rosenmontagszuges. Es war der prunkvollste, der längste, der schönste und größte Wagen im ganzen Zug. Ganz in Weiß und Gold, vorneweg zwei geflügelte Löwen und in der Mitte eine große, runde goldene Kanzel, die von allen Seiten angeleuchtet wurde! Oben stand er und warf seinen närrischen Untertanen Schoko-Goldtaler zu. Alle jubelten und er grüßte und winkte in seinem prunkvollem Ornat: Prinz Karneval Hans-Jürgen I.! Dieser Anblick faszinierte mich. Ich kam gar nicht dazu, die Süßigkeiten aufzuschnappen. Ich starrte nur auf diesen Wagen und den stolzen Prinzen. Damals war ich elf Jahre alt. Ich zupfte an der Jacke meiner Mutter und sagte wie in Trance: „Mama, das will ich auch mal werden!"

Eine unglaubliche Faszination ging von diesem kurzen Moment aus. Ich dachte an nichts anderes mehr. Fortan war dies mein sehnlichster Wunsch, mein Kindheitstraum! Meine Eltern mussten mir alles kaufen, was auch nur annähernd mit Karneval zu tun hatte: Bücher, Videos und Kostüme. Meine Lieblingslektüre wurde ein Buch über Kölner Dreigestirne. Ich verschlang dieses Buch förmlich und wusste dann ganz genau was die Bedeutung des Kölner Bauern ist, warum es in Köln die Jungfrau gibt und welche Aufgabe ein Prinz Karneval hat. Die historische Bedeutung wurde mir plötzlich klar und ich begann zu verstehen, dass der Karneval ein fest verankerter Teil in der Kölner Stadtgeschichte ist. Ich begann mich über jedes Dreigestirn der Vergangenheit zu informieren. Woher kamen sie, wie hießen sie, was machten sie, was zeichnete sie aus? Schnell wusste ich auswendig, wer wann Prinz, Bauer oder Jungfrau war, welcher Karnevalsgesellschaft sie angehörten und was sie besonderes in ihrer Zeit als Dreigestirn geleistet hatten. Wie gerne wäre ich in eine solche Gesellschaft eingetreten! Nur leider war ich zu jung. Ich begnügte mich damit, von nun an jedes Jahr ausgiebig mit meinen Eltern zu feiern. Wir besuchten Bälle und Sitzungen und natürlich jedes Jahr aufs Neue den Kölner Rosenmontagszug!

Und natürlich den Kaufhof, denn hier trat einmal im Jahr das Kölner Dreigestirn auf. Das war ganz praktisch, musste ich doch keine Eintrittskarte kaufen und konnte mich einfach so nah wie möglich an die Bühne stellen. Meist war ich eine gute Stunde zu früh vor Ort. Aber das war egal. Es wurde Musik gespielt, viel gesungen und geschunkelt. Und dann plötzlich hieß es: „Das Kölner Dreigestirn ist im Kaufhof angekommen, sie suchen sich jetzt den Weg in die zweite Etage!" Aus der Ferne hörte man eine Kapelle spielen:

„Heidewitzka, Herr Kapitän! Mem Müllemer Böötche fahre mer su jän!" Die Musik wurde immer und immer lauter… und plötzlich kamen sie die Rolltreppe hochgefahren. Wow, was für ein Auftritt! Die Leute fingen plötzlich an zu jubeln. Prinz, Bauer und Jungfrau winkten in die Menge, verteilten Küsschen und Autogramme.

An das Jahr 1993 im Kaufhof erinnere ich mich besonders gut. Damals war ich gemeinsam mit meiner Oma am Tag des Dreigestirnsauftrittes dort. Das Trifolium wurde in der Kölner Presse seit Wochen gefeiert, war es doch das erste Dreigestirn, das einen Sessionshit hatte: „Eimol Prinz zo sin, in Kölle am Rhing". Dieser Ohrwurm ließ mich von da an nicht mehr los. Außerdem kam ich so nah wie nie zuvor an die drei ran. Ich nahm meinen ganzen Mut zusammen und fragte sie, ob sie mit mir ein Foto machen würden. Sie sagten ja! Der kleine Marcus zwischen Prinz und Jungfrau!

Konnte ich es schaffen, selbst einmal Prinz Karneval zu sein? Bald drehte sich alles nur noch um dieses Thema. Ich wollte alles wissen, wie funktioniert der Karneval, was sind die Hintergründe, welche Facetten gibt es, was kostet Karneval eigentlich. Besonders beschäftigte ich mich mit den Kölner Traditionskorps, den Blauen Funken, Roten Funken, den Altstädtern, der EhrenGarde und natürlich der Prinzen-Garde, stolzes Begleitkorps des Prinzen Karneval in edlen, weiß-roten Gardeuniformen. Alle fand ich auf ihre Weise toll. Schnell war der Entschluss da, sobald ich alt genug sei, in eine dieser Garden einzutreten. Nur in welche? Schnell war mir klar: Es muss die Prinzen-Garde sein! Warum? Ist doch ganz logisch! Die Prinzen-Garde ist immer nah am Dreigestirn. Sie stellt in der Session jeden Tag eine Abordnung für die Prinzenbegleitung, sie begleitet ihn immer beim Rosenmontagszug. Sollte mein Traum nicht in Erfüllung gehen, so hätte ich wenigstens die Luft ums Dreigestirn geschnuppert!

Im Herbst 1994 sprach mich ein etwas älterer Herr im Blumenladen meiner Mutter an. Er hieß Conny, ging am Stock, hatte lichtes, graues Haar und machte einen sehr sympathischen Eindruck. „Ich hab gehört, du willst in die Prinzen-Garde! Weißt du, dass ich schon viele Jahre dort Mitglied bin?" Wir unterhielten uns sehr lange und er berichtete detailliert über alles, was man über die Garde wissen muss und vor allem, was man tun muss, um dort Mitglied werden zu können. „Jung, du bist jetzt 16 Jahre alt, das ist das perfekte Alter." Aber um in der Session 1995 direkt mitmachen zu können, war es leider zu spät. Conny sagte mir, dass es ja auch noch eine andere Möglichkeit geben würde, zumindest den Rosenmontagszug 1995 mit der Prinzen-Garde zu erleben. Jedes Jahr sei man auf der Suche nach jungen Leuten, die als sogenannte „Kammellejungs" den Prinzengardisten im Zug helfen. Ich war sofort begeistert! Ich würde also tatsächlich beim Rosenmontagszug bei der Prinzen-Garde dabei sein und bekäme auch noch ein kleines Taschengeld dafür! Ganz schnell hatte ich die Anmeldung ausgefüllt und Conny mitgegeben. Conny versprach mir, dass er jetzt schon alles in die Wege leiten würde, damit ich direkt nach Karneval in die Prinzen-Garde eintreten könne.

Die Session 1995 habe ich dementsprechend intensiver als andere verfolgt. Und dann kam die Post der Prinzen-Garde: „Bitte erscheine zur Einkleidung für Rosenmontag in der Kammer der Prinzen-Garde am Karnevalsfreitag." Sehr gespannt und etwas aufgeregt bin ich erstmals in das Stammquartier am Kölner Sachsenring gefahren. Ein alter Turm der mittelalterlichen Kölner Stadtmauer ist das beeindruckende Domizil. Der Kammerverwalter und einige Prinzengardisten verteilten Anordnungen,

Versicherungsscheine und natürlich das Outfit für die Helfer. Ich erhielt einen weißen Overall. Drei Tage später war dann der große Tag. Erstmals sollte ich den Rosenmontagszug nicht nur sehen, sondern ihn aktiv miterleben.

Um Punkt zehn Uhr, eine geschlagene Stunde zu früh, kam ich am vereinbarten Treffpunkt an. Unheimlich viele Gardisten, Musiker, Helfer, Frauen, die heiße Erbsensuppe ausschenkten, Pferde auf dem Schulhof, die versorgt wurden und ein unglaubliches Gemurmel im ganzen Raum – was für ein Chaos. Ich wusste nicht, für wen ich das Wurfmaterial an den Bagagewagen holen sollte, ich fand meinen Ansprechpartner nicht. Nachdem ich mich einmal durch den Raum gekämpft hatte, fand ich an der Wand eine große Liste. Endlich! Hier wurde angezeigt, für welchen Prinzengardisten ich das Wurfmaterial holen musste: Rüdiger Schlott. Nur wer ist Rüdiger Schlott? Ich kannte weder den Namen noch wusste ich, wie er aussieht. Nach gefühlten drei Stunden des Suchens und Fragens stand ich dann vor einem 1,90-Meter-Mann, der ein wenig unfreundlich guckte. Zu diesem Zeitpunkt wusste ich noch nicht, dass das sein Markenzeichen ist. Eigentlich ist er ein herzensguter und lustiger Mensch. Plötzlich wurde es hektisch. „Aufstellen!", schallte es über den Kartäuserwall. Die Prinzen-Garde formierte sich, um geschlossen mit klingendem Spiel die Ringe hochzumarschieren. Nach 30 Minuten Marsch erreichten wir dann den Aufstellplatz in der Nordstadt und ich sah erstmals ganz aus der Nähe die tollen Festwagen der Prinzen-Garde und vor allem den schmucken, weiß-goldenen Festwagen des Prinzen Karneval. Ich beobachtete wie sich der damalige Prinz Rolf II. mit seinem Prinzenführer Helmut Urbach in der Kanzel positionierte. Das war für mich das Zeichen, dass es nicht mehr lange dauern konnte, bis sich die Gruppe in Bewegung setzen würde. Ich wurde nervös und merkte, dass alle um mich herum immer angespannter waren. Und dann ging es tatsächlich los. Wir bogen in den offiziellen Zugweg an der Mohrenstraße ein und ich war wie berauscht. Es wurde geschrien, gejubelt, geklatscht, gesungen, getanzt! So fantastisch habe ich das in den Vorjahren als einfacher Zuschauer am Rande nie erlebt. Kaum waren wir losgezogen rief Rüdiger mich und gab mir die ersten Bons. Hierfür holte ich für ihn am Bagagewagen entsprechendes Wurfmaterial: Sträußchen, Schokolade, Schokoriegel, Weingummi … alles, was das Herz begehrt. Zum Bagagewagen zu kommen, war gar nicht so einfach. Er fuhr gute 50 Meter vor

Früh übt sich, schließlich sind die „Bützje" elementarer Bestandteil des Kölner Karnevals.

Ein Traum, den man sich nur einmal im Leben erfüllen kann: Das Dreigestirn um Marcus Gottschalk genoss jede Minute der Session!

uns her und diese Meter musste man rennend überbrücken, damit man den Wagen einholen konnte. Dann musste man schwer bepackt zurück zum jeweiligen Prinzengardisten. Das war ein gutes Sportprogramm. Der Zugweg war immerhin 6,5 km lang und ich bin mit Sicherheit mindestens 9 km gelaufen bei dem ewigen Hin und Her. Rüdiger aber gab mir jedes Mal etwas ab, damit ich nicht nur nebenherlaufen, sondern auch etwas verteilen konnte. Für mich war danach klar, dass ich direkt nach Karneval in die Prinzen-Garde musste!

Und so geschah es dann auch. Am 17. März 1995 unterschrieb ich im Gardeturm den Aufnahmeantrag der Prinzen-Garde Köln! Von nun an war ich Teil einer der stolzesten Garden im Kölner Karneval. Nun begann es also: Ich ging monatlich zu den sogenannten Korpsabenden. Ab September geht in jedem Jahr das Tanztraining los. Von da an trifft man sich wöchentlich, um auch bühnenreif zu sein. Die Zeit raste nun förmlich. Es wurde Januar 1996 und ich durfte nun erstmals in Uniform der Garde auf die Bühne, und zwar beim Generalkorpsappell im Hotel Maritim. Es war ein fantastisches Gefühl, als ich mit all den anderen Prinzengardisten im Foyer stand und unser Spielmannszug begann, den Laridah Marsch zu spielen und wir in den Saal und auf die Bühne marschierten. Jeden möglichen Aufzug mit der Prinzen-Garde machte ich nun mit. Vor allem war der Auftritt bei der Prinzenproklamation 1996 ein unglaublich aufregendes Erlebnis. Erstmals erlebte ich wie Prinz, Bauer und Jungfrau im Gürzenich zu Köln feierlich durch den Oberbürgermeister ins Amt eingeführt wurden. Auch wenn ich in all den Jahren nun aus dieser Nähe das Dreigestirn erleben konnte, ihren Zauber haben die Figuren für mich nie verloren.

Nach unterschiedlichsten Stationen bei der Prinzen-Garde kam im Jahr 2004 ein besonderer Moment für mich. Zu dieser Zeit war Kurt Stumpf aus dem Corps à la suite der Prinzen-Garde Adjutant des Prinzen Karneval. Kurt sollte nach der Session 2005 Nachfolger des damaligen Prinzenführers werden. Kurt hatte mich beim ersten Korpsabend nach der Session auf Seite genommen und gefragt: „Jung, hast du Interesse mein Nachfolger als Adjutant ab der Session 2006 zu werden? Ich würde dich gerne in meinem Team haben!" Ich? Adjutant des Prinzen Karneval? Konnte das wahr sein? Ich sagte spontan zu. Aber noch musste ich fast zwei Jahre warten, bis es in diesem Amt für mich losgehen sollte. Die Session 2005 habe ich genutzt, um ganz genau hinzusehen und alles über meine neue Aufgabe zu lernen. Direkt im Anschluss wurde ich vom Festkomitee Kölner Karneval und vom Vorstand der Prinzen-Garde Köln offiziell zum neuen Adjutant des Prinzen Karneval ernannt. 2004 habe ich außerdem meinen heutigen Lebensgefährten Marc kennengelernt. Ich kann mich noch gut dran erinnern, dass ich ihm gleich davon erzählte, wie groß mein Traum war, einmal Prinz Karneval zu sein und dass ich der neue Adjutant des Prinzen sein würde. Ich bin heute noch dankbar, dass ich ihn bei all meinen Schritten im Kölner Karneval an meiner Seite hatte. Er hat mich immer unterstützt!

Mein erster Prinz, den ich als Adjutant betreuen durfte, kam aus der Prinzen-Garde. Anlässlich des 100-jährigen Jubiläums 2006 durfte die Prinzen-Garde das Kölner Dreigestirn stellen. Ich war bei allen seinen Terminen dabei und so nah am Prinzen wie kein anderer. Fünf tolle Jahre war ich Adjutant, gemeinsam mit Kurt Stumpf als Prinzenführer und Rüdiger Schlott als Chef der Equipe. Rüdiger Schlott? Ja, genau der Rüdiger Schlott, für den ich Rosenmontag 1995 als Kamellejung unterwegs war, war mit mir gemeinsam in der Adjutantur des Dreigestirns. 2007 wurde unser Prinzenführer Kurt zum Präsidenten der Prinzen-Garde gewählt. Damit schied er als Prinzenführer aus. Rüdiger und ich waren schockiert, wollten wir doch in der alten Konstellation gemeinsam einige tolle Sessionen erleben. Voller Freude habe ich dann erfahren, dass mein Freund Rüdiger Schlott neuer Prinzenführer werden sollte! Gemeinsam haben wir dann noch bis 2010 die Kölner Dreigestirne begleitet.

Während der Session 2009 sprach mich irgendwann nach den Auftritten an der Theke in der Kölschen Hofburg Thorsten Schmidt an. Thorsten, von allen nur liebevoll Totti genannt, ist Mitglied des Corps à la suite der Prinzen-Garde und ab und an bei den Prinzenwachen dabei. Wir beide haben uns von Anfang an verstanden. Totti jedenfalls kam auf mich zu und sagte zu mir: „Du träumst doch davon, einmal Prinz zu sein. Kannst du dir vorstellen, deinen Traum mit mir gemeinsam als Bauer zu verwirklichen?" Im ersten Moment war ich ganz schön verdutzt. „Klar!", war meine spontane Reaktion. „Gut!", sagte er ... damit war das Gespräch auch schon vorbei.

Im gleichen Jahr lud mich Totti zu seinem Geburtstag in ein Kölner Brauhaus ein. Ich war einer der letzten Gäste, die noch da waren, als Totti zu mir an den Tisch kam und mich fragte: „Kannst du dich noch an unser Gespräch in der letzten Session erinnern? Das war kein Spaß! Ich will es! Und ich will es so bald wie möglich! Mit einem guten Team und einem guten Konzept haben wir sicherlich eine sehr gute Chance." Totti infizierte mich mit seinem Enthusiasmus, eine Bewerbung zu platzieren. 2012 sollte es sein, denn schließlich mussten wir noch auf die Suche nach einer Jungfrau gehen. Diese sollte in der Session 2010 gefunden werden: Oliver von Rosenberg. Der passte perfekt zu uns als Typ und hatte große Lust auf die Rolle der Jungfrau!

Nach der Session 2010 rief mein Präsident Kurt Stumpf an und fragte mich, ob ich an seiner Seite im geschäftsführenden Vorstand der Prinzen-Garde arbeiten wolle. Es standen im Mai Wahlen an und die Position des Schriftführers musste neu besetzt werden. Lange habe ich hin und her überlegt. Ich fand, dass mein bisheriges Amt als Prinzen-Adjutant im Grunde die Erfüllung aller Wünsche war, die ich an den Karneval hatte. Nur sollte ich mich tatsächlich als Prinz für die Session 2012 bewerben wollen, wäre es vielleicht gar nicht so schlecht im Vorstand zu sein und vor allem eine Session zwischen dem Adjutanten- und Prinzenamt zu haben. Letztendlich entscheidend für mich war allerdings meine gute Freundschaft zu Kurt und seiner bezaubernden Frau

Eva, die mich dazu bewog, zu kandidieren und mein Amt als Prinzen-Adjutant aufzugeben. Ich war nun also im Vorstand der Prinzen-Garde Köln.

Im Dezember 2010 bat Totti unseren Präsidenten Kurt um einen Termin bei ihm zu Hause. Als er die Tür aufmachte und Totti, Oliver und mich das Treppenhaus hinaufkommen sah, war Kurt im ersten Moment ein wenig überrascht. Doch dann grinste er und sagte: „Ich weiß genau, was ihr mir sagen wollt!" Kurt sagte ganz spontan: „Euch hat Köln verdient und es wird mir eine Freude sein, euch ins Rennen für das Dreigestirn 2012 beim Festkomitee zu schicken!" Der Grundstein war gelegt. Unser Präsident stand hinter uns. Natürlich haben wir drei das Dreigestirn 2011 genau beobachtet und uns Gedanken gemacht, was wir denn machen wollen, sollten wir Dreigestirn werden. Für wen setzte sich das Dreigestirn ein, welches soziale Engagement stand hinter dieser ehrwürdigen Aufgabe!

Nach Aschermittwoch 2011 mussten wir unser Konzept und die Bewerbungsunterlagen für das Festkomitee zusammenstellen. Keiner in meinem Umfeld durfte etwas von dieser Bewerbung wissen, noch nicht mal meine Eltern haben es gewusst. Schließlich saßen wir drei mit unserem Präsidenten vor dem Auswahlgremium des Festkomitees. Trotz der lockeren Atmosphäre hatten wir ein mulmiges Gefühl, denn ein Ergebnis wurde an diesem Tag nicht verkündet. Einige Tage nach unserem Gespräch wurden wir erneut zum Festkomitee gebeten. Und dann war es soweit. Der Präsident des Komitees verkündete: „Ihr seid unser Dreigestirn 2012!" Alle Dämme brachen! Wir lagen uns in den Armen und bei mir liefen Tränen über die Wangen. Ich werde Prinz Karneval in Köln! Wir haben uns unserer Tränen nicht geschämt. Jetzt hieß es aber erst mal Mund halten. Bis zur offiziellen Pressekonferenz durfte nichts an die Öffentlichkeit gelangen. Die Wochen bis zum 22. Juli 2011 waren unendlich lang... Leider hat die Presse im Vorfeld herausgefunden, wer das Dreigestirn stellen sollte. Sechs Tage vor der offiziellen Vorstellung titelte eine Kölner Tageszeitung: „Wetten, dass Gottschalk der neue Prinz wird!" Es dauerte nicht lange und mein Telefon läutete. Am anderen Ende war meine Mutter. „Marcus, in der Zeitung steht, dass du der neue Prinz werden sollst. Spinnen die?" Meine Antwort war kurz und knapp: „...oder die haben einfach nur verdammt gut recherchiert...!"

Nach der Pressekonferenz begann dann die Verwirklichung meines Traums. Unheimlich viele Termine, sogar schon in der nicht-karnevalistischen Zeit. Alles musste bis ins kleinste Detail vorbereitet werden. Und dann war er da, der Tag meiner Proklamation. Ich hätte es mir nicht schöner vorstellen können. Alles lief reibungslos und ich genoss jede einzelne Sekunde der Session in diesem Prinzenornat und habe voller Stolz das Kölner Wappen auf meiner Brust getragen. Die Presse taufte mich gleich zu Beginn der Session „Prinz Sunnesching". Da passte es doch, dass am Rosenmontag tatsächlich sonniges Wetter war. Besonders gefreut hat mich, dass mit mir auf dem Prinzenwagen mein Prinzenführer Rüdiger Schlott stand. Diesmal waren die Rollen vertauscht. Er musste mir nun die Kamelle reichen und ich durfte werfen!

Vor 22 Jahren hatte ich als kleiner „Fetz" am Straßenrand gestanden und den vorbeifahrenden Prinzen im Rosenmontagszug bewundert. Und nun war ich es, der dort fuhr. Es war ein wundersames Gefühl, in die Gesichter der Kinder zu schauen, in denen ich mich wiedererkannte. Es war eine schöne Vorstellung, vielleicht an einem kleinen Jungen vorbeizufahren, der mich sieht – und womöglich anfängt, denselben Traum zu träumen.

Als Chefin der Brauerei Warsteiner trägt Catharina Cramer die Verantwortung für ein weltweit operierendes Unternehmen.

Catharina Cramer
Von der Quelle zum Ziel

„Ich habe den 6er im Lotto", das denke ich jeden Tag und bin dankbar für das Leben, das ich führen darf. Meiner Familie gehört die Warsteiner-Gruppe und mir ist sozusagen das Bier schon mit der Muttermilch verabreicht worden.

Nein, das natürlich nicht, aber mein Elternhaus steht direkt neben der Brauerei, sodass ich schon als kleines Kind das Gelände als Spielplatz nutzen konnte, mich mit den Mitarbeitern anfreundete und bereits sehr früh erlebte, wie mein Vater das Unternehmen führte.

Dass ich diese Aufgaben einmal übernehmen würde, kam mir als kleines Mädchen nicht in den Sinn. Ich bin das jüngste Kind meiner Eltern, und Personen, die mich gut kennen, bezeichnen mich als fröhlich, offen und neugierig. Ich liebte die Brauerei, mein Finger glitt schon sehr früh in den Bierschaum, ich flitzte durch die Hallen und sprach sehr gerne mit den Angestellten. Ich konnte mich selbst beschäftigen, denn auf dem Gelände gab es immer sehr viel für mich zu entdecken. Allein die großen Brauereihallen luden dazu ein, meine Rollschuhe hervorzuholen und damit durch die Gänge zu düsen.

Eine Geschichte, die von meiner Familie noch heute sehr amüsant erzählt wird, ist, wie ich als Kind einen Flohmarkt auf dem Brauereigelände veranstaltet habe. Hier zeigte sich schon mein unternehmerisches Fingerspitzengefühl, denn ich nutzte den Schichtwechsel, um so viele Mitarbeiter wie möglich für meine Flohmarktartikel zu begeistern. Ich bin durch mein Elternhaus gelaufen und nahm alles mit, was mir als überflüssig erschien. Die gesammelten Gegenstände packte ich dann in einen Bollerwagen und zog los, um meine Sachen auf dem Brauereiplatz auszubreiten. Natürlich hatte ich in dem Alter noch kein richtiges Gespür für gute Preise, sodass es schon mal vorkam, dass ich ein Buch verkaufte, das mir ganze fünf Pfennige einbrachte. Ausgerechnet dieses Buch hatte eine persönliche Widmung, und der Mitarbeiter, der es erstand, lief damit anschließend zu meiner Mutter, um das wertvolle Stück zurückzugeben.

Sehr gerne saß ich auch bei unserem Pförtner, der im Empfang ein Mikrofon besaß, um Angestellte auszurufen. Hier sieht man vielleicht schon, wie sehr sie mir damals schon am Herzen lagen. Denn um sie ein wenig zu unterhalten, schnappte ich mir das Mikrofon und erzählte Witze. Und das mit einer Leidenschaft, dass mein Vater mich ermahnen musste, es zu unterlassen, da ich die Angestellten von der Arbeit abhalte. Dann dachte ich mir, dass ich den Angestellten doch Briefe schreiben könnte, denn wir hatten eine Rohrpostanlage in unserem Unternehmen, um die Post zu verteilen. Ich schrieb also einen Brief, steckte ihn in die Rohrpost und flitzte los, um herauszufinden, wer denn schneller sei, ich oder der Brief. Zumeist war es wohl die Post, die ihren Empfänger schneller erreichte.

Als ich älter wurde und mein Taschengeld aufbessern wollte, verdiente ich etwas in unserer Betriebskantine dazu. Hier räumte ich das Geschirr weg, sammelte Tabletts ein und wischte die Tische ab. Mit etwa zehn Jahren schnappte ich mir auch mal ein Elektroauto und fuhr damit über unseren Hof.

Ich erinnere mich gerne an meine Kindheit und glaube, dass mich die Begeisterung für unsere Mitarbeiter schon sehr früh an das Unternehmen gebunden hat. Allerdings war ich immer der Überzeugung, dass eine meiner älteren Schwestern das Unternehmen irgendwann leiten würde. Damals spielte ich noch mit dem Gedanken, mich einem Zirkus anzuschließen, denn durch die Gegend zu ziehen, Zelte aufzubauen und mit vielen Menschen zusammen zu sein, reizte mich sehr. Doch dann stellte sich heraus, dass meine beiden Schwestern andere Pläne für ihre beruflichen Laufbahnen verfolgen würden.

Ich machte mein Abitur und wollte raus in die Welt. Gastronomie fand ich sehr interessant, denn ich bin gerne Gastgeberin. Zunächst war ich in London und studierte International Business. Und auch in Madrid und Paris durfte ich einige Zeit verbringen und mir dort viele Unternehmen anschauen.

Bei einem Skiurlaub, den ich mit meiner ganzen Familie verbrachte, fragten mich meine Eltern, ob ich mir nicht vorstellen könne, in das Unternehmen einzusteigen. Ich war sehr überrascht und zunächst

Auf spielerische Weise erkundete die kleine Catharina schon als junges Mädchen das Unternehmen.

etwas unsicher, ob ich einer solch großen Aufgabe gewachsen sei. Nachdem ich mit meinen Schwestern dann um die Häuser gezogen bin und feststellte, dass auch sie mich bei dieser Aufgabe voll unterstützen würden, war mir klar: „Ich stelle mich der Herausforderung". Ich habe damals keinerlei Erfolgsdruck gespürt und fühlte mich geehrt, das Familienunternehmen weiter führen zu dürfen.

Mein Vater hat mich in die Arbeit sehr behutsam eingeführt. Während ich Berufserfahrungen in anderen Betrieben sammeln konnte, besuchte ich erste Beiratssitzungen in Warstein, um die genauen Abläufe der Brauerei kennenzulernen. Ich hatte keine Sorge in einer männerdominierten Welt nicht bestehen zu können, denn die Mitarbeiter konnten sich noch an mich als kleines Mädchen erinnern und mochten mich. Sicher war es für viele Mitarbeiter auch beruhigend zu wissen, dass das Unternehmen in unserer

Familie bleiben würde, schließlich gibt es Familien, deren Mitglieder mittlerweile in der fünften Generation bei Warsteiner angestellt sind. Mein Vater war beruflich immer mein Fels in der Brandung, der mich sehr unterstützt hat. Durch unsere gemeinsame marketingorientierte Sicht war es oft spannend, sich mit ihm über neue Strategien auszutauschen und gemeinsam zu diskutieren. Als ich in das Unternehmen kam, war ich voller Tatendrang, hatte bereits Visionen und wollte innovative Ideen einbringen.

Nach meinem Studium in London und diversen Stationen im Ausland sammelte ich die erste Berufserfahrung bei einem internationalen Markenartikelunternehmen und stieg dann ganz in unserem Familienbetrieb ein. Ich muss immer wieder feststellen, dass dies genau die richtige Entscheidung für mich war: Durch meine Arbeit lerne ich viele interessante Menschen kennen, kann Dinge bewegen und bleibe trotz allem meiner Familie ganz nah, in der ich mich wunderbar aufgehoben fühle.

Catharina Cramer mit Lothar Menge, Vertriebsdirektor der Warsteiner Gruppe, bei der Verleihung des Warsteiner Preises. Mit innovativen Ideen bleibt die junge Unternehmerin auf Erfolgskurs.

Einmal hatte ich das Vergnügen, Tina Turner kennenzulernen, die uns in Warstein besuchte. Ich begleitete sie durch die Brauerei. Weil ich gehört hatte, dass sie dem Buddhismus nahestand, kam es mir zunächst nicht in den Sinn, ihr ein Bier anzubieten. Am Ende der Führung fragte sie allerdings, wann sie denn endlich ein Warsteiner bekäme. Auch das ist etwas, das ich nicht mehr missen möchte: der Kontakt mit Menschen aus unterschiedlichsten Kulturen. So war es auch bei meiner Begegnung mit einer japanischen Delegation, die ausgerechnet zur Karnevalszeit unser Unternehmen besuchte. Gerade als wir uns kennengelernt hatten, tauchte eine Horde verkleideter Mitarbeiterinnen auf, die die teuren Krawatten unserer Gäste abschnitten. Die Japaner wussten gar nicht, wie ihnen geschah, aber die Situation war unheimlich lustig. Schließlich war Weiberfastnacht, und da ist es ja Brauch, dass die Frauen den Männern die Krawatten kürzen. Die Verwunderung unter unseren Gästen war groß, aber nach einer Schrecksekunde löste sich das Erstaunen in Heiterkeit auf.

Gerne nehme ich unsere Gäste auch mit in unser Brauhaus und veranstalte das Spiel „Tonkrüge stemmen", wobei ich übrigens immer gewinne. Der Trick ist der: Es gibt zwei Tonkrüge, die mit Bier gefüllt werden. Mit ausgestrecktem Arm muss der gefüllte Krug gehalten werden, und wer als Erster aufgibt, hat verloren. Das Geheimnis meiner Siegesserie: In dem Krug meiner Gegner ist Blei eingearbeitet, was das Gefäß um einiges schwerer macht.

Zurückblickend ist die Tätigkeit in unserem Familienunternehmen mein Kindheitstraum, weil ich ein Familienmensch bin und trotzdem die Möglichkeit habe, viel zu reisen und andere Menschen zu treffen. Ich identifiziere mich mit unseren Erzeugnissen, denn für mich ist Bier nicht nur deutsches Kulturgut sondern auch ein sehr emotionales Produkt.

Monsignore Stephan Wahl, als Seelsorger im Bistum Trier tätig, war einige Jahre Sprecher des „Wort zum Sonntag".

Stephan Wahl

Benzin und „Mama" – oder: was dann doch wichtiger war

Mit neun Jahren beschloss ich, nie wieder ein Wort mit meiner Mutter zu reden. Trotz mehrfacher Bitten hatte sie es mir nicht erlaubt, mich bei einem der regionalen „Talentschuppen" zu bewerben. Neben dem berühmten Vorläufer der heutigen Castingshows im Ersten Programm gab es damals überall solche lokalen Wettbewerbe mit gleichem Namen. Ich war sicher, dass dort – zweifellos würde ich ja mit Abstand gewinnen – meine furiose Karriere als Sänger beginnen würde. Ein großes Vorbild hatte ich damals: Heintje. „Mama", „Ich bau Dir ein Schloss", oder „Oma so lieb, Oma so nett" – ich konnte alle seine Lieder auswendig und trällerte sie bei Messdienerfahrten und anderen Gelegenheiten.

Meine Stimme – vor dem Stimmbruch – muss sehr schön gewesen sein, und so wurmt es mich bis heute, dass keine Tonaufnahme mehr existiert, während mein jüngerer Bruder seine damals munter mehr gekrähten als gesungenen Karnevalslieder den eigenen Kindern heute via Kassette vorspielen kann. Auch wenn er es heute beifallheischend – es sei ihm seiner Kinder wegen gegönnt – abstreitet: Ich war ganz klar besser. Mit Abstand, jawohl! Klar, aber es half nichts. Meine Mutter blieb hart und unerbittlich. Heute hätte sie es wahrscheinlich mit einem Klein-Stephan zu tun, der sie nerven würde, bei den DSDS Kids von RTL auftreten zu wollen – natürlich nicht mit Heintje-Songs. Diese Begeisterung endete sowieso rapide, als ich ein Jahr später aufs Gymnasium wechselte und für meine musikalischen Vorlieben höchstens Mitleid, häufiger jedoch Spott und Hohn erntete. Der Versuch, „schnellere" Lieder meines Idols zu promoten, scheiterte kläglich. Meiner musikalischen Umorientierung hat diese Niederlage jedoch gut getan und pünktlich zur Trennung der Beatles begann meine Konversion – als Spätberufener – zum Fan der Band aus Liverpool und dann zu anderen Newcomern der Siebziger. Mit meiner Mutter habe ich dann doch wieder gesprochen; das trotzige „nie wieder" war, glaube ich, sowieso nicht lange durchzuhalten. Dafür war ihre Küche zu gut und ich für den Auszug aus dem meine Karriere torpedierenden Elternhaus zu bequem. Heute bin ich ihr dankbar, dass sie mich vor Auftritten zur Eröffnung von Möbelhäusern bewahrt hat, die ja oft am traurigen Ende furios begonnener Schlagerkarrieren stehen.

Aber wer weiß ... Ein klitzekleiner Teil vom Traum des kleinen Stephan ist jedenfalls viel später in einer TV-Sendung der ARD Wirklichkeit geworden. In der Funktion als Wort-zum-Sonntag-Sprecher war ich eingeladen, Kindern eine Weihnachtsgeschichte vorzulesen, kurz vor dem Auftritt eines niederländischen Sängers mit dem Namen Hein Simons, also: Heintje! Klein-Stephan wäre Ende der 60er-Jahre vor Aufregung sicher schier zerplatzt, die Begeisterung des Monsignore Stephan war jedoch – höflich gesagt – überschaubar und reichte nicht mal für die Bitte um ein Autogramm. Aus dem Kindheitstraum Sänger ist nichts geworden außer der Mitwirkung an einer Schallplatte des Schulchores, die auf der Rückseite alle mitsingenden Schüler mit Namen verzeichnete, meinen unter: Sopran. Heute taugt mein durchschnittlicher Bass für die notwendigen Gesänge, die ein Priester in der Liturgie zu absolvieren hat, und ich bin froh, wenn ich die schwierigsten Passagen, wie zum Beispiel das Exultet, das Lob der Osterkerze in der Osternacht, unfallfrei hinbekomme. Aber ich singe gerne und so ist doch eine Brücke geblieben zwischen dem Traum und der real existierenden Wirklichkeit meines jetzigen Berufs: Priester.

Das lässt sich beim zweiten Kindheitstraum nicht so ganz sagen ... Das heißt, eigentlich überhaupt nicht, es sei denn, wie einige meiner Freunde schamlos behaupten, man würde meine Fahrkünste als listigen Versuch bewerten, meine Mitfahrer zum Beten zu bringen. Mein zweiter Kindheitstraum war: Rennfahrer. Daraus ist ja nun bekanntlich auch nichts geworden, auch wenn hier meine Mutter keine verhindernde Rolle spielte. Ihr Part bestand eher darin, mit zurückhaltender Sorge die PS-Erziehung durch unseren Vater zu beobachten und beruhigt zu sein, wenn die Motoren abgestellt und ihre Kinder wohlbehalten wieder in ihrer Nähe waren. Mein Vater war ein leidenschaftlicher Motorradfahrer; insbesondere Cross und Sandbahnrennen hatten es ihm in jungen Jahren angetan. Dieses Gen hat er schon früh in seinen Kindern gesucht und wiederentdeckt. Wenn ich auch leider auf die Zeugnisse meiner frühen Sangeskünste frustriert verzichten muss, diese Fotos hüte ich sehr: Klein-Stephan im Gokart, fünf Jahre alt. Ich kann mich erinnern, dass dieser erste Gokart eine Dreigangschaltung hatte, die

Der rasende kleine Stephan mit seinen Geschwistern auf der heimatlichen „Rennbahn".

links neben dem Lenker montiert war. Die Schaltung eines Motorrads oder vielleicht eines Motorrollers, denn der Kart war nicht gekauft. Mein Vater hatte ihn selbst konstruiert und gebaut. Am Anfang lief er noch mit und besorgte das langsame Loslassen der Kupplung und Einschalten des ersten Gangs selbst. Das Stoppen konnte ich schon. Was nicht schlecht war … und fürs Weiterleben notwendig! Mein damals zwei Jahre alter, kleiner Bruder wurde schon mal zur Mitfahrt vor mich gesetzt. Auf den Fotos sieht er äußerst zufrieden und vergnügt aus (das zum Thema Fahrkünste!). Heute kann man sich das gar nicht mehr vorstellen. Wir fuhren die Karts (bald hatte mein Bruder sein eigenes), die immer ausgereifter und schneller wurden, in unserem relativ großen Garten, auf dem Sportplatz (heute undenkbar …), und da sie entsprechend konstruiert waren, auch auf Feldwegen.

Später kam meine kleine Schwester hinzu, die bis heute standhaft und wahrscheinlich leider zu Recht behauptet, sie habe zwar auch mitfahren und selbst fahren dürfen, aber nie ein eigenes Kart bekommen. Die großen Brüder und das Elend der Jüngsten. An eine Polizeistreife erinnere ich mich und wie zwei Polizisten mit meinem Vater reden, sich in die Karts zwängen und nach einer Runde fröhlich von dannen ziehen … undenkbar heute! Die Karts wurden immer weiter entwickelt und das letzte war eigentlich schon zu leistungsstark für seine Klasse und eher für die Cross-Vorlieben meines Vaters geeignet. Es ließ sich wunderbar über Stoppelfelder jagen. Grundlage war ein BMW 700 – hätte man den Oldtimer doch heute noch unverarbeitet im Original – mit einem leicht getunten Motor. Leicht. Wie sehr verrate ich nicht … Damals war ich zehn Jahre alt und in der oben beschriebenen Phase meiner Konversion von Heintje zu den Beatles. Parallelwelten. Nun, ein Schumi oder Vettel bin ich nicht geworden, weil mein Papa hier – sicher unbewusst – meiner Mutter ähnlich war. Alles blieb in der Familie. Wir fuhren zwar regelmäßig zum nicht allzu weit entfernten Nürburgring, aber uns in einem Kart-Club anmelden, mich oder meinen Bruder einem Wettkampf aussetzen, nein das gab's nicht. Lieber die Privatstarts und am Anfang die fast skurrilen aber wunderschönen Ausfahrten mit den Freunden, die wir mit ihren angedockten Kettcarts über die Feldwege zogen. Allerdings haben wir jetzt Hoffnung auf echte Siegerehrungen: Mein Neffe führt die Kart-Tradition mit Leidenschaft weiter. In einem Club, mit

Beim Katholikentag 2006 in Saarbrücken mit dem damaligen Bischof von Trier, Reinhard Marx.

allem was dazu gehört. Und er ist gut, sehr zum Stolz von Papa und Onkel. Auch wenn wir selbst nie auf einem Siegertreppchen standen, hatten auch wir eine tolle Zeit, an die mich sehr dankbar und mit Chapeau für Papa im Himmel erinnere.

Geblieben sind die Leidenschaft für Formel-1-Rennen – hier finde ich kaum Sympathisanten in meiner „Firma" – und das eigene Autofahren in nicht immer nur politisch korrekten Öko-Vierrädlern. Meine erste Kaplanstelle bekam ich sinnigerweise in einer Gemeinde am Nürburgring – mit einem grandiosen Privileg: Ich hatte einen Jahresausweis für den Ring und konnte mich in den rennfreien Zeiten „austoben", was ich besonders nach ermüdenden Sitzungen mit Vorliebe tat. Eines kann ich aber bis heute nicht: ein guter Beifahrer sein. Wenn ich vorne sitze, bin ich für den Fahrer meist unerträglich, weil ich immer mitfahre. Wenn ich es schon schaffe, keine Kommentare, Ratschläge oder Anweisungen zu geben, verrät meine nicht gerade zurückhaltende Körpersprache meine Leiden und meine Anspannung. Herr G., Fahrer im bischöflichen Fuhrpark, der mich in meiner Aufgabe als Direktor oft zu Terminen chauffiert hat, brachte es mal mit einem Seufzer auf den Punkt: „Sie dürfen nicht nur, Sie müssen hinten sitzen!" Er hat immer noch Recht und so zwänge ich mich im kleinsten Mini sehr gerne auf die Rückbank und bin still und ruhig. Aber wehe, man lässt mich nach vorne …

Sänger und Rennfahrer. Kindheitsträume, die sich nicht erfüllt haben. Es macht Laune, sich an die kindlichen Träume zu erinnern, darüber zu schmunzeln und dabei zu wissen, dass man den tiefsten Traum doch erfüllt bekam. Einer, der mir eine ganz andere Welt eröffnete und den ich nun schon lange Jahre versuche, so gut wie möglich zu leben. Priester zu werden, war nicht mein einziger Wunsch, den ich im Heranwachsen verspürte, aber sicher das Thema, mit dem ich mich dann doch am längsten und intensivsten beschäftigt habe. Mit vielen inneren Kämpfen. Bis eine Entscheidung reif war, wurde kräftig gerungen. Sätze wie: „Ich wollte immer schon Priester werden", oder „Für mich gab es gar keine andere Option" oder „Ich habe das noch keinen Tag bereut", respektiere ich sehr bei Kollegen, kann aber in diesen Chor – pardon – nicht einstimmen. Leicht hatte es der liebe Gott nicht mit mir. Aber er hat sich durchgesetzt … Für mich ist das immer noch ein Geheimnis. Die mir so oft gestellte Frage „Warum sind Sie Priester geworden?" habe ich sicher noch kein einziges Mal zufriedenstellend beantworten können, weil mir dafür die Worte fehlen, das auszudrücken, was mich im Innersten bewegt.

Die Sehnsucht nach dem „Mehr" im Leben, die Unzufriedenheit mit Vordergründigem, das Staunen vor der unfassbaren Dimension des Kosmos und seines Schöpfers, die unverändert explosive und gelebte Botschaft des Jesus von Nazareth … nur einige von vielen Stichwörtern, die mich umtreiben und von denen ich reden will. Vor 25 Jahren habe ich meine erste Messe gefeiert, die so genannte Primiz, und es ist üblich, dass man sich einen Spruch auswählt, der einen dann ein Leben lang begleiten soll. Ich habe mir damals keinen Bibelvers ausgesucht sondern ein Zitat des Heiligen Aloisius von Gonzaga: „Quid hoc ad aeternitatem?" Einer der großen Theologen des letzten Jahrhunderts, Hans Urs von Balthasar, den ich kennen- und schätzten lernen durfte, übersetzte ihn mir in freier Übertragung und schenkte mir damit ein Motto, das mir immer wieder Richtschnur war und ist: „Was wiegt vor dem Ewigen?" Oder einfacher gesagt, was ist wirklich wichtig? Es hilft mir immer noch, die Dinge zu unterscheiden und manche vordergründigen Wichtigkeiten zugunsten anderer zu lassen. Das gelingt mal und es gelingt auch mal nicht.

Das letzte Weihnachtsfest war für mich in diesem Punkt eine hilfreiche und prägende Lektion. Ich habe oft an Weihnachten das Wort des Schriftstellers Wilhelm Bruners vom „heruntergekommenen Gott" benutzt, in Rom hat es für mich eine neue Bedeutung bekommen. Die Gemeinschaft San Egidio kümmert sich dort und in vielen Ländern der Erde auf ganz praktische Weise um die zu kurz Gekommenen, um die „Armen", die aber nicht als Betreuungsobjekte gesehen werden, sondern im besten Sinne als Freunde. Ich hatte das Glück, als Übergang zu einer neuen Aufgabe dort einige Zeit zu verbringen. Es war spannend, einige Wochen in der Advents-und Weihnachtszeit mitzuhelfen. Der Titel „Monsignore" war hier völlig uninteressant: Mit anderen Freiwilligen galt es zum Beispiel, dreimal die Woche als Kellner in der Mensa der Gemeinschaft mitzuhelfen. Dabei sind die kleinen Dinge oft die wichtigsten. Die Würde zurückgeben ist eine Devise. So gut es geht. Die Armen stehen dort nicht an, um einen Schlag Suppe zu kriegen, sondern werden an den Tischen bedient. Mit Primo, Secondo und Nachtisch. Und immer wieder passierte was. Ich erinnere mich zum Beispiel an einen altgewordenen, völlig aus der Form geratenen, aufgedunsen-heruntergekommenen Transvestiten. Er konnte kaum gehen. Irgendwann kam jemand von der Gemeinschaft mit einer kleinen Torte und alle stimmten in den typischen Auguri-Gesang mit ein. Ricarda hatte Geburtstag und weinte wie ein Kind, weil jemand das wusste und daran gedacht hatte. Ich hatte selbst Mühe, die Fassung zu bewahren und sann darüber nach, wie sich die Gewichte so verschieben können. Und wie selbstverständlich man im eigenen Leben manches nimmt, was für andere meist nicht stattfindet. Man wird kleinlaut. An Weihnachten selbst verwandelten sich 40 Orte in Rom, unter anderem auch Kirchen, in Festsäle für das traditionelle Weihnachtsessen der Gemeinschaft, zu dem „die Freunde", also „die Armen", eingeladen werden. Das Einladen ist ganz wörtlich zu nehmen: persönliche Einladungskarte, weihnachtliche Tischdeko, Menükarte, kleine spendenfinanzierte Geschenke (neue Dinge, kein alter Ramsch, der sowieso wegmuss). Und wir haben sie wieder am Tisch bedient. Den Menschen etwas von ihrer Würde zurückgeben, sich nicht als Gönner über sie erheben, sondern sie im Sinne des Evangeliums ganz praktisch und undramatisch freundschaftlich zu behandeln ... und mit ihnen feiern, essen und singen. Großartig! Für mich ein Weihnachten, das mich mit dem eigentlichen Sinn des Festes neu konfrontierte: Gott wird Mensch und will, dass wir es noch mehr werden.

Quid hoc ad aeternitatem? Was wiegt vor dem Ewigen? Die Frage kann sich jeder stellen, egal ob es ihm vergönnt ist, seinen Traum zu leben oder ob er mit dem Platz zurechtkommen muss, auf den das Leben ihn gesetzt hat. Egal ob Museumswächter oder Finanzbeamtin, Tänzer oder Floristin, ob Krankenpfleger oder Busfahrerin, entscheidend ist nicht das Was, sondern das Wie! Das ist Aufgabe genug, lebenslang. Dabei kann die Sehnsucht ruhig bleiben und wirken. Warum nicht, ich mag auch meine unerfüllten Kinderträume und bin eigentlich froh, dass sie nicht erfüllt wurden und ich bisher das tun konnte, was mir wirklich wichtig war.

Natürlich bleibt immer ein bisschen von den anderen Träumen, warum auch nicht? Ein Mitarbeiterteam schenkte mir zum 50. Geburtstag eine Fahrt in einem Ferrari, meine Familie eine funktionierende Oldtimer-Vespa, die ich so gerne und mit Lust nutze. Aber eine Fahrt in Vettels Red Bull ... hm ... das wäre doch ... Man darf auch jetzt noch träumen! Auch einfach mal nur so ...

Als Bundesvorsitzende der Grünen setzt sich Claudia Roth dafür ein, aus dieser Welt einen besseren Ort zu machen.

Claudia Roth

Let us make this world a better place!

Wenn ich an meine Kindheit zurückdenke, dann fällt mir ganz schnell meine Oma Franziska Frank aus Ulm ein, neben meiner Mutter die vielleicht wichtigste Frau in meinem Leben. Sie war eine sehr gläubige Katholikin, die ihren Glauben nie ideologisch verstand, die christliche Werte lebte und anderen menschlich nahe bringen konnte. Diese Erfahrung war für meinen Werdegang sehr wichtig, auch als ich dann eigene Wege ging, eine kritische Haltung zu einer teilweise sehr abgehobenen Amtskirche einnahm und auch in einige Konflikte mit ihr geriet.

Es war eine Grundhaltung, die mir meine Oma Franziska mitgab, eine große Liebe zu den Menschen und zur Natur. Dass eine bessere Welt möglich ist und dass ein Leben in Einklang mit den Menschen und der Natur dazugehört, das ist die große Hoffnung und Sehnsucht, die mir in der Kindheit eingepflanzt wurde und die mich heute trägt. Und etwas Besonderes ist es, dass poetische Momente und Stimmungen dabei sehr wichtig waren. Ich glaube, die poetischen Seiten der Kindheit spielen eine ganz wichtige Rollen im weiteren Leben. Sie sind eine Quelle von Hoffnung, ein Grundfutter für ein kleines Stück Utopie, das wir in unserer Alltagswelt dringend brauchen.

Während mein Opa ein großer, schlanker Mann mit langen weißen Haaren war, war Oma Franziska eine kleine, rundliche und herzenswarme Frau. Mit ihr ging ich jeden Sonntag in die Kirche, genauer in ein Franziskanerkloster, das nicht weit entfernt vom Haus meiner Großeltern lag. In der Kirche gab es eine sehr kitschige Figur des heiligen Franz von Assisi, der für mich eine Art Urheiliger der Ökologiebewegung ist.

Franz steht da, in brauner Sutane und Sandalen zwischen drapierten Häschen, Vögeln, Tauben – selbst die Gräser und Blumen neigten sich ihm zu. Das Lächeln des heiligen Franziskus jedoch war so innig und so freundlich, dass ich verstand, wieso die Tiere sich um ihn scharrten. Ich stand ja auch zu seinen Füßen. Und ich fühlte auf einmal, wie die Ursache zur Wirkung wurde. Auf einmal zog nicht das Lächeln Franz von Assisis die Vögel an, sondern er lächelte, weil Kreatur und Natur sich ihm in Freundschaft zuwandte. Ich begriff, was Reichtum und Vielfalt der Welt bedeuten kann, wie sehr sie zum Menschen gehören und welches Glück in ihnen liegt. Im Sonnengesang, den Franz von Assisi 1224 schrieb – in italienischer

Sprache, der Sprache des Volkes – gehören Menschen und Natur zusammen.
[…]
Gelobt seist Du, Herr, mit allen Wesen, die Du geschaffen,
der edlen Herrin vor allem, Schwester Sonne,
die uns den Tag herauführt und Licht mit ihren Strahlen,
die Schöne, spendet; gar prächig in mächtigem Glanze:
Dein Gleichnis ist sie, Erhabener.

Gelobt seist Du, Herr,
durch Bruder Mond und die Sterne.
Durch Dich sie funkeln am Himmelsbogen
und leuchten köstlich und schön.

Gelobt seist Du, Herr,
durch Bruder Wind und Luft
und Wolke und Wetter,
die sanft oder streng, nach Deinem Willen,
die Wesen leiten, die durch Dich sind.

Gelobt seist Du, Herr,
durch Schwester Quelle:
Wie ist sie nütze in ihrer Demut,
wie köstlich und keusch!

Gelobt seist Du, Herr,
durch Bruder Feuer,
durch den Du zur Nacht uns leuchtest.
Schön und freundlich ist er am wohligen Herde,
mächtig als lodernder Brand.

Gelobt seist Du, Herr,
durch unsere Schwester, die Mutter Erde,
die gütig und stark uns trägt
und mancherlei Frucht uns bietet
mit farbigen Blumen und Matte.
[…]

Ein Gespür dafür, wie wichtig ein Leben im Einklang mit der Natur ist, bekam ich auch durch meinen Großvater väterlicherseits, Maximilian Roth, mit dem ich oft und lange wandern gewesen bin. Er war ja Kirchenmusiker und schaffte es auf eine besondere Art, Musik und Naturerlebnis zusammenzubringen. Und für Musik war ich ohnehin empfänglich. Die Spaziergänge mit meinem Großvater bebilderten die Melodien und Töne. Ich hörte die Gräser, die Insekten, die Farben, den See als Schönheit der Musik und ich sah die Musik förmlich in der Stille eines frühen Sommermorgens. Ein im Innersten ästhetisches und gerade darum so starkes Verlangen, diese Schönheit zu achten und zu bewahren, durchdringt mich noch heute, wenn ich von diesen Mädchen-Morgen-Blütenspaziergängen schreibe, und wenn ich mich erinnere, wie ich bei ihm auf dem Schoß sitzend erste Bekanntschaft mit dem Klavier machte. Das war sie, die dramatisch schöne Begegnung mit Musik und mit Natur. Auch das Lächeln der Franziskusfigur steht für diese Erfahrung, und in meiner Erinnerung wiegt es alles Kitschige in seiner Darstellung auf.

Am Abend vor dem Tod meines Großvaters habe ich mit ihm Äpfel „gebeigt", wie es bei uns hieß, also in ein Regal einsortiert. Wir hatten ganze Körbe roter, knackiger Äpfel und diese Äpfel zu berühren, diese Pracht und Reichhaltigkeit der Natur, machte mich einfach glücklich. In der gleichen Nacht starb mein Großvater an einem Herzinfarkt. Sein Tod und der Reichtum an Früchten, das Ableben und die Intensität des Lebens stehen einander gegenüber. Sie ermahnen mich, wie vergänglich und wie verletzlich die Natur und ihre Wesen sind. Und sie sind ein Auftrag, die Natur zu schützen und das Leben zu bewahren, damit Hoffnung bleibt.

Die tiefe innere Beziehung, durch die wir mit den anderen Menschen verbunden sind, beschrieb meine

Für die kleine Claudia waren die Großeltern wichtige Bezugspersonen, die ihr die Grundwerte mit auf den Weg gegeben haben.

Oma Franziska mit einem Satz, der mich bis heute tief beeindruckt: „Mir kann es nur gut gehen, wenn es meinem Nächsten gut geht." Diese Worte habe ich nie vergessen. Sie trage ich in mir, an sie muss ich denken, wenn ich die unsäglichen „Das Boot ist voll"-Metaphern in der Flüchtlings- und Menschenrechtspolitik höre. Aber sie gehen weit darüber hinaus, sie überschreiten den menschlichen Bereich und schließen die uns umgebende Natur mit ein. Ein reiches und gutes Leben der Menschen gründet nach meiner festen Überzeugung in einer reichhaltigen Natur, einer, der es gut geht, die intakt ist. Der Satz meiner Oma ist deshalb so stark, weil er die eigenen Belange nicht einfach selbstlos übergeht, sondern das Gelingen des eigenen Lebens als starke Motivation für ethisches und ökologisches Handeln einbezieht.

Nach der Kirche am Sonntag gingen wir stets ins Gloria Kino und sahen Märchenfilme. Nach dem Kino gingen wir zu meiner Oma nach Hause, wo Opa uns schon erwartete. Er hatte während unserer Abwesenheit das Haus und das von meiner Oma schon vorbereitete Sonntagsessen gehütet. Das Bild meines Opas, wie er auf einer Eckbank am Küchentisch sitzt, sein erwartungsvoller Blick bei unserer Rückkehr, trage ich in meinem Herzen. Auf eine Art fühlte ich mich von diesem Blick angezogen, ähnlich wie die Tiere, die sich um den heiligen Franz versammelten.

Die Ansprüche und Haltungen, die sich hier herausbildeten, bekamen nach und nach immer deutlichere Konturen, auch ohne in ein im engeren Sinn religiöses Weltbild eingebunden zu sein. Zum Beispiel, wenn wir mit der Familie zum Zelten und Baden an den Bodensee fuhren. Das taten wir viele Kindheitssommer lang. Aber eines Tages hieß es, der Bodensee sei vergiftet und umgekippt und die Fische gestorben, und das Baden im See gesundheitsgefährdend. Diese Nachricht legte nicht nur einen schönen Sommer lahm, sie taucht die Erinnerungen an diese Zeit in Wehmut. Diese erste ökologische Katastrophe, die ich bewusst wahrnahm, zertrümmerte ein Bild von Kindheitsglück. Ich muss immer an diese Zeit und diese Bilder denken, wenn gesagt wird, irgendeine Tat sei verheerend oder zerstörend.

Für ihre Partei steht Claudia Roth gern im Rampenlicht – ihre „Kindheitsträume" und Erfahrungen bestimmen ihr Engagement und lassen sie daran glauben, ihre Ansprüche Wirklichkeit werden zu lassen.

Ich war damals schon alt genug, um nachzufragen, wie es dazu kommen konnte, wie es sein konnte, dass der Mensch mit seinen Abwässern einen See, das „schwäbische Meer", zerstörte. Und ich begriff, dass man die Natur nicht nur bewundern konnte, sondern schützen musste.

Die Natur schützen und die Rechte der Menschen achten und bewahren – das sind die großen Leitmotive in meiner politischen Arbeit, in vielen Funktionen, die ich bisher ausüben durfte, im Europaparlament, als Menschenrechtsbeauftragte der Bundesregierung oder als Vorsitzende der Grünen Partei. Und obwohl ich weiß, dass wir noch sehr weit davon entfernt sind, dass der Traum von einer besseren Welt Wirklichkeit wird, habe ich nie aufgehört, ihn zu träumen und für ihn zu kämpfen.

Ein großer Erfolg ist es, dass sich im Denken vieler Menschen sehr viel getan hat. Besserer Umwelt- und Klimaschutz – das ist heute nicht länger nur der Wunsch einer vielleicht exotischen Minderheit, sondern von sehr vielen Menschen in unserer Gesellschaft. Und auch die Ansprüche auf mehr soziale Gerechtigkeit, die ich überall spüre, stimmen mich hoffnungsfroh. Wir sind an einem Punkt, an dem wir diese ganz breit geteilten Erwartungen viel stärker in konkrete Politik umsetzen können und müssen. „Let us make this world a better place" – das ist nicht nur eine Textzeile aus einem Popsong, sondern eine reale Möglichkeit.

Dem Unternehmer Ulrich Walter ist der ökologische Landbau zur Lebensaufgabe geworden.

Ulrich Walter

Mut zur Zukunft!

Darf ein Unternehmer träumen? Muss er nicht vielmehr hellwach sein? „Träume sind die Nahrung auf dem Weg zum Ziel" hat der Filmemacher Alexander Kluge treffend bemerkt. Zwei Träume prägten mein Leben als Unternehmer. Ein dritter deutet sich an.

Im Jahr 1949, noch herrschte Mangel im Land, wurde ich in eine behütete Umgebung hineingeboren. Mit Urgroßmutter Wilhelmine, meinen Eltern, einem Flüchtlingsehepaar und allerlei Nutztieren lebte eine große Familie in einem kleinen norddeutschen Backsteinhaus. Es gab kein fließend Wasser, aber eine Handpumpe. Wir haben Gemüse gezogen, im Herbst wurde geschlachtet. Der Schinken kam dann in den Rauch und wurde erst angeschnitten, wenn Anfang März der Kuckuck rief.

Das Frühjahr war die Zeit ausgedehnter Streifzüge durchs Moor oder in die Tongrube einer Ziegelei. Dort habe ich mit den Kindern der Nachbarshöfe nach Fossilien gesucht. Was haben wir nicht alles gefunden: Zähne, wir meinten es waren Haifischzähne, oder große Wirbelknochen, die bestimmt von einem Walfisch stammten. In den unteren Schichten gab es besonders viele Fossilien, doch sie waren oft unvollständig. Bessere haben wir in den oberen Schichten gefunden. Mit Schaufeln und Spitzhacken haben wir danach gegraben. Nach langen Regenfällen bin ich oft allein in die Tongrube gegangen. Stundenlang habe ich nach freigespülten Kleinfossilien gesucht und mir dabei vorgestellt, ein Forscher in fremden Ländern zu sein. Mein erster Traum stammt aus dieser Zeit: Entdecker wollte ich werden, einer, der zu neuen Ufern aufbricht. Mit 18 Jahren hat dieser unruhige Traum mich aus vertrauter Umgebung in die Hafenstadt Bremen getrieben.

Dort habe ich mich bei der Deutschen Dampfschifffahrts-Gesellschaft „Hansa" zum Schifffahrts-Kaufmann ausbilden lassen. Die von Bremer Kaufleuten gegründete Gesellschaft gehörte damals zu den größten Fernhandels-Reedereien der Welt.

Die Kindheit auf dem Land und das Leben im Einklang mit den Jahreszeiten waren „fruchtbarer Boden", auf dem die Träume gedeihen konnten.

Soll und Haben, mit Augenmaß wirtschaften, verbindlich sein; das Handwerkszeug eines Kaufmanns habe ich bei der Hansa erlernt und es hat meinen Träumen stets die notwendige Erdung gegeben.

In der Zentrale ging ich auf Tuchfühlung mit der weiten Welt. Kollegen aus Pakistan, Indien oder Sri Lanka hospitierten dort, es ging zu wie im Bienenstock. Ich wäre gerne selbst hinausgegangen in diese Welt, aber früh hat mich die Liebe erwischt. Mit 21 Jahren habe ich meine heutige Frau geheiratet.

Sie hat in einem Kinderheim als Erzieherin gearbeitet. Das war Neuland für mich. Viele Kinder konnten sich dort besser mit Fäusten als mit Worten ausdrücken. Diese jungen Menschen erreicht man nicht über Logik. Auch nicht unbedingt über das Gespräch. Man musste ganz andere Zugänge finden. Das hat mich derart herausgefordert, dass ich nach meiner Zeit bei der Bundeswehr nicht wieder bei der Hansa vorstellig wurde, sondern bei den „Von Bodelschwingschen Anstalten" in Freistatt. Nebenberuflich konnte ich mich dort zum Sozialpädagogen ausbilden lassen und gleichzeitig Geld verdienen. Ganz in der Nähe von Freistatt liegt Diepholz, ein ruhiges Beamtenstädtchen. Mit 27 habe ich die Leitung des dortigen Jugendzentrums übernommen. Regelmäßig gab es unter den Jugendlichen Krach. Doch immer wenn es mir gelungen ist, bei ihnen Faszination für ein Thema zu erzeugen, kamen sie gut miteinander aus. Sie haben dann getöpfert, filigrane Emaille-Arbeiten gefertigt oder Bilder im Fotolabor entwickelt. Wir haben gemeinsam Konzerte organisiert. Bill Ramsey ist im Diepholzer Müntepark aufgetreten. Und dann haben wir regelmäßig Filmabende veranstaltet, aus denen später das kommunale Kino hervorgegangen ist. Hatten die Jugendlichen erst einmal Sinn in ihrer Arbeit gefunden, dann gab es diese Momente inniger Beschäftigung und ruhiger

Zufriedenheit. Mir wurde klar, wie wichtig es ist, dass Menschen Sinn in der eigenen Arbeit finden. Und zugleich wusste ich, dass auf die jungen Leute eine Arbeitswelt wartete, in der vor allem Überfluss produziert wird. Wer den lieben Tag lang Wackeldackel verkauft oder sprechende Toilettenpapierhalter zusammenschraubt, wird sich irgendwann fragen, warum mache ich das und für wen? Ich begann mir vorzustellen, wie bereichernd es dagegen sein muss, in einem Unternehmen zu arbeiten, das Produkte herstellt, die die Menschen tatsächlich brauchen. Und da die Natur kein grenzenloses Rohstoffreservoir ist, müsste der Gedanke des Umweltschutzes in einem solchen Unternehmen eine gewichtige Rolle spielen. „Sinnvoll für Natur und Mensch" wurde zum schemenhaften Motiv meines zweiten Traums. Damals konnte ich nicht ahnen, dass daraus viele Jahre später einmal ein funktionierendes Unternehmenskonzept werden sollte.

Ende der 70er-Jahre wurde in Deutschland aus Bio eine Bewegung. Umkränzt von der Umwelt-, Friedens,- und Frauenbewegung. Vorbote dieser gesellschaftlichen Neuausrichtung war in Diepholz ein kleiner Bioladen. Meine Frau und ich haben dort regelmäßig eingekauft. 1979 habe ich mit dem Kreisjugendpfleger ein Rockfestival organisiert. Auf dem Weg dahin wollte ich im Bioladen noch Besorgungen machen. Da stand ein Schild im Fenster: „Geschäftsaufgabe". Nach nur einem halben Jahr. Weil ich keine Zeit hatte, habe ich gesagt: „Nimm das Schild da wieder raus, ich übernehme die Verantwortung".

Spontan wurden meine Frau und ich zu Eigentümern des Bioladens Lebensbaum. Das war die Zeit, wir haben nicht lange sinniert, sondern gemacht. Außerdem haben wir ein altes Bauernhaus gekauft und Schritt für Schritt selber renoviert. Wir haben Schafe gehalten und Brot gebacken. Es gab viel zu tun, gestört hat uns das nicht. Irgendwann stellte ich mir dennoch die Frage: „Was willst du machen, wenn du 50 bist?" Ich konnte mir nicht vorstellen, dann noch mit Jugendlichen zu arbeiten. Der Altersunterschied wäre zu groß. Jugendamt hieß die Alternative, aber das war mir zu viel Bürokratie. Und dann wurde der Kaufmann in mir wieder wach. Ich habe gedacht „aus dem Bioladen kannst du mehr machen". Meine Festanstellung im Jugendzentrum habe ich gekündigt und ein neues Ladenlokal in zentraler Lage eröffnet. Über dem Eingang hing ein geschmiedeter Lebensbaum. Die Inneneinrichtung des historischen Fachwerkhauses haben wir vom Schreiner machen lassen. In den gebeizten Buchenregalen standen dicht gedrängt: Trockenobst, Nüsse und Reis in Papiertüten. Das Müsli haben wir in Wäschewannen gemischt und dann in Zellophantüten abgefüllt. Milch, Käse und Obst kam von Biobauern aus der Region. Es gab Schüssler Salze, Socken und Kerzen aus Bienenwachs. Die gute, oft handwerkliche Herstellung und der schonende Umgang mit der Natur bildeten die große Klammer für unser Sortiment. So sollten Mittel zum Leben sein, so hatten wir sie in meiner Kindheit oft noch selber hergestellt.

Bundesweit, vor allem im Süden, schossen die Bioläden aus dem Boden. Und die brauchten Kaffee, Tee und Gewürze in Bioqualität. Als Ladenbesitzer wusste ich, dass es die nicht gab. Das wollte ich ändern. Mein Kindheitstraum wurde Wirklichkeit; eine große Suche begann. Mit dem VW-Bulli habe ich die Provence nach Kräuterbauern abgefahren. Buschpiloten mit Flachmann in der Lederjacke haben mich zu versteckten Kaffeeplantagen in die Hochtäler Südmexikos geflogen. Einmal habe ich von einem Österreicher gehört, der in Ägypten Kräuter anbauen sollte. Ich habe ihm Briefe geschrieben, doch nie Antwort erhalten. Schließlich bin ich nach Kairo geflogen. Der Kräuterbauer entpuppte sich als weltgewandter, ägyptischer Pharmakologe. In der Wüste wurden wir Freunde. Seitdem baut Dr. Abouleish für uns Kräuter an. Den Bioladen haben wir noch einige Jahre weiterbetrieben, mehr und mehr aber rückte die Herstellung von Kaffee, Tee und Gewürzen unter dem Markennamen Lebensbaum in den Mittelpunkt unserer Arbeit. 1983 habe ich den Frankfurter Körnerkongress mitorganisiert. Auf dieser ersten Biomesse mögen um die tausend Biobauern, Händler und Hersteller gewesen sein, die sich über Geschäfte, Qualitäten und natürlich Politik ausgetauscht haben. Kein Minister hat damals die Messegänge abgeschritten, dafür gab es Cabaret, Free-Jazz und Degenhardt-Lieder. Ein Jahr später fand die Messe wieder statt. Ich habe die Gelegenheit genutzt, meine Produkte vorzustellen. Die erste Biomarke Deutschlands für Kaffee, Tee und Gewürze hatte einen bescheidenen Auftritt: drei unbehandelte Holzregale, dahinter mit Jute bespannte Trennwände. Nicht jeder hat uns damals ernst genommen, doch die Option aufzugeben gab es nie. Ich war vom Nutzen und Sinn meiner Produkte überzeugt, also hat Lebensbaum sie angeboten.

Seit fast 35 Jahren produzieren wir jetzt Kaffee, Tee und Gewürze aus ökologischem Landbau. Mit jedem verkauften Produkt wächst die Zahl der Felder, die ökologisch bewirtschaftet werden. Und damit geben wir einer Form der Landwirtschaft Auftrieb, die unsere Natur zu erhalten weiß und zugleich Lebensmittel von besonderer Güte hervorbringt.

Unsere Kunden wissen diesen Doppelnutzen zu schätzen. Sie schenken unseren Leistungen Vertrauen und haben uns damit zum Marktführer im Biofachhandel gemacht. Dass für Leistung Zuversicht nötig ist, vor allem aber der Wille, sinnvoll zu gestalten, wissen wir aus unseren Pioniertagen. Dieses Drehmoment, das aus dem kleinen Bioladen Lebensbaum ein mittelständisches Unternehmen mit über 130 Mitarbeitern gemacht hat, treibt uns weiter an.

Ich bin jetzt in einem Alter, in dem ich erste Blicke zurückwerfe. Ich stelle fest, dass es ohne meine Träume Lebensbaum nicht geben würde. Mein erster Traum hatte das Motiv des Entdeckens. Die Lebensbaum-Synthese aus humaner Unternehmenskultur, grünem Kerngeschäft und ökonomischen Erfolg ist eine bald vier Jahrzehnte umspannende Entdeckungsreise, die für uns noch längst nicht zu Ende ist. Die Wirtschaft der Zukunft wird nachhaltig sein. Und Nachhaltigkeit ist ein bisher nur grob vermessenes Terrain, das es zu erschließen gilt.

Auch mein zweiter Traum hat sich mit Lebensbaum erfüllt. Wir stellen Produkte her, die sinnvoll sind für Natur und Mensch. Meine Mitarbeiter wissen das und treten entsprechend selbstbewusst und zugleich sympathisch auf. Doch Sinn ist keine feste Größe, er verändert sich. Meine Aufgabe ist es heute, dafür zu sorgen, dass meine Mitarbeiter wach bleiben und die Sinnfrage immer wieder aufs Neue stellen. Dass verstehe ich unter Leadership.

Da ist noch ein dritter Traum, ein wenig unscharf noch. Die jungen Menschen haben mehr Wissen als jede Generation vor ihnen. Aber ihnen fehlt der Mut es anzuwenden. Mein dritter Traum besteht aus drei Wörtern: „Mut zur Zukunft". Heute träume ich, dass junge Menschen bei Lebensbaum ein Umfeld finden, dass ihnen den notwendigen Mut gibt, Wirtschaft und Gesellschaft neu zu gestalten. Sollte dieser Traum in Erfüllung gehen, will ich wieder in meinen Garten gehen; neue Beete müssen angelegt werden. Der Schinken muss in den Rauch und wird erst angeschnitten, wenn im Frühjahr der Kuckuck ruft.

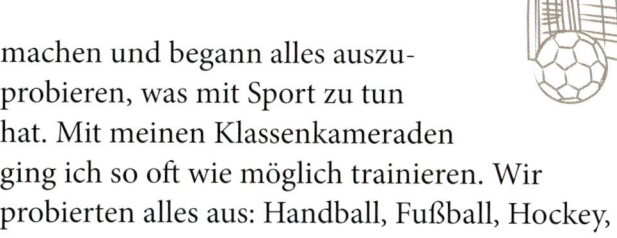

Die „Unbezwingbare", so titelten deutsche Zeitungen, nachdem Nadine Angerer als Torhüterin den deutschen EM-Titel 2013 verteidigt hatte.

Nadine Angerer

Endlich Nummer eins!

Schon als kleines Kind habe ich Sport über alles geliebt. Inspiriert wurde ich durch meine Mutter Petra, die erfolgreiche Triathletin war. Als sie für ihre Wettkämpfe trainierte, versuchte ich es ihr nachzumachen und begann alles auszuprobieren, was mit Sport zu tun hat. Mit meinen Klassenkameraden ging ich so oft wie möglich trainieren. Wir probierten alles aus: Handball, Fußball, Hockey, Tischtennis, Basketball, Tennis …

Aber schon bald merkte ich, dass mir die Mannschaftssportarten besonderen Spaß machten. Also fing ich an, nachmittags mit den Jungs aus der Nachbarschaft Fußball zu spielen. Egal bei welchem Wetter: Direkt nach der Schule teilten wir Teams ein und spielten auf unsere selbstgebauten Tore. An diesen Nachmittagen wurde meine Leidenschaft für diesen Sport entfacht. Und irgendwann hatte einer meiner Freunde die glorreiche Idee, dass ich in den Verein eintreten sollte, indem auch meine Freunde Mitglied waren … Gesagt, getan!

Also spielte ich von nun an als einziges Mädchen in einer Jungenmannschaft. Das war für alle eine neue Erfahrung. Wie funktioniert das mit dem Duschen? Darf man ein Mädchen genauso belasten wie einen Jungen? Darf ein Mädchen überhaupt in einer Jungenliga mitspielen? Fragen über Fragen. Für alles wurde eine Lösung gefunden, und ich bekam von allen Seiten Unterstützung. Meine Eltern waren etwas überrascht, aber sie halfen mir, wo sie nur konnten, meine Trainer integrierten mich ohne Probleme und meine Mitspieler entwickelten so etwas wie einen Beschützerinstinkt. Von da an war ich die Stürmerin des ESV Gemünden. Wir waren eine tolle Mannschaft mit einem super Zusammenhalt. Für die anderen waren wir „das Team mit dem Mädchen". Sowas wie die Außenseiter. Aber genau das hat uns noch mehr zusammengeschweißt. Anfangs wurden wir von unseren Gegnern immer belächelt, aber unsere und meine Leistungen überzeugten und beeindruckten auch bald unsere Gegner. Und so gewannen wir Spiel um Spiel und feierten am Ende meiner ersten Saison die Meisterschaft.

Das war eine großartige Zeit. Doch irgendwann wollte ich unbedingt ins Tor. Schon immer hatte mich das Training unseres Torhüters beeindruckt. Die Trainer beschlossen aber, mich gegen meinen Willen lieber weiter auf Torejagd zu schicken. Mein Traum Torhüterin zu sein schien in weiter Ferne. Im Alter von ca. zwölf Jahren musste ich dann in eine reine Mädchenmannschaft wechseln, weil die Regularien das so vorschreiben. Ich entschied mich für den ASV Hofstetten. Nach einer erfolgreichen Saison in meinem neuen Verein wurde ich in die Unterfrankenauswahl berufen. Beim alljährlichen Länderpokal in Duisburg, das ist ein Turnier, bei dem sich die Bundesländer miteinander messen, verletzte sich unsere Torhüterin, und ich bekam Gelegenheit, im Tor zu stehen. Ein Traum ging in Erfüllung!

Unsere Spiele gegen die anderen Bundesländer liefen hervorragend, wobei ich im Tor eine ganz gute Figur machte. Und es kam noch besser. Die damalige Bundestrainerin Tina Theune nominierte mich im Alter von 15 Jahren für die U-16-Nationalmannschaft. Von nun an fühlte ich mich wie im Märchenland. Ich machte meine ersten Länderspiele und wurde kurz darauf, im Alter von 16 Jahren, in die U-20-Nationalmannschaft berufen. Dort feierte ich auch meine ersten größeren internationalen Erfolge. 1995 gewannen wir beispielsweise den Nordic Cup in Finnland. Mit dabei waren auch meine späteren Weggefährtinnen Birgit Prinz, Sandra Smisek und Inka Grings. Auch auf Vereinsebene gab es Veränderungen. Ich wechselte zu Wacker München und zog mit 17 Jahren in die Stadt an der Isar. Was für ein Abenteuer.

Nach den Olympischen Spielen 1996 in Atlanta fand in der Frauen-Nationalmannschaft ein Umbruch statt, von dem auch ich profitieren durfte.

Mehr als die Erfüllung eines Kindheitstraumes: Am 28. Juli 2013 sind die deutschen Frauen erneut Europameister!

Zur bestehenden Mannschaft kamen jüngere Spielerinnen hinzu, während einige ältere ihre Karrieren beendeten. So flatterte 1996 die erste Einladung zur A-Nationalmannschaft in meinen Postkasten. Zwei

Wochen später war es soweit, ich stand mit Spielerinnen wie Doris Fitschen und Steffi Jones auf dem Trainingsplatz. Im gleichen Jahr absolvierte ich mein erstes A-Länderspiel. 1999 wechselte ich dann zum FC Bayern München, weil die Perspektive, mich dort weiterzuentwickeln, einfach besser war.

Zur gleichen Zeit wurde Silke Rottenberg in die Nationalmannschaft berufen, was später noch mein „Unheil" werden sollte. Sie war sieben Jahre älter und auch wesentlich reifer als ich. Während ich meine Freiheit in München genoss, arbeitete sie sehr an ihrem Torwartspiel. Sie wurde immer besser und ich fand mich auf der Ersatzbank wieder. Das blieb auch die nächsten zehn Jahre so. Ab und an durfte ich ein paar Spiele machen, aber die wichtigen, inklusive der Turniere, waren ihr vorbehalten. 2001 wechselte ich zu Turbine Potsdam, wo ich wahnsinnig viel trainierte und nach einem intensiven Gespräch mit Tina Theune wieder zurück in die „Spur" fand. Die Zeit in Potsdam war äußerst erfolgreich. Wir gewannen bis Dezember 2007 viele nationale und internationale Titel. Aber in der Nationalmannschaft kam ich nicht über die Rolle der Ersatztorhüterin hinaus. So wurde ich dreimal Europameisterin, Weltmeisterin und zweimal Bronzemedaillen-Gewinnerin bei Oympischen Spielen. Immer als Nummer 2 – wie unbefriedigend!

Dann kam das Jahr 2007. Silke Rottenberg verletzte sich am Kreuzband und fiel für sechs Monate aus. Im gleichen Jahr fand die Weltmeisterschaft in China statt. Von Neuem bot sich mir eine einmalige Chance. Ich trainierte wie verrückt und es sollte sich auszahlen. Ich wurde von Bundestrainerin Silvia Neid zur Nummer eins für diese WM ernannt. Es lief fantastisch für uns, wir gewannen unser Auftaktspiel gegen Argentinien grandios mit 11:0, auch England und Japan zeigten wir die Grenzen auf. Im Viertelfinale spielten wir dann gegen die Geheimfavoriten aus Nordkorea. Doch auch sie sollten unseren Siegeszug nicht aufhalten, genauso wenig wie die Norwegerinnen im Halbfinale. Bis dato waren wir im ganzen Turnier ohne Gegentor geblieben. Und das sollte auch im Finale in Shanghai gegen die großartig spielenden Brasilianerinnen so bleiben. Selbst ein Elfmeter von Weltfußballerin Marta sollte uns nicht vom zweiten WM-Titel in Folge abhalten. Wir hielten mit einer fantastischen Mannschaftsleistung dagegen. Nach 90 Minuten kannte die Freude keine Grenzen mehr. Mit einem 2:0-Finalsieg wurden wir wieder Weltmeister, und das Ganze ohne ein Gegentor.

Schweden sollte dann ab Dezember 2007 für ein Jahr meine neue Heimat werden. Ich wechselte zu Djurgården nach Stockholm. Mich reizte es, eine neue Liga, neue Mitspielerinnen und eine neue Sprache kennenzulernen. Es war persönlich ein gelungenes Jahr, wobei wir sportlich weit hinter den Erwartungen zurückblieben. 2009 wechselte ich zum 1. FFC Frankfurt. Während dieser Zeit gewann ich mit der Nationalmannschaft 2009 die Europameisterschaft in Finnland und ich nahm an der Weltmeisterschaft 2011 in Deutschland teil.

Höhepunkt meiner bisherigen Karriere war natürlich der Sieg der Europameisterschaft 2013. Anja Mittags Tor gegen Norwegen und die von mir gehaltenen Elfmeter bescherten uns den ersehnten EM-Titel! Für die deutschen Fußballfrauen den sechsten in Folge!

Wichtig ist, seinen Träumen zu folgen und Raum zu geben – und die richtigen Menschen an seiner Seite haben: Jungs, die auch ein Mädchen Fußball spielen lassen, Eltern, die hinter ihren Kindern stehen. Auch der eigene Wille ist wichtig … und natürlich das Glück, zur rechten Zeit am rechten Ort zu sein!

Im harten Schlagergeschäft stürmt Matthias Reim noch immer die Charts und füllt die Hallen!

Matthias Reim
Mein Traumberuf

Normale Kinder entwickeln meistens so irgendwann in einem Alter von fünf bis sieben Jahren ihre ersten Vorstellungen davon, was sie später einmal im Leben tun wollen. Zu meiner Kinderzeit waren die klassischen Berufsziele so etwas wie Pilot, Boxer oder Filmstar, bei Mädchen vielleicht Tierärztin … Inzwischen ist das sicher anders, nach dem, was ich so im Freundeskreis und bei meinen eigenen Kindern mitbekomme. Da tauchen dann unter dem Einfluss des Fernsehens und der sich verändernden Welt Berufswünsche auf wie Superman oder Feuerwehrmann bei den Jungs oder Deutschlands Supermodel bei den Mädels.

Mit zunehmendem Alter verblassen diese Berufsträume – glücklicherweise – mehr und mehr und werden durch realistische Ziele ersetzt. Aus dem zukünftigen Jetpiloten wird ein braver Buchhalter oder Computerfachmann, aus Deutschlands Supermodel dann doch lieber eine Sekretärin oder eine glückliche Hausfrau. An die kindlichen Träume erinnert man sich dann manchmal noch mit einem Lächeln …

Ich war kein normales Kind. Ich wollte weder Pilot werden noch Feuerwehrmann und erst recht kein Boxer. Zu keinem Zeitpunkt. Ich wollte Musik machen – nichts anderes. Nur Musik. Ich war so vier oder fünf Jahre alt, da hatte ich meine erste, offenbar wirklich prägende Begegnung mit der Musik. Sie war ein Wendepunkt in meinem Leben. Dabei ging es interessanterweise nicht um irgendein Kinderlied wie „Hänschen klein" oder „Alle Vögel sind schon da" – sondern es war ein Stück Unterhaltungsmusik, das mich faszinierte. Es kam aus dem Tonbandgerät meines Vaters und war die Musik aus „My Fair Lady".

Ich wollte sie immer und immer wieder hören. Interessant war dabei: Mein Vater hatte beide Versionen dieser Musik auf seinem Gerät – sowohl die englische Originalfassung wie auch die deutsche Version, die 1961 auf den Markt gekommen war (übrigens mit Rex Gildo als Freddy!). Und ich wollte immer nur die deutsche Version hören, weil ich da zumindest etwas verstand. Ein Tiefenpsychologe würde diese Tatsache sicher zu einem Thema machen und herausfinden, dass damals schon eine Vorprägung bei mir erfolgte, und dass ich deshalb bis heute deutschsprachige Musik mache und liebe. Wahrscheinlich hätte er auch recht damit.

Das mit dem Tonbandgerät meines Vaters war eigentlich mehr ein Zufall – denn meine Eltern waren im Grunde nicht sehr musikbegeistert – vor allem mit Unterhaltungsmusik hatten beide nichts am Hut. Sie hörten auch im Radio nicht viel Musik – eher Hörspiele. Okay, mein Vater wippte schon mal vorsichtig mit den Füßen, wenn Glenn Miller im Radio lief, aber mit Künstlern wie Elvis Presley und Konsorten wusste er nun wirklich absolut nichts anzufangen – geschweige denn mit den Beatles oder Stones. Mein Vater schaltete dann das Radio aus und meine Mutter verdrehte die Augen. Nein: Wenn schon Musik, dann eher klassische Konzerte oder bestenfalls Musical.

Ein oder zwei Jahre nach dem einschneidenden Erlebnis bekamen wir ein Kindermädchen, das auf mich und meine Brüder aufpassen sollte. Sie hieß Margarete genannt Pitchen, war 14 oder 15 Jahre alt und hatte natürlich den Musikgeschmack der Teenager jener Zeit. Und sie brachte uns jedesmal die neuesten Erwerbungen aus ihrer Plattensammlung mit: „Michelle" von den Beatles, „Let's Spend the Night Together" oder auch „Satisfaction" von den Stones und all so etwas. Ich verschlang diese Songs – und bald kam ich dann auf die kindliche Idee, dass ich selber solche Musik machen wollte. Dazu brauchte ich natürlich ein Instrument, das ich mir aber sicher selber basteln könnte, so dachte ich. Wohlgemerkt: Ich war gerade sieben Jahre alt und entsprechend naiv in meinen Ideen. Ich machte mich also an die Arbeit als Instrumentenbauer. Dabei war ich auf meine unbeholfene und naive Art eigentlich sogar sehr erfinderisch – und um das zu beweisen, will ich meine Konstruktion erläutern: Mein Instrument bestand im Kern aus einer leeren OMO-Waschmitteltrommel, wie meine Mutter sie damals immer kaufte. Diese Trommel war aus dicker Pappe, ungefähr 70 Zentimeter hoch und der Deckel war aus Metall. Ich wartete also, bis der Inhalt aufgebraucht war und bat meine Mutter, diese Trommel um Gottes Willen nicht wegzuwerfen, sondern sie mir zu geben und vor allem auch den Metalldeckel sorgfältig zu behandeln. In diesen Metalldeckel schlug ich nun mit einem Nagel ein Loch, zwängte einen Bambusstab rein und befestigte den Bambusstab dann am anderen Ende am Boden der Trommel. Wie genau, weiß ich heute selber nicht mehr genau – aber irgendwie hatte ich es geschafft. Ich hatte also eine Trommel, und oben drüber schwebte ein Becken – so wie ich es wohl im Schwarz-Weiß-Fernseher meiner Eltern einmal gesehen hatte. Die Trommel hatte zwar kein Fell – aber man konnte auch seitlich ganz gut mit einem Holzknüppel drauf schlagen. Damit konnte man schon ganz schön „Bumm – Bumm – Tschin – Tschin" machen.

Aber mir war klar: Das reichte natürlich noch nicht, um wirklich Musik machen zu können: Ich spannte also mit Klebestreifen noch ein paar Gummibänder über die Trommelöffnung, die ich zupfen konnte und die dann tatsächlich dank des OMO-Resonanzbodens irgendeinen wummernden Ton wie „Doing – Doing" von sich gaben, den man mit viel gutem Willen als Basston ansehen konnte. Jetzt war mein Ein-Mann-Orchester fertig – ich konnte etwas vor mich hinträllern und dazu „Doing – Doing – Bumm – Bumm – Tschin – Tschin" machen.

Meine Eltern sahen meine Bemühungen mit einer Mischung aus Stolz und freundlich-nachsichtigem Mitleid an – großen Erfolg hatte ich bei meinem Familienpublikum also nicht damit, aber ich war zumindest einmal für ein paar Wochen glücklich. Bis dann irgendwann mein Musikinstrument unter der ständigen Beanspruchung nach und nach auseinanderfiel und nicht mehr richtig „Doing – Doing – Bumm – Bumm – Tschin – Tschin" machte.

Diese Betätigung als Alleinunterhalter auf dem OMO-Instrument war trotzdem eine erste wichtige Etappe in meiner Karriere als Musiker. Denn inzwischen war mir völlig klar, dass das meine Lebensaufgabe sei, Musiker zu werden. Auch, wenn ich bis dahin noch viele Klippen überwinden musste – zum Beispiel die lästige Schule. Nach diesem ersten Schritt mit dem „Doing – Doing – Bumm – Bumm – Tschin – Tschin-Instrument" kam zuerst einmal eine längere Durststrecke in meiner Karriere – so wie es mir auch später als Erwachsener noch öfter passieren sollte. Zuerst einmal wurde ich eingeschult und hatte kaum noch Zeit, als aktiver Musiker an irgendeiner OMO-Trommel zu arbeiten. Musik war für die nächsten Jahre etwas, was ich nur noch passiv genoss.

Aber dann schlug das Schicksal endgültig zu, und zwar in Form eines älteren Mitschülers. Ich war inzwischen neun Jahre alt und aufs Gymnasium gekommen. Der Schüler, dessen Namen ich leider vergessen habe, erzählte mir, dass er Gitarre spiele und eine Schulband habe. Ich war natürlich fasziniert und sagte ihm, ich würde da gerne irgendwie mitmachen – aber leider spielte ich kein Instrument. „Kein Problem", sagte mein neuer Freund. „Ich kann dir doch Gitarrenunterricht geben!" Ich überlegte einen Augenblick, dann sagte ich zu ihm spontan: „Komm mit!", zerrte ihn über den Schulhof zu meinem Vater, der dort gerade als Direktor Aufsicht führte. „Hör zu", erklärte ich meinem Vater. „Du weißt, dass ich doch immer Musik machen wollte. Und mein Freund hier hat mir angeboten, er kann mir Gitarrenunterricht geben. Ist das nicht toll?"

Darauf mein Vater – etwas fassungslos: „Aber ich versteh' nicht – du hast doch gar keine Gitarre!" Darauf ich: „Naja, Vater – das ist ja gerade das Problem ..." Als mein Vater mich etwas irritiert anschaute und nicht genau wusste, wie er reagieren sollte, übernahm mein Freund die Initiative und sprang mir zur Seite, in dem er sagte: „Ich habe zu Hause noch eine alte Elektrogitarre, eine Framus. Die ist zwar etwas reparaturbedürftig – aber ich würde sie für 30 Mark abgeben." Mein Vater seufzte tief, dann grinste er, und ein paar Tage später war ich – im Alter von neun Jahren – stolzer Besitzer einer Framus-Elektro-Gitarre, auf der ich meine ersten Schritte als echter Musiker mit einem echten Instrument machte, auch wenn diese elektrische Gitarre noch keinen Verstärker hatte.

Inzwischen hatten meine Eltern natürlich mitbekommen, dass ich verrückt auf Musik war, auch wenn sie sich nie hätten vorstellen können, dass ich einmal Berufsmusiker werden sollte. Für mich neunjährigen Bengel selber stand dieses Berufsziel inzwischen zwar ziemlich eindeutig fest – für meine Eltern war aber das für mich eingeplante Berufsziel genauso eindeutig „Studienrat". Ich sollte in die Fußstapfen meines Vaters treten – das sei etwas Solides, dachten sie mit Recht. Staatsanwalt wäre für meine Eltern auch nicht schlecht gewesen. Zur Not auch Offizier. Aber Musiker – nein, wirklich nicht!

Allerdings muss ich zur Ehrenrettung meiner Eltern sagen: Sie tolerierten trotzdem meine Schwärmerei für die Musik, auch wenn ich dabei geschmacklich etwas anders lag als sie selber. Aber so ist das nun einmal mit der jungen Generation. Um es kurz zu machen: Bei meinem nächsten Geburtstag bekam ich von meinen Eltern eine schöne, neue Akustik-Gitarre von Neckermann für stolze 59 D-Mark. Ich war glücklich.

Von da an ging es Schlag auf Schlag. Ich studierte bei wechselnden Lehrern eifrig Gitarre, bis ich einigermaßen fit war. Ein Klassenkamerad spielte Klavier und sein Instrument stand in einem Keller, den uns sein Vater als Probenraum zur Verfügung stellte. Ein anderer Klassenkamerad war bei der Feuerwehr und hatte eine Feuerwehrtrommel. Keine OMO-Trommel, sondern eine richtige. Und noch ein anderer aus der Klasse besorgte sich so etwas wie einen Shaker und wurde unser Percussionist.

Unsere erste Band war gegründet. Wir probten nun fleißig – und komponierten auch zusammen unsere ersten Songs. Klar: Die Band sollte nicht nur Coverversionen präsentieren, sondern auch richtig eigene, selbstverfasste Lieder. Damals mussten moderne Songs englische Songs sein – und so bastelte ich mit meinem spärlichen Schulenglisch ein paar Texte zusammen. An ein paar Zeilen kann ich mich noch erinnern, sie gingen:

I am looking in the sky
and I see your eye
I hope you are at home

Sie sehen also – die Texte hatten beste Schlagerqualität ... Nach vielen, vielen Proben hatten wir schließlich ein kleines Programm von drei Liedern zusammen, einen Beatles-Song und zwei Eigenkompositionen. Jetzt wollten wir unsere Kunst natürlich auch zeigen. Wir wollten live, vor Publikum spielen. Vor allem ich war sehr scharf darauf – und das hing mit einem Erlebnis zusammen, dass ich im Jahr zuvor gehabt hatte und das für mich im Rückblick sicherlich ebenso prägend für mein ganzes Leben war wie der überwältigende „My Fair Lady"-Schock.

1967 nämlich nahm ein 12-jähriger niederländischer Junge namens Hendrik Simons unter dem Namen Heintje einen alten italienischen Schlager namens „Mama" auf, den der Komponist Bixio 1940 für den Welttenor Benjamino Gigli geschrieben hatte. Und Heintje landete damit einen internationalen Erfolg. Aus allen Lautsprechern und Musikboxen hörte man sein „Mama". Als ich dann Heintje zum ersten Mal im Fernsehen sah, da traf es mich wie ein Schlag. Ich wußte auf einmal: Ich wollte nicht nur Musiker

Früh übt sich: von der OMO-Trommel über die Akustik-Gitarre und die erste eigene Band zur steilen Schlagerkarriere.

und Komponist werden, sondern auch als Sänger auf der Bühnen stehen – so wie dieser Heintje. Warum auch nicht? OK – der sah gut aus. Aber ich doch auch. Und er sang ganz ordentlich – aber das konnte ich besser. Ein paar Wochen lang träumte ich davon, eines Tages von einem Produzenten entdeckt zu werden – genauso wie Heintje. Ich hatte sogar verrückte Tagträume – wenn ich morgens auf dem Schulweg war und ein Straßenkreuzer überholte mich, dann stellte ich mir vor, dass dieser Straßenkreuzer jetzt anhalten würde, ein gut aussehender Mann mit einer goldenen Armbanduhr am Handgelenk und Krokodillederschuhen würde aussteigen, auf mich zukommen und sagen: „Hallo, mein Junge, ich bin ein berühmter Schallplattenproduzent und suche seit Langem einen Typen wie dich, um ihn berühmt zu machen. Kannst du singen?" Sie wissen, dass es nicht so kam.

Keiner entdeckte mich als Sänger – und bald träumte ich meinen Tagtraum nicht mehr. Ich hatte mich damit abgefunden, kein Star zu werden, und war zufrieden mit der Vorstellung, ein guter Musiker und vielleicht auch Komponist zu sein, der mit einer Band auftritt. Mein erster Auftritt dieser Art stand nun bevor. Um es kurz zu machen: Wir überredeten unsere Lehrerin, dass wir unser „Programm" im Musikunterricht vorstellen durften. Sie war nicht nur einverstanden – sie organisierte sogar spontan ein „Konzert" vor der gesamten Schülerschaft und unsere Band war plötzlich das Tagesgespräch in der Schule und bei den Eltern. Und was eine angenehme Nebenwirkung des Erfolgs war (eine Nebenwirkung, für die ich schon damals nicht ganz unzugänglich war): Die Mädels schauten mich auf einmal mit ganz anderen Augen an.

Von diesem Tag an ging meine Karriere eigentlich ganz logisch weiter. Ich spielte bei einigen Bands – auch später, als ich zur Uni ging, um anstandshalber auf Wunsch meiner Eltern Anglistik und Germanistik zu studieren. Übrigens: Mein Vater war inzwischen heimlich auf meine kleinen Erfolge als Musiker stolz und nahm es in Kauf, dass ich immer seltener in der Uni war und mich immer mehr um meine Musik kümmerte. Er finanzierte auch meine ersten Instrumente und Studiogeräte – und wurde so etwas wie mein erster, heimlicher Sponsor.

Ich arbeitete mich in den folgenden Jahren langsam Stufe um Stufe als Musiker und Komponist nach oben. Ich hospitierte in den berühmten Hansa-Studios in Berlin, wo ich großen, auch internationalen Künstlern bei der Arbeit über die Schulter schauen durfte. Ich schrieb für bekannte Sänger und lernte mein Handwerk als Arrangeur und Studiomusiker. Schließlich verdiente ich recht gutes Geld als Musiker und Komponist und führte ein zufriedenes Leben. Mein Heintje-Traum vom Startum war vergessen oder zumindest ins Unterbewusstsein abgesunken. Bis zu dem Tag, an dem das Schicksal es gut mit mir meinte – an dem Tag nämlich, als ich „Verdammt, ich lieb' Dich" komponierte – und eine Schallplattenfirma später so nett war, diesen Song mit mir selber aufzunehmen.

Über Nacht wurde ich zum Superstar und zu einem der erfolgreichsten deutschen Texter und Komponisten des Jahres. Dieser Song machte alle meine Träume wahr – den vom guten und erfolgreichen Musiker und den schon fast vergessenen Heintje-Traum vom Star. Auch in den Jahren danach ging es nicht immer nur aufwärts – es gab auch Nackenschläge und Tiefpunkte in meinem Leben. Aber eins habe ich für mich gelernt – und ich gebe es auch an meine Kinder weiter. Was immer passiert: Gebt nicht auf! Glaubt weiter an euren Traum, auch wenn es manchmal nicht so läuft, wie ihr es euch wünscht. Das ist das Gesetz vom positiven Denken.

Auf der Bühne ist Nana Mouskouri ganz bei sich selbst und begeistert mit ihrer Leidenschaft seit Jahrzehnten ihr Publikum.

Nana Mouskouri

Auf die Bühne

Mein Vater war Filmvorführer und arbeitete den größten Teil seines Lebens in einem Freilichtkino. In Griechenland und Italien waren solche Kinos sehr beliebt, insbesondere damals, als es noch keine Klimaanlagen gab. Diese Lichtspielhäuser sind nicht mit den Drive-In-Kinos, wie sie von den Amerikanern entwickelt wurden, vergleichbar. Man fand sie in Athen, ja in ganz Griechenland, in den kleinen Gärten, umgeben von Bäumen. Inmitten der Nachbarschaft kleiner Häuser, wohin die Leute abends gingen, um sich zu unterhalten und frische Luft zu schnappen oder in der Nähe eines Straßencafés an öffentlichen Plätzen. Die Kinofilme liefen immer im Original mit Untertitel!

Es war in einem dieser Freilichtkinos in Athen, mit dem Namen „Protéus", wo mein Vater als Filmvorführer und meine Mutter als Platzanweiserin arbeitete und meine Schwester und ich aufwuchsen. Es gab eine große weiße Leinwand für die Filme und direkt davor war eine kleine Bühne, die mich von Anfang an faszinierte. Wenn das Kino leer war, stieg ich oft hinauf und hier fing ich an zu träumen. Hier begann ich all die Lieder zu singen, die ich kannte, vor allem die Lieder, die meine Mutter damals sang.

Ich wusste nicht, was es bedeutete, eine Sängerin zu sein, aber wann immer ich auf dieser Bühne stand und sang, war ich überglücklich. Ich fühlte mich sicher und so leicht als könnte ich fliegen. Ich fühlte mich frei wie ein Vogel.

Ich war 11 Jahre alt, als meine Mutter uns zu einer Varieté-Show mitnahm. Zum ersten Mal sah und hörte ich echte Künstler auf der Bühne tanzen und singen, weinen und lachen und Gedichte vortragen. Ich war so aufgeregt und verwundert, dass ich zu weinen anfing. Ich konnte nicht erklären warum, aber ich wünschte mir, ich könnte auch mit all diesen Künstlern auf dieser Bühne stehen. Meine Mutter verstand mich nicht und war verärgert. Später, als wir wieder zu Hause waren, ging ich auf die Bühne, schaute in das von Mondschein durchflutete leere Kino und fing an zu singen. Plötzlich fühlte ich mich wie ein Vogel im Himmel und meine Traurigkeit war verflogen.

Meine Mutter kam zu mir, lächelte und fragte: „Aber warum hast du denn vorhin geweint? Hat es dir nicht gefallen?" – „Nein", antwortete ich, „ich war neidisch, weil ich nicht mit auf der Bühne sein konnte."

„Und was würdest du tun, wenn du dort sein könntest?", fragte meine Mutter. – „Ich würde alles tun, um auf der Bühne zu stehen, nur um dort oben zu sein, aber am liebsten würde ich singen", antwortete ich ihr. „Dann wirst du zum Konservatorium gehen und Singen lernen", sagte meine Mutter.

So geschah es und ich lernte nicht nur klassischen Gesang, sondern auch die verschiedenen Musikrichtungen. Ich lernte neue Sprachen und Kulturen kennen und respektieren. Ich wurde die Sängerin, die Sie heute kennen! Die Bühne ist mein Zuhause, wo ich immer noch träume und gemeinsam mit dem Publikum Hoffnung finde.

Ich habe immer versucht, mein Bestes zu geben. Ich habe gelernt, dass man – was auch immer man in seinem Leben macht – den Mut finden muss, mit Mitgefühl und einem Gespür für Recht und Respekt zu handeln. Ehrlichkeit ist das Wichtigste. Für mich macht das Singen die Liebe des Lebens sichtbar!

Nana Mouskouri ist auch als ehrenamtliche UN-Botschafterin des Friedens und des Guten Willens unermüdlich im Einsatz, hier im Jahr 2000 mit UN-Generalsekretär Kofi Annan, rechts das Model Vendela Thommessen.

Mit den Schlagern „Ein Schiff wird kommen" und „Weiße Rosen aus Athen" gelang der Folklore- und Jazzsängerin Anfang der 1960er-Jahre der Durchbruch in der deutschen Musikszene.

Sterneköchin und begeisterte Gastronomin – Cornelia Poletto hat sich schon so einige „Kindheitsträume" erfüllt.

Cornelia Poletto
Loslassen können

Als Kind träumte ich davon, Tierärztin zu werden. Ich würde kranke Tiere wieder gesund machen und hätte natürlich auch zu Hause einen ganzen Stall voller Haustiere. Mit sieben oder acht Jahren hatte ich eine ziemlich genaue Vorstellung davon, wie ich leben wollte, wenn ich einmal groß sein würde: ein Haus an der Hamburger Elbchaussee, einen Kombi, Ehemann, Kinder und zwei Hunde. Doch es kam völlig anders ...

Mit der Begeisterung fürs Backen fing alles an. Als Teenager liebte ich es, Kuchen und Kekse zu backen und sie ganz kreativ zu verzieren. Schon damals hielt ich mich nicht streng an Rezepte, sondern probierte alles aus, was mir so in den Sinn kam. Da ging auch hin und wieder etwas schief, aber alles in allem wurde ich zu einer richtig guten Bäckerin, die ihre Familie und Freunde mit ihren Ofenkünsten hingebungsvoll verwöhnte.

Vom Backen war der Sprung zum Kochen dann nicht mehr weit. Dabei klein anfangen? Nein, Conny doch nicht! Für einen meiner ersten Kochversuche als 15-Jährige hatte ich mir gleich etwas ganz Besonderes ausgeguckt: Fasan auf Champagnerkraut. Das Komplizierte hat mich schon immer gereizt. Und als mein Stiefvater, Allgemeinmediziner, von einem Patienten einen Fasan geschenkt bekommen hatte, suchte ich mir passend dazu ein Rezept von Eckhart Witzigmann heraus. Was soll ich sagen ... Der Fasan wurde furchtbar zäh und trocken. Aber das Champagnerkraut schmeckte fantastisch, delikat – das ermutigte mich, am Ball zu bleiben.

Aus meinem Hobby wurde eine richtige Leidenschaft, sodass ich nach einem Praktikum in einem Sternerestaurant beschloss: Ich will Köchin werden! Meine Ausbildung machte ich bei niemand geringerem als Heinz Winkler in Aschau – unter 27 männlichen Köchen. Da kamen schon viele Machosprüche. Wenn man dann, wie ich, klein und blond war, musste man mit dem richtigen Humor kontern und sehr gut in seiner Sache sein, um akzeptiert zu werden.

Ich habe mir damals ganz bewusst ausgesucht, bei einem der besten Köche der Welt zu lernen. Das war eine wichtige und gute Entscheidung. Allerdings muss man als Lehrling einer solchen Koch-Koryphäe natürlich auch dreimal mehr Gas geben als woanders. In der Lehrzeit habe ich jeden Tag 12 bis 16 Stunden gearbeitet. Da kam ich teilweise nachts um zwei Uhr nach Hause und musste um sieben zum Frühdienst wieder da sein. Toll ist das in dem Alter nicht und es war ein echt hartes Leben. Auf der anderen Seite ist diese Lehrzeit eben eine „Lehrzeit" und ich denke, einigen Auszubildenden würde eine harte Schule heutzutage auch gut tun. Danach standen mir alle Türen offen.

Bisher habe ich mir fast alle Träume erfüllt. Und es kommen ständig neue hinzu. Nachdem ich mir den Michelin-Stern erkochte, von dem ich immer geträumt hatte, führe ich heute eine etwas lockerere Gastronomia – einen Feinkostladen mit angeschlossenem Restaurant. Und auch die „perfekte Küche", die ich immer haben wollte, habe ich in meiner neuen Kochschule, der „Cucina Cornelia Poletto", realisiert.

Für meine Familie, die zum großen Teil aus Medizinern besteht, war mein Alltag als Köchin und Fernsehmoderatorin manchmal nur schwer nachvollziehbar. Aber mittlerweile haben sich meine Eltern an meine immer neuen Spleens gewöhnt. Ein bisschen haben sie auch selbst Schuld – den Keim für die Liebe zum Kochen säte schließlich meine Mutter. Von ihr habe ich das Hantieren mit frischen Produkten gelernt. Zumindest kamen bei uns zu Hause keine Fertiggerichte auf den Tisch. Wenn wir abends zusammen gegessen haben, wusste ich eigentlich immer genau, aus welchen Zutaten das Gericht entstanden war. Heute wissen ja viele Kinder nicht einmal, dass Pommes Frites aus Kartoffeln gemacht werden. Eine saftig-aromatische Tomate, ein spannendes Gewürz, ein interessanter Käse – wenn die Grundzutat geschmacklich und qualitativ hochwertig ist, wird meist auch ein tolles Gericht daraus. Mein Koch-Motto: Wirklich gutes Essen kann nur aus wirklich guten Produkten entstehen. In den Kursen, die ich in meiner Kochschule gebe, ist es mir auch wichtig, meinen Schülern diese Begeisterung für die einzelnen Lebensmittel mitzugeben.

Auch meiner Tochter Paola vermittle ich die Unverzichtbarkeit von Frische in der Küche. Mit dem Ergebnis, dass sie beispielsweise viel lieber Spaghetti Vongole als Fischstäbchen isst. Viel wichtiger ist mir jedoch, dass Paola einfach glücklich im Leben ist. Mal möchte sie ein Tierheim eröffnen, wenn sie groß ist, dann ist plötzlich Fotografin ihr Traumberuf. Wie auch immer es kommt – sie weiß, dass ich voll und ganz hinter ihr stehe.

Dass ich heute – obwohl ich keine Tierärztin geworden bin – so unwahrscheinlich glücklich bin, zeigt mir, dass es gut ist, dass manche Träume einfach Träume bleiben. Denn nach jedem losgelassenen Traum kommt garantiert schon der nächste, den es voller Hingabe zu träumen gilt ...

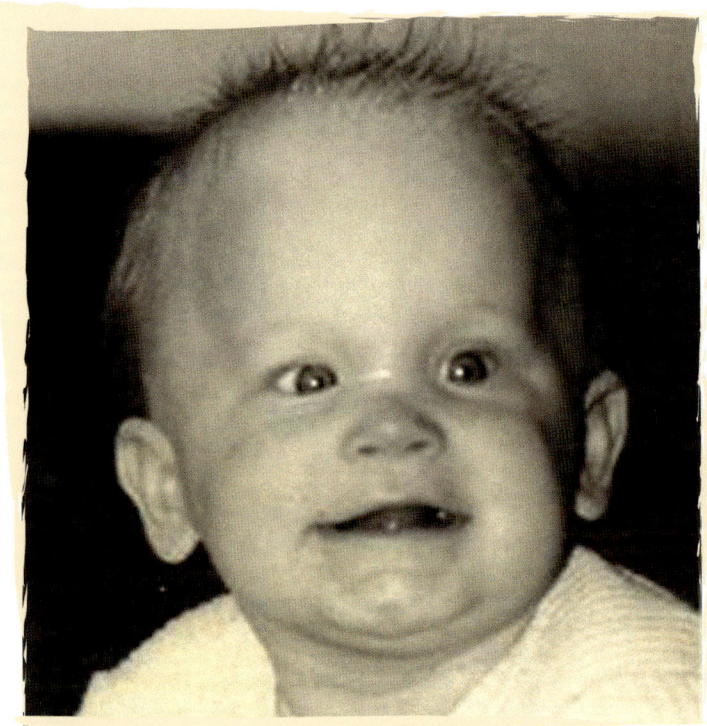

Cornelia Poletto ist inzwischen selbst Mutter und weiß, wie wichtig es ist, hinter den Träumen der Kinder und immer an deren Seite zu stehen.

Der Polizeidienst hat für Arndt Ulrich – Polizeioberkommissar und Einsatztrainer – immer wieder neue Facetten.

Arndt Ulrich
Mein Traumberuf: Ich werde Polizist!

Als ich acht Jahre alt war, fuhr ich gemeinsam mit meinem Freund zum Sport. Gemeinsam heißt in diesem Fall: Wir fuhren mit dem Fahrrad. Und zwar beide auf einem! Wir wohnten im nördlichen Teil unserer kleinen, beschaulichen Stadt und mussten, um den Sportplatz zu erreichen, über eine schmale Brücke, auf der sich Fußgänger, Radfahrer und Pkw die Fahrbahn teilten. Auf eben jener Brücke bemerkten wir, dass sich hinter uns ein Fahrzeug näherte, schauten uns jedoch erst um, als ein lautes Knacken aus einem Außenlautsprecher zu vernehmen war: „Die beiden jungen Männer halten hinter der Brücke mal an!" Geschockt, voller Ehrfurcht und uns unserer Schuld sofort bewusst, sprangen wir vom Fahrrad und folgten der Anweisung der Polizisten, die uns zur Seite nahmen und uns die Gefährlichkeit unseres Handelns erklärten. Das war in meiner Erinnerung mein erster Kontakt zur Polizei.

Ich glaube heute tatsächlich, dass es dieses Erlebnis mit den beiden Polizeibeamten war, das mich geprägt hat, und gleichzeitig so etwas wie die Vorstellung eines Traumberufs in mir erweckte. Dabei war es weniger die Tatsache, dass es Polizisten waren, sondern vielmehr die Fähigkeit der Männer – zumindest beurteile ich es heute so –, in angemessener Form auf unsere damalige „Schandtat" zu reagieren. Wir wurden nicht bestraft, waren uns aber absolut sicher, dass uns das Gleiche nicht noch einmal passieren sollte.

So etwas wie diese beiden Polizisten wollte ich auch irgendwann einmal machen. Ich wollte anderen Menschen helfen. Ich wollte, so wie ich es heimlich in irgendwelchen Fernsehsendungen verfolgt hatte, Verbrecher fangen und der Welt und den Menschen dabei helfen, gut zu bleiben oder besser zu werden. Es dauerte nicht lange, bis all meine Freunde und Mitschüler von meinem Traumberuf erfuhren. Mein Kinderzimmer war schnell mit Polizei-Werbematerial übersät – von Stickern über Radiergummis und Lineale bis hin zu Schlüsselanhängern. Der größte Stolz meiner Sammlung prangte über dem Kopfende meines Bettes: ein ca. 1 mal 1,50 m großes Werbeposter der Polizei Nordrhein-Westfalen. Darauf waren ein Blaulicht, ein Hubschrauber und ein Porsche 924 der Polizei abgebildet. Ich glaube, das Poster hing noch über meinem Bett, als ich auf die weiterführende Schule ging.

So richtig konnte ich meinen Traumberuf damals natürlich noch nicht verfolgen. Ich war schon immer groß und eher dünn, nicht unbedingt der Stärkste, und ich muss heute noch oft schmunzeln, wenn ich daran denke, dass ich bei eigentlich jedem lauteren Wortwechsel beinahe anfing zu weinen. Das Ganze passte in meiner eigenen Vorstellung überhaupt nicht zu einem Polizisten. So jemand sollte doch groß, stark und tapfer sein! Vielleicht erinnern auch Sie sich daran, dass man als Kind manchmal bei heftigeren Auseinandersetzungen schnell mal sagte: „Pass bloß auf, was du sagst, mein Vater ist Polizist!" Das entsprach, wenn ich es sagte, nicht unbedingt der Wahrheit – mein Vater war Elektroinstallateur –, war aber meist sehr effektiv!

Meine Schulzeit plätscherte so dahin. Ohne ein konkretes Ziel zu verfolgen, habe ich unter den Augen meiner Mutter stets versucht, das Klassenziel zu erreichen, und ich habe es, bis auf einmal, auch immer geschafft. Als ich dann die Oberstufe des Gymnasiums besuchen wollte, musste ich mir natürlich überlegen, welche Fächer ich schwerpunktmäßig belegen wollte. Mir wurde bewusst, wie sehr in mir noch immer der Wunsch, einmal Polizist zu werden, vorhanden war. Dafür brauchte man Anfang der 90er-Jahre eigentlich kein Abitur. Doch es war klar, dass man es mit diesem Abschluss in der Tasche bei der Polizei weit bringen konnte. Ich belegte als Leistungskurse Deutsch und Sport, Mathematik als drittes Fach und Sozialwissenschaften im Mündlichen. Überraschenderweise bereitete mir die Oberstufe weniger Probleme, als ich es vermutet hatte. Der Schulstoff ging mir locker von der Hand, und im Sport konnte ich mich voll entfalten.

Zurückblickend war es mein Freundeskreis, der immer wieder auf die bevorstehende Berufswahl zu sprechen kam. Der eine wollte Bankkaufmann werden, der andere Jurist. Eine Freundin wollte Ingenieurswesen studieren und ein ganz anderer sah sich als Diplomat, Hauptwohnsitz: die damalige Bundes-

„Pass auf, was du sagst, mein Vater ist Polizist!" – mit diesen Worten hielt sich der eher schmächtige Junge auch schon mal die Klassenkameraden vom Hals.

hauptstadt Bonn. Für alle war aber klar, dass ich auf jeden Fall Polizist werden sollte.

In der Jahrgangsstufe 13 stellten sich dann für viele die Weichen. Bei uns „Männern" waren die Einberufungsbescheide für den Wehrdienst eingetroffen. Insofern war für viele noch zwölf Monate „Luft", wonach man sich dann definitiv Gedanken darüber machen musste, wie die berufliche Zukunft aussehen sollte. Bei mir selbst gestaltete sich das ein wenig anders. Weil ich meinen Traumberuf Polizist in den Jahren zuvor tatsächlich ernsthaft verfolgte, liefen die Uhren in diesem Punkt ein wenig schneller.

Durch meine Bewerbung zum Polizeidienst bekam ich bereits während meiner Abiturvorbereitungen eine Einladung zum Auswahlverfahren der Polizei Nordrhein-Westfalen. Es fand an der Höheren Landespolizeischule „Carl Severin" in Münster statt. Das war eine Riesensache für mich, war doch die Anreise von knapp 200 Kilometern zu einem Eignungstest zu dieser Zeit eher außergewöhnlich. Ich reiste am Vorabend des ersten Testtages an. Neben der bestehenden Nervosität und der Ungewissheit, was mich in Münster erwarten würde, trug ich auch ein wenig „Trauer" in mir. Denn während ich in Münster auf meinen Polizeitraum hoffte, feierten meine Freunde und Mitschüler in der Heimat die „Abi-Nacht", das heißt den letzten offiziellen Schultag!

Beim Auswahltest traf ich sehr schnell auf Gleichgesinnte und sogar auf zukünftige Kollegen, die mich noch heute begleiten. Die Aufgaben und sportlichen Herausforderungen hatten es in sich, waren jedoch mit entsprechender Vorbereitung gut zu leisten. Durch die abgelieferten Ergebnisse wurde ich für die weiteren Testtage zugelassen, bis ich schließlich am Ende des dritten Tages das Papier unterschreiben durfte, dass ich zur Ausbildung für den Polizeivollzugsdienst zugelassen war!

Mein Ausbildungsjahrgang startete in Linnich bei Düren. 66 junge Menschen teilten für die nächsten 30 Monate die Unterkunft in einer Kaserne mit mir. In der gesamten Zeit erfuhr jeder von uns, dass es neben der geforderten Leistung noch mindestens genauso wichtige Dinge gab: Vertrauen, Kollegialität und Gemeinschaft!

So ist mir folgendes Erlebnis ganz besonders in Erinnerung geblieben: Zum Bestehen der Ausbildung musste neben den fälligen Staatsprüfungsklausuren auch ein sportlicher Test bestanden werden. Dabei galt es unter anderem, 5.000 m in unter 28 Minuten zu laufen. Wenn man sich in seiner Freizeit mit Sport beschäftigte, war die Hürde gut zu nehmen. Es gab jedoch einen Kollegen, der mit der Erfüllung dieser Aufgabe wahnsinnige Probleme hatte. Während der gesamten Ausbildungszeit arbeitete er darauf hin, die 28-Minutenmarke zu knacken. Bis zum Tag der Prüfung war es ihm noch kein einziges mal gelungen. Die letzte Möglichkeit musste er nun nutzen! Motiviert bis in die Haarspitzen drehte er seine Runden um den Sportplatz. Als die meisten von uns bereits fertig waren, lief der Kollege immer noch, alleine gegen die Zeit. Wir alle hatten ihn in der ganzen Zeit als echten Teampartner kennen und schätzen gelernt. So kam es, dass wir alle weiter mitliefen und ihn auf seinen letzten Metern begleiteten. Durch unsere Gemeinschaft getragen, lief er die letzte Runde wie in Trance und hatte dann die 5.000 Meter in 27 min und 56 sek hinter sich gebracht. Er hatte es geschafft. Der überwiegende Teil der Auszubildenden erreichte schließlich das Ausbildungsziel. Wir wurden als ernannte Polizeimeister in die Behörden Nordrhein-Westfalens versetzt. Ich selbst hatte sehr viel Glück, da ich für die Erstverwendung ungehend in meine Heimatbehörde kam und sich deshalb keine großen Herausforderungen ergaben, was Verwendungsort und Privatleben anging.

Meine ersten Dienstjahre verbrachte ich bei den Polizeisonderdiensten. Diese beherbergten den Verkehrsdienst, die Polizeidiensthundestaffel und die Kraftradstaffel. Da ich mit 18 Jahren neben dem Autoführerschein auch den für das Motorrad gemacht hatte, bot sich nun die Möglichkeit als Motorradpolizist eingesetzt zu werden. Ich wurde außerhalb des „normalen" Diensts sehr häufig bei Sondereinsätzen angefordert. So hatte ich viele Gelegenheiten, neben dem polizeilichen Alltag schnell Dinge kennenzulernen, die mir ansonsten wohl erst wesentlich später begegnet wären. Des Weiteren gehörte ich in dieser Zeit dem sogenannten Alarmzug an. Das ist ein Bestandteil der Hundertschaft, den man aus Großeinsätzen wie Demonstrationen und Fußballspielen kennt.

Denke ich an diese Zeit zurück, so habe ich immer die Bilder im Kopf, die sich mir bei einem Heimspiel des 1. FC Köln gegen die Arminia aus Bielefeld boten. Es war die Zeit, in der in Müngersdorf das neue Rhein-Energie-Stadion entstand. Der FC musste für seine Heimspiele auf das Süd-Stadion zurückgreifen, in dem meist die Fortuna spielt. Das Spiel selbst bot keine besonders aufregenden Momente, weder für die Fußballfans noch für uns Polizisten. Im Anschluss an das Spiel jedoch trugen Fans beider Clubs ihre Auseinandersetzung neben dem Stadion aus. Wir als Polizei waren mittendrin. Es waren Bilder, die einem in diesem Moment die Lust auf das „Polizei sein" verderben konnten. Nach Einsatzende jedoch sind es genau diese Anlässe, die einem zeigen: Wir sind ein Team und schaffen gemeinsam etwas Gutes!

Für mich hatte sich sehr schnell ganz klar herausgestellt: Ich hatte es tatsächlich geschafft, meinen Traumberuf zu erlernen. Ich durfte im Dienste des Landes arbeiten, Menschen helfen und mit der mir durch die Gesetzeslage verliehenen „Macht" etwas bewirken. Darüber hinaus boten sich bei der Polizei derart viele Möglichkeiten in unterschiedlichen Tätigkeitsfeldern zu arbeiten, dass ich heute voller Überzeugung sagen kann: Langweilig muss es bei der Polizei keinem werden!

Nach den ersten vier Dienstjahren schlug man mir vor, in den Wach- und Wechseldienst – landläufig als „Streifendienst bekannt – zu wechseln. Hier hat man wohl die meisten Berührungspunkte mit dem Bürger. Es ist ein vielfältiger Bereich: von der einfachen Ruhestörung über Streitigkeiten, Verkehrsunfälle, Körperverletzungen bis zu Fragen zur Rechtslage. Nie habe ich bereut, dass ich zu dieser Art des Dienstes gewechselt hatte. Natürlich kam es neben vielen komischen und teilweise eher lustigen Einsätzen auch zu traurigen und weniger erfreulichen Situationen. Einsätze, die mich dazu brachten, Dinge so zu tun, wie ich sie heute mache und Werte in meinem Leben kennenzulernen oder sie teilweise neu zu ordnen.

Wenn ich überlege, welcher Einsatz bei mir am meisten Spuren hinterlassen hat, dann komme ich immer wieder zu dem gleichen Ergebnis: Es war ein Einsatz, bei dem drei Kinder von der Schule nach Hause kamen und ihre getötete Mutter in der Elternwohnung fanden.

Ich war mit meinem Kollegen gemeinsam als Erster vor Ort. Der Anblick der Getöteten war schon ernüchternd, machte mir aber nicht viel aus. Ich funktionierte, notierte erste Dinge, sperrte den Tatort ab, und sicherte spurenschonend. Meine Arbeit eben. Zeitgleich versorgte ich die drei Kinder, schützte sie vor den neugierigen Augen der Presse und der Schaulustigen. Als der Trubel zu groß wurde und die Kollegen der Kripo eintrafen, setzte ich die Kinder in meinen VW Bulli und fuhr mit ihnen in eine Nebenstraße. Die Gedanken, die ich dabei im Kopf hatte, sind bis heute haften geblieben. Ich kann es nicht näher beschreiben, finde keine Worte dafür. Aber ein Bild habe ich immer noch im Kopf: Die Gesichter der Kinder im Rückspiegel meines Streifenwagens.

Ich lernte in diesen Jahren verdammt viel und für mich war klar, dass ich irgendwann in der Zukunft einmal Kollegen an dem Wissen, dass ich selbst im Dienst erworben hatte, teilhaben lassen wollte! Nachdem ich drei Jahre im Wachdienst tätig gewesen war, bewarb ich mich für den Studiengang des gehobenen Polizeivollzugsdienstes. Dies ist für viele Tätigkeiten innerhalb der Polizei eine Voraussetzung. Ich stellte mich also erneut einem Eignungstest, einem Auswahlverfahren und nach einem zweijährigen Studium an der Fachhochschule für öffentliche Verwaltung, Fachrichtung Polizei, einer Prüfung. Den Studiengang konnte ich als Diplom-Verwaltungswirt verlassen und meinen Dienst nun als Polizeikommissar im gehobenen Dienst versehen.

Die nächsten vier Jahre verbrachte ich wieder im Wach- und Wechseldienst. Es waren weitere vier Jahre, in denen ich lernen und erfahren durfte, wie vielfältig der Polizeidienst ist und was die Welt an unterschiedlichsten Menschen zu bieten hat. In mir wuchs und festigte sich der Gedanke mein Wissen weiterzugeben. Ich wollte Kollegen von Situationen und damit verbundenen Gefahren erzählen. Dinge beschreiben, von denen viele Menschen denken, dass es sie gar nicht gibt. Nicht um wie ein Held dazustehen, sondern um die Kollegen auf den Polizeidienst vorzubereiten und sie vielleicht vor gefährlichen Situationen zu schützen. Heute bin ich Polizeioberkommissar und Einsatztrainer bei der Polizei!

Nach mehreren Qualifizierungslehrgängen ist es nun meine Aufgabe, Polizisten in rechtlichen Dingen zu schulen und ihnen Handlungsalternativen für bestimmte Einsatzsituationen zu bieten, diese zu erläutern und weiterzuentwickeln. Die Kollegen lernen bei mir, wie sie sich kommunikativ und körperlich in Einsatzlagen zurechtfinden können und worauf sie beim weiteren Vorgehen achten sollten. Desweiteren lernen und trainieren sie bei mir den verantwortungsvollen Umgang mit Ausrüstungsgegenständen, wie etwa der Pistole, dem Schlagstock oder dem Pfefferspray und den Handfesseln.

Ich darf das tun, wovon ich lange geträumt habe, was mir Spaß macht, und bekomme dafür auch noch Geld. Und wer weiß, wohin es mich im Rahmen meiner Dienstpflichten noch verschlägt – die Möglichkeiten sind riesig. Dabei denke ich häufig an die Worte meiner Großmutter, die leider viel zu früh verstorben ist: „Jung, schön dass du bei der Polizei bist! Da hast du was Vernünftiges und es wird nie langweilig!"

Und auch der eigene Nachwuchs, der kleine Alexander, hat sicherlich schon „Kindheitsträume". Wie die aussehen, wer weiß ...

Ein „großer Junge" vor dem Objekt seiner Träume: Lokführer Marc-André Krämer und sein ICE.

Marc-André Krämer
Kindheitstraum Lokführer

Wenn man mich als Kind fragte, was ich einmal werden wolle, – und ich denke, das geht allen Kindern so – stand die Antwort für mich immer direkt fest: Lokführer! Ich kann mich glücklich schätzen, diesen Traum niemals verloren zu haben. Dafür bin ich bis heute dankbar, denn ich weiß, dass so etwas nicht immer selbstverständlich ist.

In meinen ersten bewussten Erinnerungen sehe ich mich als Dreijähriger im Eisenbahnkeller meines Vaters Peter. Ein Keller voller Märklin-Eisenbahnen. Die Anlage war wunderschön. Mich faszinierten die vielen bunten Lichter von Signalen und die Züge selbst. Auch mein Vater war vom Eisenbahnvirus früh infiziert worden. Sein Großvater war Lokführer und verstarb leider bei einem Bombenangriff der Alliierten auf seiner Dampflok. Sein anderer Großvater besuchte mit ihm regelmäßig Bahnhöfe, um gemeinsam Züge anzuschauen. Natürlich zum damaligen Zeitpunkt meistens solche, die mit Dampflokomotiven bespannt waren. Die Begeisterung hierfür hält bis heute an. Mein Vater ist bei der damaligen Bundesbahn Zugführer geworden und ist es bis heute noch. Manfred, mein Großvater mütterlicherseits, war ebenfalls bei der Bundesbahn und befindet sich jetzt im Ruhestand.

Auch mich konnte man nur schwer von Bahnsteigen fernhalten. Mein Vater verbrachte mit mir viel

Zeit auf Bahnhöfen. Eine Sache, die sich nachhaltig in mein Gedächtnis eingebrannt hat, waren die regelmäßigen Besuche eines Schrankenwärterpostens in Wanne-Eickel. Hier herrschte damals wie heute ein reger Zugverkehr. Die Züge kamen entweder direkt vom Wanne-Eickler Hauptbahnhof und befanden sich in der Beschleunigungsphase oder aus Gelsenkirchen und mussten ihren Bremsvorgang einleiten, um in Wanne-Eickel zu halten. Man stand am Gleis vor einem Gitter und die Züge fuhren hautnah an einem vorbei. Das war sehr beeindruckend. Auch mein Vater hatte schon als Kind regelmäßig genau an derselben Stelle mit seinem Großvater gestanden! Oft fuhren wir mit dem Zug von Bochum nach Dortmund. Die Dienststelle meines Vaters befand sich dort und inzwischen ist es auch meine. In den Ferien begleitete ich ihn mehrfach zum Dienst, und ab und zu durfte ich auf der Lok mitfahren. Für diese Erlebnisse bin ich ihm unendlich dankbar.

Während meiner Schulzeit absolvierte ich ein Praktikum bei der Bahn im Betriebswerk Dortmund. Ich hatte das Ziel vor Augen, nach der Schule eine Ausbildung dort anzufangen, um meinen Traum zu verwirklichen. Die Ausbildung begann ich allerdings in Hagen. Damals musste man noch einen handwerklichen Beruf erlernen, um Lokführer zu werden – Energieanlagen-Elektroniker oder Industriemechaniker, Fachrichtung Betriebstechnik. Mir schwebte eigentlich die Elektrotechnik vor, aber da dort schon alle Ausbildungsplätze belegt waren, biss ich in den sauren Apfel und widmete mich der Mechanik. Ich wollte mich nicht von meinem Weg abbringen lassen. Und endlich kam der Zeitpunkt, wo wir direkt mit den Eisenbahnfahrzeugen in Kontakt kamen: in der Lokwerkstatt. Dort konnten wir selbst an den Lokomotiven Hand anlegen. Dies war mit Sicherheit der Ausbildungsabschnitt, der mir am meisten Freude bereitete. Die Ausbildungzeit betrug dreieinhalb Jahre. Danach konnte ich leider nicht für eine Lokführerausbildung übernommen werden, da es keine Stellen gab. Also landete ich für ein Jahr im Zugbegleitdienst in Köln und war anschließend Zivildienstleistender.

Wie das Schicksal es wollte, änderte sich die Personalsituation bei der Bahn während meiner Zeit als Zivildienstleistender. Der Fernverkehr in Dortmund suchte Lokführer zur Ausbildung. Mitte der neunziger Jahre kam es durch die Privatisierung der Deutschen Bundesbahn zur heutigen Deutsche Bahn AG zu einer Trennung der einzelnen Geschäftsbereiche. Vor allem für die Lokführer hatte das große Auswirkungen. Fuhr man vor der Privatisierung noch gemischt, das heißt einen Tag im Nahverkehr S-Bahn, am nächsten einen InterCity oder einen Güterzug, war nun alles strikt getrennt. Es war für mich damals ein Glück, direkt zum Fernverkehr zu dürfen. Allein der Gedanke daran, einen ICE fahren zu dürfen, löste in mir Glücksgefühle aus. Natürlich geht es nach erfolgreicher Ausbildung nicht direkt auf einem ICE weiter. Man fängt erst mal klein an. Da man für jedes Fahrzeug eine separate Ausbildung inklusive Prüfung benötigt, zog es sich drei Jahre hin, bis es soweit war. Bis dahin erwarb ich die Zulassung für diverse Lokomotiv-Baureihen wie sie im InterCity-Verkehr häufig anzutreffen sind und konnte so natürlich in der Praxis reichlich Erfahrungen sammeln. Hinzu kamen diverse Strecken, auf denen man nach und nach fahren durfte. Man kann nicht einfach auf eine Lok steigen und losfahren. Hierzu wird eine ausführliche Streckenkenntnis vorausgesetzt. Allein der Erwerb für die Strecke Dortmund-Frankfurt dauert mehrere Wochen. Sollte man sechs Monate nach dem Ersterwerb diese

Strecke nicht befahren haben, verfällt diese Berechtigung auch wieder.

Nach drei Jahren war es also soweit und ich wurde auf dem ICE1 ausgebildet. Es folgten in den nächsten Jahren weitere ICE-Ausbildungen, da sich die verschiedenen Zug-Typen erheblich unterscheiden. Ich hatte mir also meinen Traum erfüllt, mit dem ICE quer durch Deutschland zu fahren. Natürlich fährt man auch noch andere Züge wie InterCity/EuroCity oder Autoreisezüge. Das macht die Arbeit wunderbar abwechslungsreich. Kein Tag ist wie der andere. Der unregelmäßige Wechseldienst mit Sonn- und Feiertagsarbeit geht nicht immer spurlos an einem vorüber. Aber das habe ich für meinen Traum in Kauf genommen, weil mir dieser Beruf immer viel gegeben hat. Auch privat! Meine Frau zum Beispiel. Sie arbeitet natürlich auch bei der Bahn. Sie ist Zugführerin und wir lernten uns 2001 bei einem Nachtdienst in Oldenburg kennen. Mittlerweile sind wir seit mehr als sechs Jahren glücklich verheiratet. Kann man sich also mehr als all das erträumen?

Natürlich bleibt die Zeit nicht stehen und man entwickelt sich weiter. Letztes Jahr wurden zwei Stellen zum Ausbildungslokomotivführer ausgeschrieben. Ein Kollege und ich hatten das Glück, unter vielen Bewerbern ausgewählt zu werden. Lokführer und unsere Auszubildenden weiter zu qualifizieren und zu unterweisen, Unterricht zu entwickeln und durchzuführen und auch bei der Einführung neuer Fahrzeugbaureihen aktiv mitwirken zu dürfen, all das erfüllt mich ungemein. Das Fahren selbst macht mir weiterhin viel Freude, auch wenn sich der Umfang stark reduziert hat. Hier hat sich ein Kreislauf geschlossen. Jetzt bin ich derjenige, der helfen kann, anderen ihre Träume zu erfüllen. Es ist einfach unbeschreiblich, das Funkeln in den Augen unserer Azubis zu sehen, wenn sie zum ersten Mal selbst eine Lokomotive mit 8.500 PS bewegen dürfen. Ich erinnere mich dann unweigerlich an mich selbst. Ich möchte jeden, der diese Zeilen liest, dazu bewegen, an seinen Träumen festzuhalten und sie nicht zu verlieren.

Wir können vieles erreichen, wenn wir fest daran glauben, auch wenn man unter Umständen nicht auf direktem Weg zum Ziel kommt. Man sollte versuchen, sich seine Träume zu bewahren. Was wären wir ohne sie?

„Bitte alle einsteigen, der Zug fährt los!"

Als Vollblutschauspielerin *muss* Marie-Luise Marjan alles geben – sie kann gar nicht anders!

Marie-Luise Marjan
Zweihundert Prozent

„Kind, wo ist meine Küchengardine?" Meine Mutter lehnte sich aus dem Fenster unserer Wohnung im ersten Stock und suchte den Garten mit den Augen ab. Sie wusste, ich war zum Spielen draußen. „Marlies, wo ist meine Gardine?" Ihr Ton wurde eindringlicher. Ich schreckte auf und trat zögernd hinter dem weiß blühenden Pflaumenbaum hervor. Da hörte ich ein Lachen hinter dem halb geöffneten Fenster. Meine Mutter schlug die Hände zusammen, wie zum Applaus, „Kind, was machst du da, wie siehst du denn aus?" Ich hatte das Ende der Gardine zu einem Krönchen gebunden, das meinen Kopf zierte und das andere Ende umfing meinen Körper, wie ein Schleier. „Ich bin eine Elfenkönigin", flüsterte ich. Darauf wurde meine Mutter ganz ernst.

Ein andermal sollte ich aus dem Keller Kartoffeln holen, die dort von der Herbsternte eingelagert waren. Es dauerte und dauerte. Meine Mutter wurde ungeduldig – dann erschien sie auf der Treppe. „Wo bleiben denn die Kartoffeln, Vater kommt pünktlich ...", weiter kam sie nicht, sie erschrak. „Mein Gott, Kind ...!" „Ich bin der Kohlenklau", kam ich ihr mit tiefer Stimme zuvor und sie sah einen Kartoffelsack durch die Dunkelheit des Kellers springen.

Es war üblich, dass ich Mutter bei der Wäsche half. Einmal im Monat wurde der steinerne, festgemauerte Waschbottich „befeuert", und dann gab es die „große" Wäsche. Die Bettlaken wurden gekocht, mit einem großen Holzspachtel gewendet, geklopft, auf dem Waschbrett geschrubbt, gespült und schließlich draußen im Garten auf der Leine getrocknet. In der Sonne – wenn sie denn mal schien, im Ruhrgebiet der 50er-Jahre. Meine Aufgabe war es unter anderem, die Wäsche nach oben zu tragen, was schwer genug war für ein zehnjähriges Mädchen. Als Mutter schließlich erschöpft vom Tagewerk die Treppe hochkam, blieb sie plötzlich wie angewurzelt stehen und hielt sich mit der Hand am Treppengeländer fest. Da stand ich vor der Tür, hatte mir ein trockenes Laken um den Leib geschlungen und fuhr drohend mit dem Holzspachtel durch die Luft. „Ich bin ein Klabautermann, der die kleinen Kinder holt!" „Ja an ihrer Tochter ist eine Schauspielerin verloren gegangen!", raunzte der Nachbar, der gerade seine Wohnung uns gegenüber verließ.

Eines Tages kam ich ganz aufgeregt vom Gymnasium nach Hause: „Mama, wir führen die Oper ‚Hänsel und Gretel' von Humperdinck auf und unser Musiklehrer Otto Daube möchte, dass ich die Partie der Hexe singe und spiele." Da war ich in der Quinta und gerade mal zwölf Jahre alt. „Du musst mir ein Kostüm nähen, einen langen Mantel, einen Buckel basteln, die Hakenpappnase kleben und schwarze Stummelzähne schminken. Das machst du doch bitte, ja?!" Sie schaute mich lange an, dann seufzte sie, „Tja, dann muss ich das ja wohl …" Und so begann das alles mit der Schauspielerei. So war mein Traum geboren.
War es wirklich ein Traum?

Erstmal musste ich eine Schauspielschule finden, die einem mittellosen Mädchen eine Ausbildung finanzierte. Die Adoptivmutter war gestorben, der Adoptivvater Rentner, wie sollte das gehen? Dann nach der Ausbildung ein Engagement finden und sich behaupten, damit das Engagement keine Eintagsfliege bleibt. Ein Traum?

Ich hatte Glück, die staatliche Musikhochschule in Hamburg – Schauspielklasse, Leiter: Prof. Eduard Marks – erkannte mein Talent und förderte mich.

Mein erstes Engagement an der Komödie in Basel war meine Lehrzeit – abgesehen von kleinen Auftritten am Schauspielhaus in Hamburg, zur Gustav-Gründgens-Ära, während des Studiums. Wir hatten jeden Tag Proben, jeden Abend Vorstellung. Ein Stück wurde en suite gespielt und ein anderes tagsüber geprobt. Bei der Premiere von „General Quichote" von Anouilh spielte ich mit vollem Einsatz, sodass beim Abgang von der Bühne die Kulissen wackelten. Der Theaterdirektor Egon Karter stürzte in der Pause in meine Garderobe. „Um Himmels Willen, Fräuleinchen, nicht so heftig, sie reißen mir ja das Theater ab!" Ich verstand die Welt nicht mehr. Hatte unser Schauspiellehrer Prof. Eduard Marks uns nicht ständig ermahnt, alles zu geben, 150-prozentige Präsenz zu zeigen und keine Unterlassungssünde, wie er das nannte, zu dulden. Ich hatte wahrscheinlich 200 Prozent gegeben.

War das ein Traum, für seinen Einsatz gescholten zu werden? Immer wieder in meinen jeweiligen Engagements kritisierten oder lobten mich die Regisseure für meinen leidenschaftlichen Einsatz, für mein intensives, auch manchmal heftiges Spiel – wahrscheinlich war ich ein junges Füllen, das gezähmt werden musste. Verstanden habe ich das nie – ich spielte doch um mein Leben.

Am Staatstheater in Karlsruhe habe ich mir als Barblin in „Andorra" von Max Frisch – in der Wahnsinnsszene auf dem Bühnenboden – die Knöchel der Hände blutig gerieben. Als Helena im „Sommernachtstraum" von Shakespeare am Schauspielhaus in Bochum

Schon als kleines Mädchen liebte Marie-Luise es, in andere Rollen zu schlüpfen. Hier ganz offiziell und mit Erlaubnis der Eltern als „Engelchen" bei einer Hochzeit.

In der Dauerausstellung „Lindenstraße" in Speyer im Museum Wilhelmsbau ist ein Teil der berühmten Filmkulisse erstmals überhaupt außerhalb der Kölner Fernsehstudios zu sehen. „Mutter Beimer" mit Produzent Hans W. Geißendörfer und Schauspielkollegen.

hab ich mich fast erdrosselt, als ich durch das Gestrüpp des Waldes hastete – in der modernen Inszenierung von Hans-Joachim Heyse wurde er durch Seile, die vom Schnürboden kamen, dargestellt.

Als ich am Ernst-Deutsch-Theater in Hamburg in der Revue „Schwarzer Jahrmarkt" von Günter Neumann einen Brecht-Song schmetterte und sich durch das exakte Aufstampfen ein Balken löste und mir auf den Kopf donnerte, sang ich nach einer Schrecksekunde weiter und spielte um mein Leben – im wahrsten Sinne des Wortes. Krank werden durfte man ja nicht, dann wurde man kurzerhand in das Kostüm gesteckt und musste trotz Schmerzen und Fieber die Vorstellung irgendwie schultern. Todesfälle von Verwandten, Vater oder Mutter, galten nicht – the show must go on … so war es, als Vater gestorben war und ich als Frau Boll im „Blauen Boll" von Barlach auf die Bühne musste. An diesem Abend spielte ich aufgelöst mit Tränen, wo sie nicht hingehörten.
Ein Traum?

An Feiertagen, Sonntagen, Weihnachten, Silvester wollten die Menschen ins Theater gehen. Unser Weihnachten fand nach der Vorstellung statt. In meinem kleinen Zimmer unter dem Dach an der Königsallee in Bochum legten wir ein Tischtuch auf den Boden, Kissen drum herum zum Sitzen – das Mahl, die Weihnachtsgans, den Rotkohl und die Klöße zwischen Armen und Beinen – irgendwo am Boden mussten sie Platz finden. Horst setzte sich ans Klavier und wir summten bei Kerzenschein „Stille Nacht, Heilige Nacht". Der Rotwein kreiste – Jesus Christus war geboren und unser Tischtuch sah aus wie ein Gemälde von Dalí. Viele Abende haben wir so verbracht, zur Zeit der Inszenierung von Arrabals „Turmbau zu Babel" und auch Maria Schell und Fernando Arrabal hockten mit allen Kollegen am Boden um das legendäre Tischtuch. Ich wundere mich noch heute, wie viele Menschen in so einem kleinen Raum Platz finden. Ein Traum!

Das war das einzige, was an Privatleben stattfand – sonst ging es nur ums Proben und ums Spielen. Und ich wollte spielen, mich verwandeln, immer eine andere Person sein. Mal Hexe in „Macbeth" von Shakespeare, mal Fürstin Negroni in „Lucretia Borgia", mal Hure Jenny in „Die Dreigroschenoper" von Brecht, mal gestrenges Fräulein von Kesten in „Mädchen in Uniform", mal Gräfin de Exija im „Turm zu Babel" … ich wollte gedanklich in meinen Rollen durch die Welt reisen. Nach Irland als Pegeen Mike in „Ein wahrer Held" von Synge. Bei der Premiere einer Inszenierung von Hans-Joachim Heyse passierte es: In der sehr zarten, leisen Liebesszene zwischen Christopher Mahon, gespielt von dem Wiener Schauspieler Herbert Kucera, und Pegeen tropfte plötzlich ein leckes Bierfass. Das Bier rann während der Szene unaufhaltsam Richtung Zuschauerraum über den Bühnenboden. Und als ich am Ende des Aktes den Prahlhans

Bill Mockridge und Marie-Luise Marjan bei der Verleihung des Deutschen Fernsehpreises. Sie teilen die Leidenschaft für das Rollenspiel, und das mit 200 Prozent Einsatz.

Christopher Mahon mit einem Seil fesseln sollte, rutschte die Schlinge mehrfach am Kopf vorbei. Das Publikum hielt den Atem an. Trotz dieser Missgeschicke engagierte mich Hans Schalla, der Intendant vom Schauspielhaus Bochum, der in der Vorstellung saß, vom Fleck weg. Mein leidenschaftliches Spiel hatte ihn entzückt, wie er mir versicherte. Ich reiste in meiner Rolle in „Dona Rosita bleibt ledig" von Garcia Lorca nach Spanien, genauer gesagt nach Andalusien. In die Tschechoslowakei in „Erschwerte Möglichkeit der Konzentration" von Vaclav Havel, der später Präsident seines Landes wurde. Nach Russland als Agafia in der „Heiratskomödie" von Gogol und als Dunjaschka im „Kirschgarten" von Tschechow, als Anastasia in „Das Mandat" von Nicolaij Erdmann und als Mrs. Pears in „Pygmalion" von Bernhard Shaw nach England. Frankreich besuchte ich als Désirade in „Der Coup von Trafalgar" von Viktor Vitrac. Auch hier spielte ich mit voller Wucht und Leidenschaft, sodass Peter Zadek mich in sein Ensemble aufnahm – klar – ich spielte um mein Leben und das hat er gefühlt. Dann wurde das Fernsehen verstärkt auf mich aufmerksam. Die ersten Schritte hatte ich während meiner Schauspielzeit gemacht. „Untergang der Freiheit" – eine Seemannsgeschichte. Ich war Anni Schippers. Wir probierten das Stück im Bunker am Heiligengeistfeld in Hamburg wie ein Theaterstück – und dann wurde es mit überdimensionalen Kameras aufgezeichnet. Um mich als Schauspielschülerin musste man keine Angst haben – ich spielte wie eine „Alte" mit all den berühmten Kollegen wie Harry Meyen, Alfred Schieske, Anne-Marks-Rogge, Heinz Reincke … Und als ich als Anni Schippers fast zur Mörderin wurde und eine Treppe herunterschlich, mit einem Kissen in den Händen, um den Vater zu ersticken, der auf einer Bahre lag, da donnerte der Regisseur Hans Fahrenburg durch die Halle: „Mensch, kneif doch die Arschbacken zusammen!", worauf ein Blitz durch meinen Körper fuhr und ich fast die Treppe runtergefallen wäre.

Nach 20 Jahren Theaterspielen hat mich das Fernsehen nicht mehr losgelassen. Ich hatte es wohl richtig gemacht mit meinen 200 Prozent: Nach 40 Fernseh-Rollen – mittleren, kleineren und Hauptrollen – kam ich zur *never ending story* „Lindenstraße". Und weiter geht der Kampf, die Leidenschaft für Echtheit und Glaubwürdigkeit des Rollenspiels, um Texte, die zu mir gehören, um die Charakterisierung meiner Helga Beimer, die ich nun schon seit 28 unverwechselbar verkörpere. Hans Geißendörfer hat mich für diese Rolle ausgesucht und das Vertrauen in mich gesetzt – ein Traum? Ja, ein Traum, so kontinuierlich eine Rolle leben zu dürfen. Ein Traum, der real zum Anfassen geworden ist und der immer weiter lebt und noch nicht zu Ende ist.

Übrigens, den Klabautermann habe ich als Helga Beimer noch nicht gespielt …

Rudi Altig und seine Frau Monique: für den Radsportler war die Familie immer ein echter Erfolgsfaktor!

Rudi Altig
Alles muss sich drehen

Dass sich Kindheitsträume in Kriegs- oder Nachkriegszeiten verwirklichen, ist keine Selbstverständlichkeit. Und wenn es doch geschieht, ist es sicher nicht nur der eigene Wille, der einen vorangebracht hat, sondern auch das Umfeld, die Familie, die einem beisteht und durch die man Kraft schöpft. Meine Mutter und mein älterer Bruder Willi haben mir damals den Weg geebnet.

Es waren keine leichten Jahre. In Mannheim geboren, hat uns der Krieg erst einmal alles genommen. Wir wurden ausgebombt, evakuiert, die Amerikaner kamen und wir flohen zu unseren Großeltern. Bei Ingolstadt haben wir die Kindheit verbracht und das Kriegsende erlebt. Unser Vater ist aus dem Krieg nicht zu seiner Familie heimgekehrt. Umso wichtiger war unserer Mutter, dass wir es zu etwas brachten. „Meine Söhne werden keine Knechte", das war ihr Wunsch, ja ihr Traum, der sich auch erfüllen sollte.

Plötzlich ging alles recht schnell. Ich hatte das abgelegte Rad meines älteren Bruders bekommen und statt hinter dem Ball herzulaufen, trat ich nun voller Begeisterung in die Pedale. Und das mit Erfolg! Damals sagte man, ein Jugendlicher könne noch kein „Meister" sein, also war ich „Jugendbester". Allen zwischen 14 und 16 Jahren fuhr ich damals in Deutschland davon. Meinen ersten Sieg errang ich 1952.

In der A-Jugend habe ich jede Wettfahrt gewonnen. An eine erinnere ich mich besonders gern, das Radrennen „Rund um Frankfurt" 1954. Schon die Teilnahme stellte uns Fahrer immer wieder vor große Herausforderungen. Wie sollte man zu den Austragungsorten kommen – als Jugendlicher, ohne Auto, im Nachkriegsdeutschland? Ein Kumpel aus meinem Verein hatte ein Motorrad, Gott sei Dank mit Sozius. Also ging es als Beifahrer mit Rad (!) hintendrauf und wir fuhren über die Autobahn nach Frankfurt. „Dem Sieger winken Kranz und Schleife" – und ich gewann das Rennen! Als Sieger erhielt ich also einen riesigen Kranz, den ich nach der Ehrung eigentlich wegschmeißen wollte. Es reichte mir, die Schleife mitzunehmen und aufzubewahren. Mein Fahrer war da anderer Meinung: „Den nehmen wir mit!" Gesagt, getan, und so ging es, natürlich mit einem schönen Umweg durch unsere Heimatgemeinde, damit uns auch alle sahen, mit Fahrrad, Kranz und Schleife auf dem Sozius nach Hause!

In den folgenden Jahren errang ich einen Titel nach dem anderen, gewann die deutschen Bahnmeisterschaften, war allerdings immer noch Amateur. So konnte ich 1956 leider nicht zu den Olympischen Spielen, was den Wunsch in mir, Weltmeister zu werden, aber sicher noch bestärkte. Spaß und Erfolg, das sind neben einem „Nest" – der Familie, in der man sich geborgen und bestätigt fühlt – die Faktoren, um Träume wahr werden zu lassen. Auf dem Sattel ist man ein Einzelkämpfer – zu Hause braucht man umso mehr einen Partner und Geborgenheit. Wenn sich der Erfolg einstellt, trainiert man umso leidenschaftlicher, mit ganzem Herzen ist man dann bei der Sache, und ein Hobby wird zum Beruf und zur Berufung!

Auch wenn ich als Amateur fuhr – ich arbeitete damals noch bei Mercedes – wurde ich international eingesetzt. Ich fuhr in Frankreich, Belgien, Dänemark, der Schweiz – das Fahrradfahren hat mir die Welt eröffnet. Und schließlich kam die Weltmeisterschaft in Holland! Ich sagte zu meinem Trainer Karl: „Ich bin noch nie in Holland gewesen! Weißt du, was das bedeutet?" – Es bedeutete, dass ich mich siegesgewiss auf das Rennen freute. Immer wenn ich das erste Mal in einem Land gewesen war, habe ich auch gewonnen. Ich war noch nie in Holland gewesen, also musste ich Weltmeister werden! Und ich habe es geschafft. Nach der WM, im Sommer 1959, kamen Manager zu mir und wollten mir einen Vertrag anbieten. Doch der Bund der Radfahrer (BDR) wollte mich nicht Profi werden lassen. Es gab da ein Gesetz, dass man in dem Jahr, in dem man Weltmeister geworden war, das Radfahren nicht zum Beruf machen durfte. Mehrere Rennen gingen mir so durch die Lappen. Man wollte mich offensichtlich für die Olympischen Spiele 1960 in Rom halten. Doch durch einen unklugen Schachzug des BDR konnte ich schließlich doch noch 1959 Profi werden. Ich fuhr das Sechstagerennen in Köln, hatte bei den Franzosen einen Vertrag unterschrieben und holte einen Sieg nach dem anderen.

Bei den Bahn-Weltmeisterschaften in Leipzig 1960 feierte ich meinen ersten WM-Triumph als Profi. Und auch hier ging ich recht siegesgewiss ins Rennen: Einige Stunden vor dem Wettkampf sah ich meinen stärksten Gegner im Restaurant. Auf dem Teller: Gurkensalat. Schwer wie Blei musste ihm dieses Gericht im Magen liegen. Ich aß stundenlang vor einem Wettrennen nichts, trank nur Tee. Mir war klar, der konnte das Finale nicht gewinnen. Und während des Wettkampfs sah ich die Gurken, die schwer in seinem Magen lagen. Das hat mich motiviert, bestärkt und ich habe gewonnen! Vor langen Strecken hieß es natürlich – ganz im Gegenteil – Kalorien zu sich zu nehmen. Da gab es

Rudi Altig und Hans Junkermann feiern 1962 den Gesamtsieg im 51. Berliner Sechstagerennen.

Immer auf der Überholspur: der Radrennprofi während der sechsten Etappe der Tour de France 1966 im Gelben Trikot.

dann Speck und Reis zum Frühstück – und für das beste Stück, nach rund 10 Stunden im Sattel, abends ein linderndes Kamillenbad. Baden oder Schwimmen war für uns hingegen tabu, aus Angst die Muskulatur zu schädigen.

Mit dem Fahrrad ging es zum Rennen – nach Köln. Übernachtet wurde in der Jugendherberge und dann ging es wieder zurück. Das wirklich Große für einen Radprofi ist jedoch die Tour de France – die Straße. Hier musst du zeigen, was du kannst. 1962 gewann ich die Spanienrundfahrt. Gleich bei der ersten Etappe holte ich das Gelbe Trikot, ich war Etappensieger. Insgesamt 18 Tage fuhr ich bei der Tour in Gelb und holte 1966 den Sieg bei der Profi-WM. Unfälle, Tiefschläge, all das konnte mich in all den Jahren nicht aus dem Sattel heben. Echte Leidenschaft ist nicht zu bremsen. Nach meiner aktiven Zeit war ich 1972 bis 1976 Bundestrainer. Ich habe die jungen Leute geführt und bei der Verwirklichung ihrer Träume begleitet. Noch bis 1995 durfte ich die Nationalmannschaft als Coach betreuen. Mir war es immer wichtig, den Nachwuchs an meinen Erfahrungen teilhaben zu lassen. Man muss sein Wissen weitergeben. So wie ich einst von meinem Trainer profitiert hatte, konnten nun auch die jungen Radler von mir etwas lernen.

Leider steht es um den Radsport derzeit nicht besonders gut, alles wird in den Dreck gezogen. Der Sport – alle Sportarten – lässt sich aber nun einmal nicht von der Gesellschaft abkoppeln. Er ist ihr Spiegelbild. Es geht immer und überall um Aufrichtigkeit und Fairness – warum werden diese Werte immer nur im Sport gefordert? Zu seinem Wort zu stehen, das gilt für alle! „Sportliche Fairness" – und im Alltag darf man betrügen? Das ist etwas, was mir nicht einleuchten will. Doch auch hier gebe ich die Hoffnung nicht auf und wage weiter zu träumen, dass dieser wunderbare Sport weiterhin begeisterte Anhänger finden wird!

Meine Faszination für das Radfahren hat nie gelitten – auch wenn dieser Sport knallhart ist. Als ich meine Karriere Ende 1971 beendete, war ich in den 20 Jahren insgesamt über 1.000.000 Kilometer mit dem Rad gefahren. Und ich hatte noch immer nicht genug davon. Komplett die Küsten Europas entlang ging es von Wilhelmshaven bis nach Cadiz, von Marseille über Rom nach Sizilien und auf der östlichen Seite des „Stiefels" von Bari aus wieder Richtung Norden. Auch mit über 70 Jahren sitze ich noch fest im Sattel. Vor einiger Zeit erst habe ich ganz England umfahren. Mein Traum hört also nie auf und der Radsport zieht sich wie ein roter Faden durch mein Leben – es muss sich immer alles weiter drehen!

Ob auf dem Laufsteg selbst oder als Modeschöpferin hinter den Kulissen, Eva Lutz macht mit ihren Kreationen eine gute Figur.

Eva Lutz

Die Realität – ein Puzzle aus wahr gewordenen Visionen

Ich bin auf einem Bauernhof in Franken, in der Nähe von Würzburg, aufgewachsen. Meine Eltern waren klassische Bauern. Sie arbeiteten täglich sehr hart, um die große Familie zu ernähren. Wir waren fünf Kinder und hatten natürlich ebenfalls unsere Aufgaben. Wir unterstützen die Eltern in der Landwirtschaft, im Haushalt und die älteren Geschwister kümmerten sich um die jüngeren. Ich bin das Nesthäkchen und interessierte mich bereits als kleines Mädchen weniger für meine Aufgaben auf dem Bauernhof als viel mehr fürs Nähen. Es faszinierte mich, meiner Mutter in der Küche beim Schneidern zuzuschauen. Da sich unsere Eltern nicht immer neue Kleider für uns Kinder leisten konnten, mussten die Jüngeren auch mal die Sachen der Älteren auftragen. Wenn diese nicht passten, dann änderte meine Mutter sie für uns ab oder nähte etwas Neues. Ich wollte das auch können.

Mit zehn Jahren durfte ich an der Nähmaschine meiner Mutter meine ersten Nähversuche unternehmen. Anfangs versuchte ich, Kleider für Puppen aus ausrangierter Bekleidung und Stoffresten zu nähen, die meine Mutter nicht mehr brauchte. Mit der Zeit wurde ich besser, geübter, und aus Puppenkleidern wurden innerhalb von zwei, drei Jahren Kleider für mich selbst. Ich fügte mir meine persönlichen Lieblingsteile nach dem Baukastenprinzip zusammen. Ich schnitt Kleider auseinander, setzte Elemente aus mehreren Sachen zu einem neuen Kleidungsstück zusammen oder integrierte fremde Stoffe in bestehen-

Modebewusst seit Kindertagen: die kleine Eva mit feschem Rock!

de Bekleidung. Mit dreizehn Jahren war ich bereits im Stande, meine Sachen komplett selbst zu nähen. Besonders aufregend waren die Tage, an denen unsere Familie in die benachbarte Stadt fuhr und ich mir neuen Stoff für meine nächsten Kreationen aussuchen konnte. Ich betrachtete und fühlte alle Stoffe, bis ich den perfekten für meine Vorstellungen fand oder mich ein Material zu neuen Ideen inspirierte. Zu Hause angekommen, sagte meine Mutter immer besorgt: „Aber mach es bloß nicht zu klein". Sie hatte Angst, dass der Aufwand und die Kosten für die Stoffe nicht den gewünschten Nutzen bringen könnten und weggeworfen werden müssten. Ich nähte somit immer mit mehreren Zentimetern Nahtzugaben und schnitt die überstehenden Stoffreste erst nach Fertigstellung eines Kleidungstücks ab.

Burda war das erste Modemedium, das mir die Möglichkeit bot, mich mit Größen und Schnitten für Kleidung auseinanderzusetzen. Die Schnittmuster nutzte ich als Basis, die ich immer nach meinem Gusto modifizierte, um meiner individuellen Vorstellung von einem perfekten Stück nahezukommen. Mein älterer Bruder, der sich ebenfalls früh für kreative Dinge interessierte, erkannte mein Talent als erster. Als ich ca. fünfzehn Jahre alt war, kam er auf mich zu und bat mich, ihm ebenfalls etwas „Trendiges" zu nähen. Wir suchten daraufhin in Modemagazinen nach Styles, die uns gefielen und ich setzte sie für uns um. Zu meinen Lieblingsteilen zählten eine hellblaue Karo-Latzhose, die ich mit einem roten Pulli kombinierte oder ein trägerloses weißes Empire-Kleid mit langem Rock. Meine Passion ging schließlich so weit, dass ich nachts nicht schlafen konnte, wenn ich von einer Party kam, auf der sich mir eine Idee zu einem modischen Kleidungsstück in den Kopf gebrannt hatte. Wie besessen konnte ich erst nach der Fertigstellung meiner Idee ruhig einschlafen.

Bereits in dieser frühen Phase war meine Begeisterung fürs Umsetzen kreativer Ideen sichtbar. Was ich kreierte, fiel auf. Die absoluten Hingucker waren ein gelber Trenchcoat mit weißem Reliefmuster aus standfestem Material und ein trägerloser lila Overall. Mein Kleidungsstil war aber nie schrill und überdosiert, sondern individuell und besonders. Im Dorf drehten sich die Leute auf der Straße nach mir um. Vor allem in der Schule zeigten Freunde und Mitschüler sich begeistert aber auch erstaunt.

Allmählich nahm mein Wunschberuf im Kopf vage Konturen an. Alle merkten, dass es das Mädchen vom Lande zur Mode aus den großen Metropolen zog. Ich wollte „was mit Mode" machen.

Ich ging in die Schneiderlehre. Die Ausbildung dauerte drei Jahre, doch sie war unbefriedigend. Meine Erwartungen, zu lernen, wie aus einer Inspiration oder Idee ein reales Kleidungsstück oder eine kleine Kollektion entstehen würde, wurden nicht erfüllt. Es reichte mir nicht, zu wissen, wie man richtig näht, denn das konnte ich auch vorher schon. Ich wollte mehr, viel mehr. Genau dieser unerfüllte Wunsch trieb meine Fantasie an. Während den täglichen Busfahrten zu meiner Ausbildungsstätte in Würzburg nutzte ich die Zeit, um zu träumen. Ich schwelgte regelrecht in Visionen von meiner Zukunft, von meinem Traumberuf als Modedesignerin und suchte nach Möglichkeiten ihn ausüben zu können. Ich wollte unbedingt kreativ und selbstbestimmt arbeiten, den gesamten Entwicklungsprozess eines Kleidungsstücks autark bestimmen.

Parallel zu meiner Ausbildung, machte ich eine Zufallsbekanntschaft, die mein späteres Leben maßgeblich beeinflusste. Durch eine Freundin gelang es mir, an einen Nebenjob als Änderungsschneiderin bei einem angesagten Modegeschäft in Würzburg zu kommen. Bei „Habakuk" polsterte ich nicht nur mein Portemonnaie auf, sondern bekam einen ersten Einblick in den Modehandel.

Schließlich ging ich Mitte der Siebzigerjahre nach München auf die Deutsche Meisterschule für Mode, um dort Modedesign zu studieren. Drei Jahre lang erlernte ich dort, was ich mir zuvor immer gewünscht hatte. Das war es! Keine Fragen blieben mehr offen. Ich knüpfte wieder an meine Passion und die Visionen aus meiner Kindheit an. Obwohl ich nie ein zurückhaltendes, schüchternes Mädchen gewesen war, blühte ich erst während meines Studiums richtig auf. Ich lernte Kreatives zu schaffen und bekam die Freiheit und Fertigkeit, meine Vorstellung von Mode umzusetzen. Zudem ebnete mir unbewusst die gewählte Fachkombination aus vier Semestern Modelistik und zwei Semestern Mode und Fachtechnik den

Aus dem Kindheitstraum ist eine glänzende Karriere geworden – Eva Lutz auf der Berliner Fashion Week.

Weg zu meinem heutigen Know-how. Besonders Modelistik hatte es mir angetan. Nichts fiel mir schwer, ich saugte alles in mich auf, arbeitete teilweise Tag und Nacht und lief zur Höchstform auf. Dafür wurde ich damals als Jahresbestmeisterin vom damaligen Bayrischen Ministerpräsidenten Franz Josef Strauß ausgezeichnet.

Währenddessen bekam ich einen weiteren Eindruck vom realen Modebusiness, der mich in meiner Zukunftsplanung bestärkte. Ich war als junge Frau groß gewachsen und sehr schlank, deshalb entdeckte man mich fürs Modeln. Erst arbeitete ich für Semesterkollektionen von Kommilitonen an der Modeschule, dann auch als Standmodel auf Messen für Modefirmen. Hier bekam ich einen guten Einblick hinter die Kulissen des Modebusiness. Insbesondere das Wissen, wie eine Kollektion präsentiert wird und nach welchen Kriterien ein Einzelhändler Bekleidung für sein Geschäft aussucht, war wertvoll.

Mit Bravour beendete ich das Studium und ging beflügelt in die Welt hinaus. Ich nahm meinen ersten Job als Designerin in der Modeindustrie an. Doch die Realität im Berufsleben war eine andere, als die, die ich mir erträumt hatte. Von Kreativität und Freiheit war dort wenig zu spüren, eher ging es um nüchterne Abverkaufszahlen und taktische Hierarchiekämpfe. Ernüchterung machte sich breit. Da stand ich nun im Berufsleben. Unglücklich. Und wieder einmal beflügelten Visionen von einer vollkommenen Zukunft meinen Mut und Ehrgeiz. Da gab es nur einen Weg und eine Entscheidung, um den Traumberuf nach meinen Vorstellungen ausüben zu können. Ich musste mich von einem sicheren Einkommen als angestellte Designerin lösen und das Risiko der Selbständigkeit eingehen, ohne zu wissen, was die Zukunft bringen würde. Das auslösende Moment für diese existentielle Entscheidung war ein Angebot.

Hanns Arnold, der Geschäftsführer von Habakuk, baute gemeinsam mit einem Freund, parallel zum Modehandel, ein Kleiderlabel auf, das damals auf der Produktion und dem Vertrieb von Viskosekleidern basierte. Das Schicksal wollte es, dass die Geschäftspartner sich trennten. Da ich mich während meiner Ausbildung als gute Änderungsschneiderin bewiesen hatte, engagierte mich Arnold. Außerdem wurde ich Messemodel für den Verkauf seiner Kleider. Auf einer Modemesse bot Hanns schließlich mir und einem weiteren Vertrauten, Peter Lehmann, die Teilhaberschaft an seinem Kleiderlabel an. Ich zögerte natürlich nicht lange, kündigte meine feste Stelle in der Modeindustrie als Designerin und nahm das Angebot an, das mein Leben von diesem Tage an auf den Kopf stellte und für immer veränderte.

1982 war es soweit. Das Label Minx war geboren. Meine Träume sollten sich verwirklichen, denn ich war von nun an als kreativer Part des Labels für das Design verantwortlich. Endlich konnte ich selbständig meine Visionen von Mode umsetzen. Vom heutigen, unverkennbaren Stil der Marke war jedoch anfangs noch nicht viel zu sehen. Ich hatte mich zuvor ausgetobt, Stile ausprobiert, Vorbildern wie Jil Sander nachgeeifert, konnte aber meine persönliche Handschrift noch nicht exakt definieren. So etwas ging eben nicht über Nacht, sondern benötigte weitere fünf bis acht Jahre, bis ich auch in diesem Bereich sagen konnte, was mir besonders gut lag und welche Handschrift die Kollektion von nun an tragen sollte. Bis es soweit war, hielten wir drei an der Fertigung von Viskosekleidern fest. Mit der Zeit bauten Hanns, Peter und ich das Kleiderangebot sukzessive zu einer hochwertigen Damenkollektion aus. Worauf ich schon immer besonders viel Wert legte, führte ich fort und perfektionierte den Nutzen für meine

Kundinnen. Das Material lag seit jeher im Fokus. Von Kindesbeinen an beschäftigte ich mich damit und meine Ansprüche daran wuchsen stetig. Für Minx kamen und kommen noch heute nur Qualitäten mit einer verführerischen Haptik in Frage, die gleichzeitig Komfort bieten und den weiblichen Körper fließend umspielen. Schnitte, die Coolness und eine saisonübergreifende Modernität ausstrahlten sowie eine gewisse Sportivität aufwiesen.

Mit dem beruflichen Erfolg stieg gleichzeitig meine Sehnsucht nach Familienglück. Da ich selbst aus einer Großfamilie stamme, war es von Anfang an klar, dass ich beides wollte. Denn das bedeutete für mich schon immer Erdung und Ausgleich zum Berufsleben. Der erste Schritt dazu war getan, als ich mich in Hanns verliebte. Für manche undenkbar, berufliche und leidenschaftliche Partnerschaft zu verbinden, doch für uns ein Segen, weil wir die Rollenverteilung, die wir beruflich wie privat übernahmen, gut miteinander vereinbaren konnten, produktiv zusammenarbeiteten und es bis heute tun. Wir gründeten eine Familie.

Genau in diesem Lebensabschnitt wollte ich keine Entscheidungen nur für eine Sache fällen. Um eine erfolgreiche Geschäftsfrau und gute Mutter zu sein, bedurfte es einer strikten Planung, die nicht immer einfach war. Wir hatten das Glück, dass wir unseren Lebensmittelpunkt und das Unternehmen von einem Ort aus organisieren konnten. Bereits früh kauften wir einen alten Gutshof und bauten ihn in den folgenden Jahren aus. Er ermöglichte alle Visionen, die mich jemals antrieben, zu verbinden. Tagsüber konnte ich mich auf meine Arbeit konzentrieren und ab dem Nachmittag um meine Familie kümmern und abschalten.

Bis heute ist es nicht anders. Das Gut ist mein privater Rückzugsort und gleichzeitig der Ausgangspunkt für neue kreative Visionen, die ich in meinen Kollektionen verwirkliche, bevor es mich regelmäßig auf Inspirations-Tour in die Mode-Metropolen dieser Welt zieht. Dort spüre ich modische Impulse nicht nur auf der Straße auf, sondern lasse Architektur und Kunst auf mich wirken. Jetzt kleide ich seit über dreißig Jahren selbstbewusste, aktive Frauen ein, die wie ich mitten im Leben stehen. Meine Mode reflektiert immer den aktuellen Zeitgeist mit femininer Raffinesse, scharfen Schnitten und relaxten Kombis. Im Zusammenspiel mit hochwertigen Qualitäten werde ich dem hohen Anspruch der modernen Frau gerecht, denn meine Kundin will alles, ohne Kompromisse eingehen zu müssen. Topmodische Styles in Komfortqualitäten sind für sie Ausdruck einer Lebenseinstellung. Sie bevorzugt subtilen Luxus statt plakative Allüre. Daneben steht meine Anlassmode für schlichte Eleganz mit maximalem Effekt. Ich lenke mit meinen Abendkleidern den Fokus bewusst auf die Frau selbst. Sie sollen die weiblichen Vorzüge unterstreichen und Problemzonen sanft und fließend umspielen. Die Minx-Frau soll sich in ihrem Körper wohl fühlen und somit jeden Raum, den sie betritt, erleuchten. Ich bin sehr stolz darauf, dass auch prominente Frauen, die stets im Rampenlicht stehen, regelmäßig auf den Red Carpets in Minx-Kreationen die Menschen bezaubern.

Ich kann behaupten, dass ich es geschafft habe, eine Passion Realität werden zu lassen. Ich lebe und liebe meinen Beruf, der gleichzeitig auch mein Hobby ist. Der Weg dorthin war lang und oft holprig. Doch wenn man mich heute fragt, ob ich alles wiederholen würde, dann kann ich dies nur bejahen und hinzufügen, dass ich, wenn mein Traumberuf der Modedesignerin unerfüllt geblieben wäre, heute wahrscheinlich als Kindergärtnerin arbeiten würde. Denn das war mein Plan B.

Puppenspieler, Autor, Regisseur ... Alles, was Martin Reinl im wirklichen Leben nicht ist, kann er spielend mit seinen Figuren verkörpern.

Martin Reinl

Sprechende Monster, Frösche und Schweine

Normale Jungs träumen von einem Leben als Astronaut, Fußballweltmeister, Bundespräsident oder Mafiaboss. Mein Berufswunsch von frühester Kindheit an war ein anderer: Puppenspieler!

Spätestens seit ich das erste Mal im Fernsehen Jim Hensons Muppets gesehen hatte, war es um mich geschehen. Liebe auf den ersten Blick. Wenn die „Muppet Show" oder die „Sesamstraße" lief, war ich wie hypnotisiert. Da hätte um mich herum das Haus abbrennen, eine Völkerschlacht ausbrechen oder ein Außerirdischenkommando meine Eltern entführen können ... Ich hätte nichts bemerkt – ich hätte höchstens darum gebeten, nicht so laut zu sein, weil ich doch gerade fernsah.

Dieses bunte Paralleluniversum mit sprechenden Monstern, Fröschen und Schweinen faszinierte mich um vieles mehr als die reale Welt, in der ich selbst lebte. Wobei mir kurioserweise immer klar war, dass es sich bei diesen Figuren um Puppen handelt. Ich wusste, dass da unterhalb der Bildkante Menschen liegen, die Ernie, Bert, Krümelmonster und Co. hochhalten und dass diese Menschen einen unglaublichen Spaß an dem hatten, was sie taten. Es musste ein tolles Leben sein. Genau das wollte ich auch. Komische Figuren erfinden, bauen und mit ihnen spielen. Meine Eltern fanden das anfangs sicher noch ganz ulkig, wurden später aber stutzig, als sie merkten, dass sich diese kindliche Fantasie nicht mehr legte.

Aber wie wird man Puppenspieler? Ist das überhaupt ein Beruf? Und woher bekommt man diese Puppen? Für eine Handpuppe gibt es keine genormte Bauanleitung wie für ein Auto oder ein Vollkornbrot. Es galt kreativ zu werden. Ich musste selbst herausfinden, wie man es macht. Zum Entsetzen meiner Mutter habe ich jeden Teddybär im Haus mit einer Schere aufgeschnitten. Ich wusste ja: Wenn man den Teddy unten aufschneidet und die Watte herausnimmt, dann kann man die Hand hineinstecken und hat eine Handpuppe. So schnippelte, klebte, baute und spielte ich mich durch meine Kindheit. Es gibt kaum ein Kinderfoto, auf dem ich nicht mit irgendeinem Stofftier oder einer Handpuppe zu sehen bin. Hätte man mich damals bereits ernstgenommen, ich hätte mir die ganzen Berufsberatungen nach dem Abitur sparen

Mit 5 Jahren zeichnete Martin Reinl bereits die Figuren aus der Sesamstraße, in der er inzwischen selbst mitspielt.

können. Als ich 15 war kaufte ich mir eine gebrauchte Videokamera und fing an, kleine Puppenvideos und selbstgeschriebene Sketche zu drehen. Hier blühte ich jedes Mal auf, genau wie meine Akne. Aber so sehr ich auch von einem Leben als Puppenspieler träumte, alle anderen haben mir immer klar gemacht: Das ist doch kein Beruf! Davon kann man nicht leben! Sowas wird man nicht! Werde doch lieber Astronaut, Fußballweltmeister, Bundespräsident oder Mafiaboss so wie die anderen!

Ich begann, das zu glauben und schaute mich also nach der Schule erst einmal nach einer „anständigen" Ausbildung um. Wobei ich die kreative Linie nie verlassen habe. So fing ich an, in einem Fotostudio zu arbeiten und begann ein Grafikdesign-Studium. Aber wirklich glücklich machte mich das nicht. Ich hing in einer Sackgasse. Ich wollte doch ein Leben mit sprechenden Monstern, Fröschen und Schweinen im Fernsehen. Stattdessen designte ich Etiketten für Weinflaschen und fotografierte Brautpaare, Babys und Berufsbewerber. Die ähnelten zwar oft den Monstern, Fröschen und Schweinen, waren aber nicht das Gleiche!

Also brach ich alles ab, fing an, Theater zu spielen und bewarb mich an sämtlichen Filmhochschulen in Deutschland. Der Wille nach dem Kindheitstraum war größer als die Aussicht auf ein anständiges Leben mit solider Ausbildung, Weinetiketten und Brautpaaren. Meine Eltern haben mir glücklicherweise, auch wenn sie mich für verrückt hielten, niemals Steine in den Weg oder an den Kopf geworfen. Besser, das Kind wird ein arbeitsloser Puppenspieler, als ein erfolgreicher Massenmörder.

Ich bekam einen Studienplatz in Köln an der Kunsthochschule für Medien, eine sehr experimentelle Schule, an der Alfred Biolek und andere Fernsehgrößen unterrichteten. Die Schule bot einem etliche Möglichkeiten. Es gab ein kleines Studio, technisches Equipment und man konnte interessante Kontakte knüpfen. So drehte ich Kurzfilme, inszenierte Shows, hielt Talkrunden ab und entwickelte Serienkonzepte … alles immer nur mit Puppen. Meine Hauptdarsteller waren ein Hund namens Wiwaldi, seine Assistentin Charming Traudl und diverse haarige Monster. Immer noch glaubte ich selbst nicht wirklich daran, dass man von Puppen leben kann. Für mich war das alles ein Spaß. Ich nutzte die Zeit und war einfach albern. Ich drehte, was mir gefiel. Völlig unverkrampft. Immer dem Herzen und dem Bauchgefühl nach. Es war so ähnlich wie bei jemanden, der einen Tumor hat und gesagt bekommt, dass er noch vier Jahre zu leben hat: Ich ging davon aus, dass ich vier Jahre lang machen konnte, was ich mochte, und dann sei der Zauber vorbei. Diese Haltung hatte eine unglaubliche Wirkung. Ich habe meinem Traum nie krampfhaft hinterher geeifert. Im Gegenteil: Ich ließ der Energie völlig freien Lauf und der Traum holte mich einfach ein. Dieses Konzept versuche ich bis heute zu verfolgen. Nicht zu verbissen an die Sachen herangehen, dann kommt alles von allein. Wenn man wie Herr Rossi das Glück sucht, versteckt es sich. Ignoriert man es aber, rennt es einem hinterher wie ein streunender Hund (aber es riecht besser)!

Mit meinen Studienarbeiten hatte ich ganz hübsches Werbematerial für mich und meine Arbeit. Es sprach sich langsam herum, dass da einer ist, der ganz ulkige Sachen mit Puppen macht. So purzelten immer wieder irgendwelche Angebote rein.

Über einen Kollegen bekam ich mit, dass der Kindersender SuperRTL auf der Suche nach einer Puppe als Maskottchen war. Da mehrere große Produktionsfirmen an der Ausschreibung teilnahmen, rechnete ich mir keinerlei Chancen aus, reichte aber trotzdem ein paar Ideen ein. Das Ergebnis war, dass ich zehn Jahre lang für den Sender die Figur „Haselhörnchen" spielte und produzierte. 2002 bot man mir an, in der WDR-Kultsendung „Zimmer frei" aufzutreten … Aus einem einmaligen Auftritt sind inzwischen über elf Jahre geworden. Wenn ich mal was anfange, höre ich so schnell nicht wieder damit auf. Es ist wie bei einer Tüte Kartoffelchips!

Zu den Fernsehjobs kamen Bühnenprogramme, ich gründete mit einem Kollegen eine eigene Produktionsfirma, und der Hund Wiwaldi hat mit seiner Assistentin Charming Traudl inzwischen eine eigene Late-Night-Show im WDR. Puppenspieler ist für mich der tollste Beruf der Welt. Sicher ist es nicht immer leicht, sich über Wasser zu halten, aber ich möchte mit niemandem tauschen. Das Risiko ist gleichzeitig auch ein Ansporn, sich immer wieder etwas Neues auszudenken. Man bleibt nie stehen, das kreative Rad dreht sich immer weiter. Und das Tollste ist: Ich kann mit den Figuren alles sein – Astronaut, Fußballweltmeister, Bundespräsident oder Mafiaboss.

Irgendwann kam ein Anruf: Der NDR fragte mich, ob ich mir vorstellen könne, als Spieler für die „Sesamstraße" zu arbeiten. Was folgte war eine Einladung zu einem Puppentraining nach New York. Da stand ich nun also in der Jim-Henson-Werkstatt und alle saßen sie plötzlich vor mir: Ernie, Bert, Krümelmonster und Co.

In diesem Moment merkte ich: Ich bin tatsächlich angekommen! Gerade noch als Kind davor gesessen und geträumt … und kaum 34 Jahre später kommt die Traumbestellung auch schon an!

Das ging ja schneller als die Deutsche Bahn! Ich bin da, wo ich immer hin wollte und verbringe mein Leben in einem bunten Paralleluniversum mit sprechenden Monstern, Fröschen und Schweinen.

Martin und sein Bruder 1982: Der Bruder ist heute Handwerker, Martin Puppenspieler … man hätte es damals bereits wissen können!

Luisa Hartema
Auf Highheels in die Welt

Luisa Hartema erobert als Siegerin von Heidi Klums „Germany's next Topmodel" die roten Teppiche der ganzen Welt und lebt den Kindheitstraum unzähliger kleiner Mädchen!

In einer dörflichen Gegend Ostfrieslands aufgewachsen, öffnet sich mir nun als Siegerin der 2012er-Staffel von „Germany's next Topmodel" die ganze Welt. Und dabei war das Modeln eigentlich nicht von vornherein mein Kindheitstraum. Natürlich habe ich mich als kleines Mädchen sehr gerne geschminkt und verkleidet, so wie es damals viele in meinem Alter getan haben.

Den Drang dazu, mich schön anzuziehen und herzurichten, habe ich erst in der Pubertät entwickelt: Als ich ungefähr 14 Jahre alt war, begann ich mich in verstärktem Maß für Kleidung, Accessoires und Kosmetik zu interessieren. So probierte ich viele Kombinationen aus und experimentierte mit verschiedenen Schminkstilen. Ich wollte einfach wissen, welche Kleidungsstücke mir besonders gut stehen und welches Make-up meine Vorzüge noch betonen könnte. Anschließend habe ich mit Selbstauslöser Fotos gemacht und auf eine lokale Internetseite hochgeladen, auf der sich auch meine Freunde einloggten. So konnte ich online meine Wirkung auf andere sofort überprüfen. Die Reaktionen auf diese Fotos waren sehr positiv und bestärkten mich darin, mich irgendwann einmal einem noch größeren Publikum vorstellen zu wollen. Hier begann der Traum vom Modelberuf zu reifen.

Meine erste Vorstellung vor größerem Publikum fand beim Casting für GNTM in Bremen statt: Hier waren ein paar Hundert sehr schöne Mädchen, die nach und nach in Gruppen zu je 10 Personen vor der Jury einen „Walk" bestehen mussten. Anschließend wurden zwei Mädchen ausgewählt, die zusätzlich bei einem Interview vor der Kamera auf die Probe gestellt wurden. Für die meisten von uns war das am Anfang recht schwer. Ich hatte auch nachher noch oft Sorgen, auf Knopfdruck nicht die richtigen Worte finden zu können, weil es ja alles ganz neu für mich war. Nach den verschiedenen Aufgaben und Herausforderungen kamen oft Fragen wie: „Wie war es für dich? Wie ist es gelaufen? Hast du das Gefühl, dass Heidi zufrieden war? Wie schätzt du dich nach dieser Woche selber ein? Wer fliegt raus?"

Nun, soweit waren wir zu dem Zeitpunkt allerdings noch lange nicht, daher zurück zu den Anfängen … Einige Wochen nach meiner Bewerbung wurde ich zu Hause mit der Nachricht überrascht, dass ich unter den Gewinnerinnen der ersten Castingrunde sei. Kurz darauf erhielten wir eine Einladung nach München, bei der die Top 51 zusammen kam. Auch hier mussten wir uns alle der Reihe nach vor Heidi und den Juroren präsentieren.

Ich war nervös, sehr sehr nervös! Und wenn ich nervös bin, rede ich immer sehr viel! Vor der Jury zu stehen ging mir mehr an die Nerven, als vor ganz vielen Menschen zu laufen. Als ich zum Beispiel in

New York gelaufen bin, hat es mir wenig ausgemacht, es war super! Als ich dann wieder vor der Jury stand, war ich total aufgeregt. Das lag aber daran, dass man nicht wusste, was auf einen zukommt. Die schöne und spannende Zeit hätte jeden Moment zu Ende sein können. Ich denke, es hatte sehr viel mit der großen Angst zu tun, gehen zu müssen. Die Anzahl der Mädchen schmolz immer weiter dahin, sodass sich zum Schluss ca. 30 Mädchen über den Einzug in die nächste Runde freuen durften.

Nun wurde es von Tag zu Tag spannender. Wir liefen für namhafte Designer in Berlin, New York und Paris. Dann fand erneut ein Auswahlverfahren statt und ich bin zum ersten Mal in meinem Leben ins Ausland, nach Thailand, geflogen. Auch hier galt es, die verschiedensten Challenges zu bestehen. Um es kurz zu erklären – eine Challenge, das ist eine Herausforderung oder Aufgabe, die man gut meistern muss. Dabei musste ich oft über meine Grenzen gehen und zeigen, was in mir steckte. Wer am Ende die beste Leistung erbracht hatte, bekam eine Belohnung. Einmal mussten wir uns in einem Auto während der Fahrt schminken. Das war wirklich schwierig; schwieriger als es sich anhört. Für die Beste gab es aber als Belohnung zwei Extrabilder für das Modelbuch.

So spannend es oft war, man war weit weg von zu Hause und ich fühlte mich manchmal ziemlich fremd und einsam. Da ich meine Familie und meine Freunde nicht um mich hatte, waren meine einzigen Bezugspersonen nur meine Mitstreiterinnen und die Mitglieder der Filmcrew. Nach einigen Tagen lernten wir Mädchen uns besser kennen, schließlich waren wir ja alle in derselben Lage. Es bildeten sich relativ schnell Grüppchen von Mädchen, die sich gut verstanden und gleiche Interessen hatten. Das machte die Gewöhnung an die fremde Kultur und das exotische Essen deutlich leichter! Einmal musste ich eine Heuschrecke essen und auch das habe ich überlebt ...!

Obwohl zwischen allen Mädchen eine Konkurrenzsituation bestand, war es doch immer wieder schwer, wenn bei Entscheidungen Kandidatinnen, mit denen ich super klarkam, ausscheiden mussten! Alle Mädchen haben sich gegenseitig unterstützt und Halt gegeben, wenn die eine oder andere mal in Traurigkeit versinken wollte oder jemanden kurzfristig der Mut verlassen hatte. Das hat mich sehr motiviert und mir immer wieder Kraft gegeben. Außerdem war es sehr hilfreich, dass wir mehrmals in der Woche mit unseren Familien und Freunden telefonieren konnten, die uns trösteten, ermutigten und unterstützten.

Besonders tief in Erinnerung geblieben ist mir das Treffen mit meiner Familie und meinen Bekannten in Los Angeles gegen Ende der Staffel: Plötzlich sah man geliebte Menschen wieder, die man wochenlang vermisst hatte! Die Wiedersehensfreude war auf allen Seiten unbeschreiblich groß.

Aus dem Kinderspiel ist nun ein aufregender Beruf geworden. Luisa Hartema ist dabei durchaus bewusst, wie hart das Modelbusiness sein kann.

Nach mehreren Auslandsaufenthalten und vielen verschiedenen Challenges wurde ich Anfang Juni 2012 in der Kölner Arena tatsächlich zu „Germany's next Topmodel" gekürt! Irgendwie konnte ich es an diesem Abend noch überhaupt nicht glauben, geschweige denn begreifen. Auf der einen Seite war ich natürlich außer mir vor Freude, auf der anderen Seite war es einfach nicht zu fassen.

Ungefähr eine Woche nach dem Finale wurde mir erst richtig bewusst, wie die Wahl eigentlich ausgegangen ist und ich habe realisiert, dass ich zu einer der schönsten jungen Frauen in Deutschland gewählt wurde. WOW!!!! Mein Empfang bei uns zu Hause im kleinen Ostfriesland war gigantisch: Ein Autokorso hat mich abgeholt und mich im Beisein von Lokalprominenten in einem triumphalen Zug zu meinem Elternhaus gefahren, wo ich von jeder Menge begeisterter Fans empfangen wurde. Das ganze Drumherum war einfach unbeschreiblich und es war ein unglaublich schönes Gefühl, all das zu erleben.

Zum Thema Widerstände, seien sie nun privater oder beruflicher Natur: Es gab glücklicherweise keine privaten Hindernisse zu überwinden, da sowohl meine Familie als auch meine Freunde immer geschlossen hinter mir standen und letztlich auch meine Teilnahme und den Sieg bei „Germany's next Topmodel" voll mitgetragen haben!

Die eigentlichen Hürden galten eher hinsichtlich meiner beruflichen Entwicklung genommen zu werden. Nach der 10. Klasse hatte ich meine schulische Ausbildung, gekoppelt mit einem Praktikum fortgeführt. Hiermit konnte ich aber aufgrund der vielen Termine erst mal nicht weitermachen. Ich habe aber die Gewissheit, dass ich nach Beendigung meiner Modellaufbahn, an meine ursprünglichen Pläne anknüpfen kann. Es ist sehr beruhigend zu wissen, dass ich in jedem Fall Perspektiven habe und eine gute Ausbildung erhalten kann.

Es ist mir sehr wichtig, dass man noch Optionen hat, wenn es mit dem Modeln vielleicht einmal nicht mehr so gut laufen sollte. Ende letzten Jahres habe ich das 18. Lebensjahr vollendet und bislang bestand meine Lebensbegleitung wie bei allen aus meinem Jahrgang überwiegend aus meiner Familie und meinen Freunden. Ich konnte aber auch erfahren und habe schätzen gelernt, wie schön es ist einen festen Partner an meiner Seite zu haben, der mich auf meinem Weg begleitet und unterstützt. Das beruht auf Gegenseitigkeit.

Für mich ist der Beruf des Modelns zu einem lebensechten Traum geworden: Ich arbeite mit vielen interessanten Menschen zusammen, lerne ständig neue und aufregende Persönlichkeiten kennen, kann viele fremde Länder bereisen sowie Kontakte und Bekanntschaften in allen Teilen der Welt knüpfen und pflegen. Darüber bin ich sehr glücklich, auf meinem weiteren Lebensweg werde ich daraus schöpfen können.

Dieser Beruf verbindet für mich in optimaler Weise die Träume, die ich schon als Kind hatte: Ich habe mich gerne verkleidet und geschminkt. Als ich älter wurde, hatte ich immer häufiger Sehnsucht nach fremden Ländern und den Drang zu reisen, um interessante Kulturen und Menschen kennenzulernen. All dies konnte ich schon jetzt, während meines ersten Jahres als Topmodel, miteinander verbinden. Ich glaube, das ist es auch, was in jungen Mädchen den Reiz auslöst, eine Modelkarriere anzustreben!

Mit der Wahl zu „Germany's next Topmodel" im Sommer 2012 wurde etwas für mich Wirklichkeit, von dem ich nie auch nur geahnt hätte, dass es das geben könne. Bei vielen meiner Träume hat es Geduld und Ausdauer erfordert, denn es hat gedauert, bis sich diese Wünsche erfüllt haben. Jetzt aber ist meine Chance da und ich werde hart daran arbeiten, sie zu nutzen, um auch international durchzustarten. Damit beginnt dann das nächste spannende Kapitel meines Lebens ...

Unternehmer, Pionier der umweltbewussten Unternehmensführung, Gründer des "Haus der Zukunft" in Hamburg und Lyriker – Georg Winter ist ein kreativer Kopf.

Georg Winter

Ein Reim auf das Leben

Loki vom Hirtenweg
(für Loki Schmidt, meine erste Lehrerin)

Zur Schul' am Hirtenwege
ging ich als kleiner Knab'
vorbei an Röpers Wiesen,
wo es noch Schafe gab.
Es war mein erster Schultag,
ich hatt' mein Ränzchen mit,
wir strömten in die Aula,
ich kam zu Loki Schmidt.

Ihr Haar trug sie als Pony
wie einen kleinen Helm,
sie blickte herzlich, fröhlich
und manchmal wie ein Schelm.
Beim Ringelreihn hat jeder
des andern Hand gefühlt,
und sie war Teil der Runde,
die dann für's Leben hielt.

Zu jedem Kind der Klasse
sprach sie: „Ich wünsch' dir Glück:
Lauf los, such dir ein Pflänzchen
und bring's im Topf zurück!"
Das Kraut mit breiten Blättern,
das ich am Wege fand,
so lernten wir von Loki,
würd' Wegerich genannt.

Wir sah'n, dass jede Pflanze
gut wuchs, wenn man sie goss,
und staunten alle Tage,
wie jede anders spross.
Und als wir später lernten,
wie man die Pflanzen schreibt,
war uns'res Herzens Blüte
von ihnen längst bestäubt.

Wir fühlten uns auch selber
als Kinder der Natur.
Was wir von Loki lernten,
prägt uns're Lebensspur.
Sie zeigte, wie aus Hege
und Pflege Wachstum wird.
Loki vom Hirtenwege
war uns ein echter Hirt.

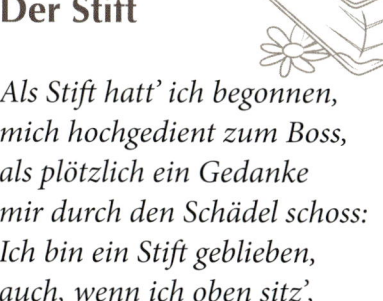

Der Stift

Als Stift hatt' ich begonnen,
mich hochgedient zum Boss,
als plötzlich ein Gedanke
mir durch den Schädel schoss:
Ich bin ein Stift geblieben,
auch, wenn ich oben sitz',
auch wenn ich meinen Bleistift
nicht mehr persönlich spitz'.

Ich bin ein Stift geblieben,
auch wenn ich Vollmacht hab'.
Wie eine Bleistiftmine
nutz' ich mich täglich ab.
Gespitzt bin ich am Morgen,
doch abends bin ich stumpf,
so merk' ich alle Tage
wie ich ein Stückchen schrumpf'.

Auf Dauer ist belanglos,
was ich mit Hast notier',
und meine Aktenberge
sind morgen Altpapier.
Hier dien' ich doch nur Zwecken
von zweifelhaftem Sinn.
Soll ich mich brav verbrauchen,
bis ich ein Stummel bin?

Bringt mich zum Buntstiftkasten!
Drin findet mich ein Kind
und kritzelt ein paar Striche,
die frei wie Vögel sind,
und malt mit mir die Sonne,
die Sterne und den Mond.
Ja, würd' ich dabei brechen –
für den Spaß hätt's gelohnt!

Beruf und Berufung

*Schon als Kind war ich vom Klange
der Musik zutiefst durchdrungen,
hab' auf allen Lebensstufen
was ich fühlt', hinaus gesungen.
Von Natur war ich ein Sänger,
doch ich schrieb mir auf die Fahne:
Führe die Familienfirma
wie schon vor dir mancher Ahne!
Welche Ehre, Vaters Firma
und auch sein Vertrau'n zu erben!
Welch ein Schmerz, mein Herz
  zu knebeln,
bei lebend'gem Leib zu sterben!*

*Doch ich braucht' nicht all mein Leben
mit der Opfertat zu hadern,
denn auf neuen Wegen strömte
die Natur durch meine Adern.
Ich begann, in die Entscheidung
aller Unternehmensfragen
das, was die Natur verlangte,
Schritt um Schritt hineinzutragen.
Produktion, Vertrieb und Einkauf,
Personal- und Forschungswesen
ließ ich von der alten Blindheit
für Naturverbrauch genesen.*

*Weltweit schuf ich Fachverbände,
die der Praxis Beispiel gaben,
dass Erfolg und Umweltnutzen
mehr und mehr gemeinsam haben.
Rückkehr zu den Harmonien,
die der Mensch der Umwelt raubte,
darin fand ich jetzt die Klänge,
an die ich von Kind an glaubte.*

*Für Natur, die große Mutter,
meine Stimme zu entweihen,
nicht allein für Vaters Firma –
dieser Tausch ließ sich verzeihen.*

*Tradition der Firma hieß mich
standhaft ihre Werte pflegen.
Nach Jahrzehnten schien's mir rechtens,
sie in and're Hand zu legen.
Tradition der Lebewesen
galt's mit Vorrang zu erhalten,
und nach diesem höh'ren Ziele
sollt' sich jetzt mein Weg gestalten.
Seit Natur und Menschenhandeln
sich zutiefst zu spalten scheinen,
gilt's in allen Lebenssphären
beides wieder zu vereinen.*

*Und so führt' ich manche Firma,
die sich hierzu klar bekannte,
bald in einem Haus zusammen,
das ich Haus der Zukunft nannte.
Hab' mein Leben nur gestrichelt,
kurz und lückenhaft beschrieben,
manches Drama ausgelassen,
viel ist ungereimt geblieben.
Schreibt das Leben nicht meist Zeilen,
die ins Ungewisse münden?
Gott mag gnädig daran feilen,
einen Reim darauf zu finden.*

Mit geradem Blick in die Zukunft – Georg Winter 1951.